新质课程文化丛书

林启达　王琦　杨四耕　丛书主编

为未来而学

未来课程的校本建构与深度实施

梅越平　主编

华东师范大学出版社
·上海·

图书在版编目(CIP)数据

为未来而学:未来课程的校本建构与深度实施 / 梅越平主编. -- 上海:华东师范大学出版社,2024. (新质课程文化丛书). -- ISBN 978-7-5760-5680-8

Ⅰ.G632.3

中国国家版本馆 CIP 数据核字第 2025BS2964 号

新质课程文化丛书

为未来而学:未来课程的校本建构与深度实施

丛书主编	林启达 王 琦 杨四耕
主 编	梅越平
责任编辑	刘 佳
项目编辑	林青荻
特约审读	伍忠莲
责任校对	刘伟敏
装帧设计	卢晓红

出版发行 华东师范大学出版社
社　　址 上海市中山北路 3663 号　邮编 200062
网　　址 www.ecnupress.com.cn
电　　话 021-60821666　行政传真 021-62572105
客服电话 021-62865537　门市(邮购)电话 021-62869887
地　　址 上海市中山北路 3663 号华东师范大学校内先锋路口
网　　店 http://hdsdcbs.tmall.com

印 刷 者 上海锦佳印刷有限公司
开　　本 787 毫米×1092 毫米　1/16
印　　张 16.25
字　　数 174 千字
版　　次 2025 年 4 月第 1 版
印　　次 2025 年 4 月第 1 次
书　　号 ISBN 978-7-5760-5680-8
定　　价 58.00 元

出 版 人 王 焰

(如发现本版图书有印订质量问题,请寄回本社客服中心调换或电话 021-62865537 联系)

本书编委会

顾问

何莹娟

主编

梅越平

副主编

魏莉莉　钟晓燕

编委

庄丽伟	程忠娣	易　珊	彭宏云	陈碧云
徐日纯	缪　晶	张清华	从立海	任亚楠
罗伊悦	牛翠贤	巴春霞	王　莉	李　浩
李炉淋	丘溢鸿	刘冬雪	黄颖新	李　聪
肖　园	张　威	张　凯	彭婷婷	罗晓华
彭颖宇	赵泽昊	陈洋钰	易丙进	

丛书总序

走向新质课程文化

众所周知,课程与文化有着天然的联系,对学校发展而言,凡是课程变革一定是文化变革,没有文化内核的课程变革很难取得成功;文化变革需要课程建设支撑,没有课程支撑的文化变革是难以想象的。学校教育的内在目的的实现是以具有内在品质的课程文化为前提的,不赋予课程内在的文化品质,高质量的教育便很难实现。如果我们的课程是外在性的、他律性的,那么学校教育的内在目的就很难真正实现。可以说,富有丰富的、内在的文化气韵是新质课程文化的显著特征。实现由工具性课程文化向内在性课程文化转化,是当代学校课程变革的文化走向。建构新质课程文化,实现教育的内在旨趣,是时代赋予学校课程变革的使命。

怀特海在《过程与实在》一书中指出:现实存在就是合生,每一个现实存在都不是只有一种元素的简单的存在,不是原子论意义上的存在,而是由诸多要素构成的合生体系。在学校课程变革过程中,课程与文化互为现实存在和潜在实在,二者"合生"即生成课程文化。推进学校课程文化变革,可以从怀特海的"合生"哲学中获得启迪。我们认为,课程与文化的合生设计,是建构新质课程文化的重要方法,在具体操作上有两条路径可供选择。

一、自上而下的演绎路径:从文化概念到课程设计

自上而下的演绎路径,从文化概念的顶层设计入手建构学校课程体系,实现从教育价值取向到课程愿景设计、从课程目标厘定到课程内容体系设计、从课程实施路径激活到课程评价推进、从课程育人体系梳理到课程支撑体系建构的全流程合生设计。

第一,提出学校教育哲学,生成学校课程理念。最关键的一点是提出文化核心概念,即提出学校教育哲学核心概念,从文化核心概念设计出发进而确定学校教育价值

观和内涵发展方法论,演绎形成学校办学理念,推理生成学校课程理念。学校教育哲学是学校共同体的教育信条,它渗透于学校教育全过程,贯穿在学校课程所有要素之中,体现于师生日常生活和学校空间环境之中。学校教育哲学包含学校使命观、价值观和愿景观,内蕴办学理念,下延课程理念。换言之,学校教育哲学、办学理念和课程理念之间的关系是由内而外的逻辑推理关系,具有逻辑一致性。

第二,确定学校培养目标,细化学校课程目标。根据教育方针关于教育目的的总体规定性要求,演绎确定学校培养目标,并根据课程方案的要求进一步细化成学校课程目标。在这里,教育目的、培养目标和课程目标是从抽象到具象的过程,是总体规定性和具体表现性之间的关系。课程目标对课程编制具有重要的导向作用,细化学校课程目标需要统筹学生的发展需要、知识的发展状况和社会的发展要求等综合影响。

第三,建构学校课程结构,设计学校课程内容。横向上,把握学校课程的内容结构。我们认为,最具育人价值的课程内容结构,包含课程内容的实质结构和形式结构。实质结构是对课程的质的规定性,反映着课程的内在价值取向,是对课程功能类别的深层理解;形式结构是按照一定标准对课程进行形式分类,并把握各类之间的关系,形成学校课程的形式结构。一般而言,课程的实质结构决定形式结构。纵向上,要把握学校课程的时间节律,科学设计学校课程的年级和学期布局,形成可供每一个年级推进的教学指南以及每一个学期落实的学程设计。如此,学校课程有几条跑道,以及每一条跑道如何设计都是明确的。

第四,激活学校课程实施,推动学习方式变革。激活课程育人方式,需要聚焦高质量发展要求,把握学校课程实施的多维路径。一般来说,学校课程实施途径主要有课堂教学、学科拓展、社团活动、项目学习、校园节日、研学旅行、家校共育、环境创设等。实现从文化概念到课程实施的合生设计,需要进一步明确每一条实施路径的内涵、做法以及相应要求,且每一条途径都应该有学校教育哲学的渗透,应该体现学校教育哲学的价值影响。

第五,创新学校课程评价,落实学校课程管理。课程评价和管理是保障课程变革顺利进行的重要条件。从新质课程文化的合生设计角度看,评价和管理既是学校课程实施的背景和场域,也是学校课程实施的手段和构成。课程评价和管理以及课程目标、课程框架、课程实施共同构成学校课程文化优化升级的内在逻辑,其逻辑起点就是立足学校教育哲学和课程理念,通过合生设计全面掌握学校课程实施情况;通过创新学校课程评价,全维度考查学校课程品质,系统描述学校课程的存在状况与实际成效;通过落实学校课程管理,提升学校内涵发展水平。

上述新质课程文化的获得是从文化概念建构开始的。从文化概念到课程设计的"合生",有利于提升学校课程的文化内涵,丰富学校课程的文化气韵。

二、自下而上的归纳路径:从课程实践到文化逻辑

从特定场景中的课程实践出发建构学校课程的文化逻辑,是学校课程文化变革的另外一条路径。在分析特定课程实践情境的基础上,提炼学校课程哲学,厘定学校课程目标,梳理学校课程框架,激活学校课程实施,巧用学校课程评价,这是自下而上的归纳道路,也是从特定课程实践入手到文化逻辑建构的"合生"道路。在这个过程中,要注意处理好传承与发展、共性与个性、整体与部分、科学与人文、认识与实践、理想与现实等多重关系。

一是学校课程情境分析要处理好传承与发展的关系。学校课程总是处于一定的情境脉络之中,是特定语境的产物。学校课程情境分析要注意把握学校课程发展的不同阶段客体和主体运动变化情况,深刻理解特定时间段的宏观、中观和微观情境,处理好传承与发展的关系,使学校课程情境的要素、联结和效应等获得系统分析和合理说明。传承与发展是相互转化的,是时间流的"合生"过程,传承的要素中往往内含着未来发展的空间,发展的要素中往往会有未来传承的可能。把握学校课程发展在连续性与非连续性之间的叠加效应,有利于推进学校课程文化变革。

二是学校课程哲学提炼要处理好共性与个性的关系。学校课程哲学属于专业的教育哲学范畴,须以制定纲领或提炼信条的方式从哲学角度确认,形成同教育有关的概念和系列观点,具有较强的专业性。在美国教育哲学家索尔蒂斯看来,专业的教育哲学包含个人的教育哲学和公众的教育哲学这两个方面。其中,个人的教育哲学指导个人的教育实践活动,具有独特性;公众的教育哲学面向公众群体,具有公众政策意蕴,解释公众意识形态,指导许多人的教育实践活动,具有公众性。每一所学校都应该有独特的、体现时代精神的课程哲学,这一课程哲学既要具有学校的个性特征,又要体

现时代的价值追求，要处理好共性与个性的关系。我们认为，新时代学校课程哲学的提炼，要基于对时代精神的整体把握和对教育改革形势的总体判断，围绕着培养什么人、怎样培养人、为谁培养人这一根本性问题，形成符合学校特定课程情境的发展理念，正确处理社会本位论和个人本位论的关系，透过共性与个性这一"合生"过程，用"自己的句子"回应时代命题。

三是学校课程目标厘定要处理好整体与部分的关系。 育人目标是学校教育活动的出发点，也是学校课程的最终价值。整体与局部的关系的处理，核心在于回答"培养什么人"及其具体化的问题。一般来说，育人目标是把学生培养成什么样的人的整体要求和校本表达，课程目标是育人目标的年段要求和具体表现。育人目标反映了学校落实教育方针的特殊要求，是核心素养的校本表达；课程目标体现了学校培养学生的年段要求，是核心素养的具体细化。培养德智体美劳全面发展的社会主义建设者和接班人，这是我国各级各类学校培养目标的整体要求。结合具体情况，学校的育人目标要反映出学校的个性化要求以及全面发展的涌现性特征。我国各级各类学校培养目标作为一种整体要求，反映国家的育人规格和统一要求；学校的育人目标是学校的个性化要求，反映国家育人规格的整体要求和全面本质，二者具有鲜明的"合生"属性。同理，学校育人目标和在此基础上细化形成的学校课程目标，二者亦具有鲜明的"合生"属性。

四是学校课程内容设计要处理好科学与人文的关系。 科学与人文的关系是课程内部的重要关系之一，是推动学校课程发展的矛盾焦点。当今时代，科学主义课程广泛影响了世界基础教育课程改革。2023年，教育部办公厅印发的《基础教育课程教学改革深化行动方案》就增列"科学素养提升行动"，要求深化中小学科学教育改革，强化做中学、用中学、创中学，激发青少年好奇心、想象力、探求欲，提升学生解决实际问题的能力，发展学生科学素养。提升科学素养，强化科学探究，是时代赋予基础教育课程改革的使命。不过，我们在强调科学素养提升的同时，要清晰地知道：科学素养与人文修养辩证统一，科学精神与人文精神合理融通。科学要与人文有机统一，科学彰显人文特征，人文内蕴科学理性，科学与人文都是人类改造世界不可或缺的语言。因此，倡导科学精神和人文精神相结合的科学课程观，设计科学与人文整合的课程体系，以科学课程为载体，实现科学和人文的"合生"与"融通"，是学校课程文化变革的重要追求。当下这一时代的科学教育理应回到充满生机活力的生活世界,理应从科学世界观、科学方法论、科学价值观等方面,帮助学生了解各领域的专家学者在过去、现在和未来是怎样看待人生、怎样认识世界、怎样理解人类社会的,进而增进学生的科学理性和人文精神,促进学生全面发展。

五是学校课程实施激活要处理好认识与实践的关系。 学校课程实施的重要目标是促进学习者理解符号知识和经验知识,建立内部世界与外部世界的联系,这无可厚非。但是,实践是人的全面发展的基石,认识与实践是双向建构、合生共处的。义务教育课程方案和课程标准(2022年版)为此特别强调变革育人方式,发挥实践的独特育人功能。作为课程育人活动,学校课程实施不能把学生限定在书本世界,不能无视儿童与客观世界的联系。激活学校课程实施必须处理好认识与实践的关系,寻找认识与实践的"合生处"与"交融点",在实践中提升认识,在实践中增长才干。要确认实践性是学习的基本属性,提升课程育人的实践品质,彰显学习的实践属性,这是激活学校课程实施的关键所在。要丰富学习实践样态,强化真实性实践,关注社会性实践,提升实践的思维含量,激活实践体验过程,提高学生的实践理解力;要激活反思理解过程,学会处理人与自然、人与社会、人与自我的关系,提升学生的生命觉醒力,处理好认识与实践的关系,这是激活学校课程实施的基本立场。

六是学校课程评价创意要处理好理想与现实的关系。 理想源于现实,是思想先导,是现实的桃源;现实立足理想,是客观存在,是理想的源泉。理想与现实之间,是你中有我、我中有你的"合生"关系。中共中央、国务院印发的《深化新时代教育评价改革总体方案》指出:"坚持科学有效,改进结果评价,强化过程评价,探索增值评价,健全综合评价","坚持统筹兼顾,针对不同主体和不同学段、不同类型教育特点,分类设计、稳步推进,增强改革的系统性、整体性、协同性。坚持中国特色,扎根中国、融通中外,立足时代、面向未来"。为此,学校课程评价应坚持全面性与专业性、科学性与客观性、稳定性与发展性,既追求理想,注重课程评价的价值引导,按照理想要求做好顶层设计,使学校课程评价具有"通天线"之智慧;同时又立足现实,秉持科学客观之精神,尊重客观现实,总结成败得失,使学校课程评价具有"接地气"之魅力。换言之,学校课程评价要在理想与现实之间找到平衡点,架设理想的课程和现实的课程之间的桥梁,为促进学生全面发展、教师专业成长和课程体系完善发挥导向作用。

深圳市坪山区立足教育规律和学生成长规律，以培养学生必备品格、关键能力和正确价值观为指向，构建了"引领性课程、普及性课程、个性化课程"三维一体的"品质课程"体系，旨以课程改革驱动内涵建设，以教学变革促进课堂转型，以学习方式转变优化育人模式。坪山区"品质课程"系列实践表明，学校课程文化变革可以是演绎式，也可以是归纳式。演绎式可理解为"概念先行——实践验证"方式，归纳式可理解为"实践探索——归纳提炼"方式。课程是具有情境性和价值负载的文本，建构新质课程文化宜采取理论、研究与实践互动的方式。这种方式不完全依赖于概念或理论，也不脱离学校实际情境。在学校课程实践中，以学校课程情境为基础，以课程实践问题为切入点，以理论为指导，以概念为圆心，边研究边行动，在实践中总结提炼，又在实践中加以验证与改造，在理论与实践的互动互补、碰撞对话中生成学校独有的课程文化框架。

当然，新质课程文化的合生设计，不论选择哪一条路径，都必须为课程文化变革提供充分理由或理论依据，增强学校课程文化变革的认同感。在某种意义上，这也是一种文化自觉。

林启达　王琦　杨四耕

2024 年 6 月 6 日

目 录

总论　面向未来的课程 / 1

第一章　未来课程的理念：文化性与扎根性 / 15

未来是有根的,它立足传统,扎根文化。从理念上来看,未来课程具有文化性与扎根性,文化性是课程扎根的内容,扎根性是课程文化的方式;从内容上来讲,未来课程的文化性主要体现在加深学生对中华优秀传统文化的理解与认同,奠基人文底蕴,坚定文化自信;从方式上来讲,未来课程的扎根性体现在习得经典文化的过程中,始终秉承扎根文化传统、扎根学校特色、扎根教师与学生需求的原则,以此为起点促进未来课程发展。

课程场景一　未来的路从经典中来 / 19
课程场景二　体验原汁原味的经典 / 24
课程场景三　滋养灵动的"诗心" / 28
课程场景四　民艺有大美而不言 / 35
课程场景五　校园里挖呀挖呀挖 / 41

未来智慧：国学课程与传统文化教育 / 45

第二章　未来课程的视野：全球性与本土性 / 51

未来课程是面向未来的，全球性与本土性是未来课程的重要属性。全球性指的是面向广阔的世界。本土性指的是保持自身的根本。未来课程应具有开阔的国际视野，理解并尊重文化多样性，在国际化的浪潮中积极汲取世界各地优秀文化的精华。同时，未来课程也要保持自身文化的本土性，挖掘中华优秀传统文化的内涵，体现区域本土文化与学校文化特色。未来课程应以本土性为根基，以全球性为延展，将本土特色与国际视野统一为一个不可分割的整体。

课程场景一　让国粹走向世界 / 55
课程场景二　用角色把课本学活 / 59
课程场景三　拆掉语言的巴别塔 / 63
课程场景四　吹来四面八方的风 / 69
课程场景五　做国际事务的参与者 / 77

未来智慧：国际体验课程与文化交流融合 / 80

第三章　未来课程的结构：共同性与个体性 / 85

未来课程是多维的，它存在共性，同时体现个性。从结构上来讲，未来课程兼具共同性与个体性，共同性是个体性存在的基础，个体性是共同性的拓展、延伸；从内容上来讲，未来课程要遵循学生共性的心理发展规律和共同的知识基础，遵循学生全面发展的个体差异和个人素养；从课程呈现方式和评价方式上来看，未来课程和当下的课程理念相契合，做到与时俱进，与全球和国际接轨，同时遵循未来教育发展的新样态，融合未来教育的新理念和新趋势，让学生真正成为未来之人，真正实现教师为未来而教、学生为未来而学的和而不同的生态课堂。

课程场景一　再现田野劳动场景 / 88

课程场景二　中医药文化进校园 / 92

课程场景三　蓝色海洋的秘密 / 99

课程场景四　行走无疆的力行周 / 108

未来智慧：绿色课程与生态文明教育 / 118

第四章　未来课程的内容：符号性与经验性 / 123

未来课程的符号性与经验性在教育领域中扮演着重要的角色。符号性课程的设计不仅关注知识的传授，更强调课程所传达的文化、社会和道德层面的信息，以及对学生思维方式和行为的潜在影响。通过设计符号性课程，可以帮助学生建立更广阔的视野，更深刻地理解社会现象和问题，并积极参与解决挑战，成为未来社会的积极建设者和改变者。另外，未来课程的经验性对学生的学习效果也至关重要。经验性强调未来课程的实践和实际应用，通过实践活动和案例研究来帮助学生将所学的知识与实际生活中的问题联系起来。这种经验性的学习方式可以增强学生的理解能力和应用能力，使他们更好地将所学的知识应用于实际情境中。

课程场景一　走向课程的学科融合 / 126

课程场景二 让学生成为研究者 / 132

课程场景三 创新思维面向未来 / 138

课程场景四 触摸未来的脉搏 / 144

课程场景五 打开想象的翅膀 / 150

未来智慧：创新课程与创造力培养 / 158

第五章 未来课程的实施：权宜性与变通性 / 165

未来是充满变化和挑战的，教育也顺应潮流，与时俱进。从教育发展的方向来看，未来课程具有权宜性与变通性，权宜性与变通性是区别于传统课堂的新的课程特点；从内容上来讲，未来课程的权宜性主要体现在提供学生更加丰富、多样化的学习资源和教学方式，能够适应不同环境及各种突发状况，未来课程的变通性体现在课程设置、教学方式、跨学科学习、技术与教育融合，以及实践与创新的结合上。权宜性与变通性是未来课程理念中至关重要的两个部分，权宜性是课程设置的基本要求，变通性是课程实施的基本条件。

课程场景一 追寻古今价值脉流 / 169

课程场景二 探索特区先锋文化 / 177

课程场景三 少年养志，玉汝于成 / 184

课程场景四 学生生涯成长导航 / 187

课程场景五 齐心琢玉联盟护航 / 191

未来智慧：养志课程与现代文明教育 / 204

第六章　未来课程的评价：数据性与生长性 / 207

未来课程旨在回归学生真实的学习需求，其培养学生的创新思维、增强学生的学习技能等特点鲜明。从课程评价来看，未来课程依托数据科学、大数据分析等技术，进行学情检测、课程反馈，减轻了师生在课程评价上的压力，提升了课程评价的精准度、个性化水平；同时，基于数据化的课程评价，更侧重教学过程中评价的多维度，真实反映"人"的独特性、生长性。从未来课程的特点来看，数据性、生长性都是评价的重要特征和要求。

课程评价一　单元探究项目式整合 / 210
课程评价二　素养立意的语文试题命制 / 216
课程评价三　英语表现性评价的应用 / 221
课程评价四　道德与法治生成性评价探赜 / 229

未来智慧：智慧课程为未来教育赋能 / 233

后记　未来课程的原生态叙事 / 239

总论
面向未来的课程

"未来课程""未来教育"和"未来学校"是未来教育领域的三个关键概念。未来课程旨在培养学生的创新思维和未来技能，注重跨学科学习、实践和创新。未来教育注重个性化学习、终身学习和协作学习，以培养具有全球视野和创新能力的人才为目标。未来学校注重数字化学习、智能化管理和个性化教学，旨在为学生提供更加灵活、多样和个性化的学习体验。三者之间存在密切的关系，未来课程是实现未来教育目标的重要途径，未来学校为未来课程和未来教育提供支持和保障。

一、未来教育、未来学校与未来课程的内涵及其关系

未来教育注重学生的全面能力和可持续发展能力的培养,未来课程是实现这一目标的具体途径和内容载体。未来课程具有跨学科性、创新性、实践性、个性化、开放性和数字化等特点,旨在培养学生的综合素质和多方面能力。未来课程整合了各种学科知识,打破了传统的学科界限,注重学科间的交叉与融合。同时,未来课程也注重实践和创新,采用项目式学习、探究式学习等方式,让学生在实践中学习,培养学生的创新能力和实践能力。未来学校则是实现未来教育的场所和机构,为学生提供全面和可持续的教育服务。未来学校借助智能化分析和反馈,为每个学生提供个性化的学习方案和学习资源,并采用创新性的教学方式和手段,鼓励学生进行创新性的思考和实践。

未来教育是开放、灵活、个性化、创新和综合的教育,旨在更好地适应未来社会和职业发展的需求,为人才培养和社会发展作出贡献。它采用开放教育的方式,打破传统教育的壁垒,使教育资源更广泛地共享,注重师生平等,鼓励自主学习和自我管理,同时注重教育公平。未来教育具有灵活的教育方式,结合线上学习和线下学习,满足学习者的个性化需求。它注重个性化教育,根据学习者的兴趣和能力来教学,并采用智能化的教学方式提供个性化的学习方案和反馈。未来教育也注重创新教育,采用项目式学习,培养学生的创新能力和实践能力,并注重培养学习者的创新思维和批判性思维。未来教育是一种综合性教育,注重知识、技能和人格的全面发展,培养学习者的综合素质,包括学习能力、沟通能力、领导能力、创新能力和合作能力等,并培养学习者的社会责任感和公民意识。

未来课程是适应未来社会发展趋势和人才需求的新型课程,旨在培养具备全面能力和可持续发展能力的人才,具有跨学科性、创新性、实践性、个性化和开放性等特点。未来课程将打破传统学科之间的壁垒,注重学科交叉与融合,培养学生的综合素质和多方面的能力。未来课程将注重创新教育,采用创新性的教学方式和手段,鼓励学生进行创新性的思考和实践。未来课程将注重实践性,培养学生实践操作和解决问题的能力。未来课程将借助先进的信息技术手段,实现学生个性化和精准化的学习。未来课程将打破传统教育的壁垒,采用开放式的教学方式,让学生自主选择学习的内容和

进度,满足学生的个性化需求。

未来学校是适应未来社会发展趋势和人才需求的新型教育机构,旨在培养具备全面能力和可持续发展能力的人才,具有开放性、个性化、创新性、数字化和生态化等特点。未来学校借助开放的教育资源实现教育资源的共享和优化,并打破传统教育的壁垒,采用开放式的教学方式,满足学生的个性化需求。未来学校注重学生的综合素质和多方面能力的培养,通过跨学科的教育方式,让学生更好地适应未来社会的变化和职业发展的需求。同时,未来学校也注重学生的身心健康和情感教育,培养学生的社会责任感和公民意识,让他们成为具有高尚品德和责任感的公民。未来学校将构建一个动态、协调、可持续的学习生态系统,实现教育机构内外的有机联系和互动,共同推动教育的现代化和教育未来的发展。

未来课程和未来学校的共同作用可以推动教育的现代化和教育未来的发展,为未来的教育和人才培养提供更加优质的教育资源和教育环境。通过未来课程和未来学校的共同作用,可以为学生提供更加优质的教育资源和教育环境,培养出更多具有创新能力、实践能力和可持续发展能力的人才。这些人才将为社会的发展作出更大的贡献,推动社会的现代化和未来的发展。未来教育、未来课程和未来学校之间的紧密联系和协同互动是构建适应未来社会发展和人才需求的教育的关键。只有在三者的协同互动下,才能实现教育的现代化和教育未来的发展,为未来的教育和人才培养提供更加优质的教育资源和教育环境。

第一,未来教育的目标引领未来课程和未来学校的发展。未来教育强调培养学生的全面能力和可持续发展能力,注重培养学生的创新精神、实践能力和社会责任感。这一目标引领着未来课程和未来学校的发展方向。未来课程的设计和实施需要遵循未来教育的目标,注重培养学生的跨学科学习、创新实践和社会责任感。未来学校则需要在未来教育的目标指引下,为学生提供更加全面和可持续的教育服务,注重培养学生的个性化发展和实践能力。

第二,未来课程是未来教育的核心内容和实施路径。未来课程是实现未来教育目标的具体途径和内容载体,通过设计新型的课程模式和评价体系,整合各种教育资源,培养学生的全面能力和可持续发展能力。未来课程可以与未来学校的实践和发展紧密结合,共同构建未来教育的新模式和新体系。未来课程可以通过在学科内容、教学方法和评估工具等领域的创新,推动未来学校的教学改革和发展。

第三,未来学校是未来课程和未来教育的实践场所。未来学校是践行未来课程、实现未来教育目标的场所和机构,通过开放性教学、个性化教学、创新性教学、数字化教学和智能化教学等方面,为学生提供更加优质的教育资源和教育环境,促进学生的全面发展和未来的职业发展。未来学校可以与未来课程紧密结合,共同构建适应未来社会发展和人才需求的课程体系和教育模式。同时,未来学校还可以通过与社会各界和各种人才的合作与交流,共同推动教育的现代化和教育未来的发展。

总之,未来教育、未来课程和未来学校可以形成协同互动的发展模式,共同推动教育的发展。未来教育的目标可以为未来课程和未来学校的发展提供指引和方向;未来课程可以推动未来学校的教学改革和发展,为未来教育提供核心内容和实施路径;未来学校则可以为未来教育和未来课程提供实践场所和机构,与社会各界和各种人才共同推动教育的现代化和教育未来的发展。

二、未来课程的基本特征

未来课程是一种以未来社会发展趋势和人才需求为导向,以学生为中心,注重跨学科学习、创新性教学、数字化教学和智能化教学,并注重社会参与和社会责任感的新型课程模式。它旨在培养具有创新精神、实践能力和社会责任感的新一代学生,为未来的教育和人才培养提供更加优质的教育资源和教育环境。在我们看来,未来课程具有六大特征。

(一)未来课程的理念:文化性与扎根性

随着社会的进步和教育的发展,人们对课程理念的认识也在不断深化。未来课程的理念将更加注重文化性与扎根性,以全面提升学生的综合素质,培养具有全球视野和深度思考能力的新时代人才。

1. 文化性

文化性是未来课程理念中的一个核心特点,强调的是课程的多元文化性和开放性。在全球化的大背景下,学生需要具备跨文化沟通与交流的能力,了解和尊重不同文化,才能更好地适应多元文化的社会环境。因此,未来课程的设计将更加注重融入多种文化元素,帮助学生建立正确的文化观和价值观。在未来课程中,学生将有机会接触到各种不同的文化背景、历史传统、艺术形式和哲学思想,这不仅有助于学生拓宽视野,还能够培养他们的跨文化交流和理解能力。通过学习不同文化的知识和技能,学生能够更好地理解和尊重不同的文化传统,同时也有利于他们在跨文化环境中更好地发挥自己的能力。未来课程的形式将更加开放,打破传统的课堂教学模式。学生将通过实践活动、项目合作和国际交流等方式,深入了解不同文化,增强自主学习的能力。例如,学生可以通过参与国际交流项目,亲身体验不同国家的文化,与来自不同文化背景的人进行交流和合作,这将有助于他们建立跨文化的视野和思考方式。

2. 扎根性

扎根性是未来课程理念中的另一个重要特点,强调的是课程与社会现实的紧密联系和关注时代发展。未来课程将更加注重实践和创新,让学生在掌握知识、技能的同时,具备创新思维和解决问题的能力,更好地适应社会和时代的需求。在未来课程中,学生将有机会参与各种实践活动,比如社会调查、科研项目和创业实践等,通过实践操作和解决问题的方式,培养他们的动手能力和创新思维。这些实践活动将紧密联系社会现实,关注时代发展,让学生更好地了解社会问题和需求,培养他们的社会责任感和解决问题的能力。未来课程的评价将更加注重综合性,不仅关注学生的知识掌握程度,还重视学生的实践能力和创新思维。评价方式将多样化,包括课堂表现、作业完成情况和实践活动参与度等,为学生提供全面的反馈和指导。这样的评价方式将鼓励学生发挥创造性和实践能力,更好地实现课程的扎根性目标。未来课程的资源将更加开放和共享,打破学校与社会的界限。学生将可以通过网络平台、共享数据库等途径,获取更多的课程资源和实践机会,拓宽视野,提升综合素质。这些资源将包括各种实践项目、科研成果和创新案例等,为学生提供更多的学习和参考材料,帮助他们更好地联系实际和创新。

(二)未来课程的视野:全球性与本土性

未来课程的视野将呈现全球性与本土性的融合。随着全球化的不断发展,各个国家之间的联系日益密切,学生需要通过课程了解和适应全球化的世界。同时,本土文化和社会现实也是课程的重要组成部分,学生需要了解和传承本民族的文化传统,并将其与全球视野相结合。

1. 全球性

未来课程将更加注重全球性,让学生了解和适应全球化的世界。课程内容将涵盖全球范围内的知识和文化,包括不同国家、民族、宗教和文化的知识与技能。学生将有机会学习世界各地的语言、文化、历史和艺术等,培养他们的全球视野和跨文化交流能力。课程形式也将更加开放和多元化,打破传统课堂教学的限制。学生将通过国际交流、网络学习和实践项目等方式,与世界各地的学生和专家进行交流和合作。这将有助于学生拓宽视野,增强跨文化交流和理解能力,同时也有利于他们在全球化的世界中更好地发挥自己的能力。

2. 本土性

未来课程也将更加注重本土性,让学生了解和传承本民族的文化传统。课程内容将涵盖本民族的历史、文化和社会现实等,包括传统文化、地方特色和社会实践等方面。学生将有机会学习本民族的语言、艺术、历史和传统文化等,培养他们的民族自豪感和文化自信心。课程形式也将更加开放和多元化,打破传统课堂教学的限制。学生将通过实践活动、社会调查和地方合作等方式,深入了解本民族的文化和社会现实。这将有助于学生更好地了解和传承本民族的文化传统,同时也有利于他们在本土社会中更好地发挥自己的能力。

(三) 未来课程的结构:共同性与个体性

随着社会的发展和教育的进步,未来课程的结构将呈现共同性与个体性的特点。共同性指的是课程内容的共通性和基础性,为学生提供必备的知识和技能。个体性则强调课程的差异性和个性化,根据学生的兴趣和能力进行定制。这种共同性与个体性的课程结构将有助于满足学生的多样化需求,促进他们全面发展。

1. 共同性

共同性在未来课程结构中指的是课程内容的共通性和基础性。未来课程将注重为学生提供必备的知识和技能,建立一个共同的学习基础。未来课程将强调基础知识与技能、跨学科学习、共性知识与技能的培养。通过学习数学、科学和语言等基础知识,学生将打下坚实的学术基础。跨学科学习将整合不同学科的知识和技能,培养学生的综合素质。同时,学生将掌握社会交往技能、信息素养、问题解决能力等知识,以适应未来社会的需求。这些措施将为学生未来的学习和职业生涯做准备。

2. 个体性

个体性在未来课程结构中强调课程的差异性和个性化,根据学生的兴趣和能力进行定制。未来课程将更加关注学生的个体差异,提供个性化的学习路径和学习资源。未来课程将更加注重学生的兴趣导向、学习风格与路径,以及适应性教学。根据学生的兴趣爱好提供多样化的学习内容,考虑不同的学习风格和路径,以及采用适应性教学来满足学生的个体差异和学习需求。这些措施将更好地满足学生的学习需求,提高学习效果。

(四)未来课程的内容:符号性与经验性

未来课程的内容将呈现符号性与经验性的特点,即注重抽象符号的学习和实际经验的积累。这种结合将有助于学生掌握知识和技能,更好地适应未来的社会和职业发展。

1. 符号性

未来课程将注重符号性学习,即强调抽象符号的学习和掌握。符号可以是文字、数字、符号和公式等,代表着一定的意义和概念。通过符号的学习,学生可以更快地掌握知识和概念,提高学习效率。未来课程将更加注重语言和数学符号的学习。语言符号包括单词、句子和文章等,代表着思想和交流。数学符号包括数字、符号和公式等,代表着数量和逻辑关系。学生需要熟练掌握这些符号,以便更好地理解和应用知识,进行有效沟通和问题的解决。未来课程将教授学生学习符号的策略,包括归纳、演绎和推理等。归纳是指从具体实例中总结出一般规律,演绎则是从一般规律推导出具体实例。通过这些策略的学习和运用,学生可以更好地理解和掌握知识,提高学习效果。

2. 经验性

未来课程将注重经验性学习,即强调实践经验的积累和实践能力的培养。通过经验性学习,学生可以更好地理解知识,培养解决问题的能力,提高综合素质。未来课程将注重实践活动与项目的开展,包括实验、调查和设计等。这些活动可以帮助学生将所学知识应用于实际情境中,提高他们的实践能力和解决问题的能力。例如,通过开展科学实验,学生可以亲身体验科学原理和应用,加深对知识的理解和掌握。未来课程将强调反思与总结的学习方法。通过反思和总结,学生可以对自己的实践经验进行总结和提升,加深对知识的理解和掌握。例如,在完成一个项目后,学生可以反思自己在项目中的表现和遇到的问题,总结经验和教训,为未来的学习和实践做准备。

(五)未来课程的实施:权宜性与变通性

未来课程实施的权宜性与变通性相结合,将提高课程的适应性和有效性,满足不断变化的教育需求和社会发展。通过灵活的课程内容和多样化的课程形式,可以满足不同学生的需求和习惯,提高学生的学习效果和兴趣。通过动态的课程调整和持续的教师培训与支持,可以及时发现和解决课程存在的问题和不足,提高课程的有效性和质量。这种结合将有助于提高课程实施的效果和质量,推动课程的不断发展和完善。

1. 权宜性

未来课程的实施将注重权宜性,即根据实际情况和需求调整课程内容和形式。未来课程的实施将根据学生的需求和社会的发展灵活调整课程内容。例如,随着科技的发展,新的学科领域不断涌现,需要及时更新课程内容,以保持课程的时效性和实用性。同时,对于不同地区、不同类型的学生群体,也可以根据其特点和需求灵活调整课程内容和难度。未来课程的实施将根据实际情况和需求,采用多样化的课程形式。除了传统的课堂教学,还可以采用在线教学、混合式教学和项目式学习等多种形式,以满足不同学生的学习需求和习惯。例如,对于远程教育的学生,可以通过在线直播、视频会议等形式进行授课和交流。

2. 变通性

未来课程的实施将注重变通性,即根据课程实施的效果和反馈灵活调整课程内容和形式。未来课程的实施将根据课程实施的效果和反馈,及时调整课程内容和形式。例如,通过定期的课程评估和学生学习效果的反馈,可以及时发现课程存在的问题和不足,及时调整课程内容和形式,以提高课程的有效性和质量。未来课程的实施将注重教师的专业发展和能力提升,为教师提供持续的培训和支持。在不断变化的教育环境中,教师需要不断更新自己的知识和技能,以适应新的教学需求和挑战。通过持续的教师培训和支持，可以帮助教师更好地理解和实施课程，提高课程的教学效果和质量。

（六）未来课程的评价：数据性与生长性

未来课程评价的数据性与生长性相结合，将为学生的学业表现和成长过程提供更准确、全面和持续的评价。通过数据化的评价方式，可以更好地了解学生的学习状况和进步，为课程和教学提供反馈和改进的依据。通过持续性和发展性的评价，可以关注学生的整个学习过程和发展潜力，促进学生的持续学习和个性化发展。

1. 数据性

未来课程的评价注重采用数据化的评价方式。这种评价方式将借助大数据和人工智能技术，以更准确、全面和及时的方式评价学生的学习效果和能力。未来课程的评价将借助智能化的教学软件和在线平台，收集和分析学生的学习数据和行为数据。这些数据可以包括作业完成情况、考试成绩、互动参与度和学习时长等，通过数据化的方式客观、全面地反映学生的学习效果和能力。例如，通过分析学生的学习数据，可以了解学生在不同学科领域的学习进展和掌握程度，为学生的学业表现提供准确的评价。未来课程的评价将采用数据驱动的决策和改进方式，根据评价数据为课程和教学提供反馈和改进的依据。通过深入挖掘和分析学生的学习数据和行为数据，可以发现学生的学习难点和问题，及时调整教学策略和方案，提高教学效果和学习体验。这种数据驱动的评价和改进方式可以促进课程不断优化和发展，为未来的教育提供更准确、有效的支持。

2. 生长性

未来课程的评价将注重生长性，即强调评价的持续性和发展性。未来课程的评价将不仅仅关注学生的学业表现，还将关注学生的成长过程和发展潜力。未来课程的评价将采用持续性的评价方式，关注学生在整个学习过程中的表现和进步。通过定期的测验、作业和项目等评价活动，及时了解学生的学习状况和进步，给予反馈和指导，促进学生的持续学习和成长。这种持续性的评价方式可以为学生提供更全面、更长期的学习支持和指导。未来课程的评价将注重发展性的评价，关注学生的个性特点和潜能，为学生提供更适合的发展路径和机会。通过多元智能理论的评估方法，了解学生的优势和特长,提供针对性的学习资源和指导,促进学生的个性化发展和全面成长。这种发展性的评价方式可以为学生提供更个性、更灵活的学习支持和指导,帮助学生实现自我发展和自我实现。

三、构建未来课程的维度

未来课程的构建需要从课程观念、课程体系、教学方式、信息技术和评价机制五个方面进行更新和创新,注重学生的全面发展和个性特长,为未来的社会和职业发展做准备。

(一)更新课程观念

未来的教育理念强调以学生为中心,注重学生的全面发展和个性特长,注重培养学生的创新精神、批判性思维和解决问题的能力等。因此,未来课程应该更新课程观念,以学生的发展为中心,注重学生的个性化和多样化,打破传统课程的束缚,创造更加灵活和多样化的教学环境。在更新课程观念方面,应该摆脱传统的以教师为中心的教学观念,强调学生的主体地位和主动性。学生不再是知识的接受者,而是问题的解决者和知识的探索者。教师则是学生学习的引导者和支持者,为学生提供学习资源和指导,激发学生主动学习和探究的能力。同时,应该打破单一的课程观念,承认学生的差异和多样性,提供多样化的课程和学习方式,满足不同学生的学习需求和兴趣爱好。

(二)重构课程体系

未来的教育注重跨学科和综合性的课程设计,培养学生的综合素质和创新能力。因此,未来课程应该重构课程体系,打破传统学科的界限,整合不同学科的知识和技能,构建跨学科和综合性的课程体系,注重课程内容的更新和拓展,反映时代和社会的发展需求。在重构课程体系方面,应该摆脱传统的单一学科的课程体系,建立跨学科和综合性的课程模块。例如,可以将语文、历史和地理等学科的知识整合在一起,形成文化和社会理解的综合性课程模块。这样可以打破学科的界限,让学生更加全面地了解社会和文化，培养他们的综合思维能力和创新能力。同时，应该注重课程内容的更新和拓展，引入最新的科技和社会发展内容，满足时代和社会的发展需求。

（三）创新教学方式

未来的教育注重学生的主动学习和探究学习，培养学生的创新思维和解决问题的能力。因此，未来课程应该创新教学方式，摆脱传统的以讲授为主的教学方式，采用启发式、探究式和项目式等多种教学方式，引导学生主动学习和探究，注重学生的思考和实践能力的发展。例如，可以采用问题解决的方式，让学生在实际问题中探索和解决问题，培养他们解决问题的能力。同时，应该注重学生的思考和实践能力的发展，提供更多实践和实验的机会，让学生在实际操作中学习和体验，培养他们的实践能力和创新精神。

（四）利用信息技术

未来的教育注重信息技术的应用和创新，提高教育效率和教学质量。因此，未来课程应该摆脱传统的以纸质教材为主的教学方式，采用互联网、大数据和人工智能等先进技术，构建数字化和智能化的教育环境，提供丰富的学习资源和工具，促进学生的自主学习和个性化学习。例如，可以建立在线课程和学习平台，提供丰富的学习资源和工具，让学生可以根据自己的时间和进度安排学习。同时，可以利用大数据和人工智能技术，对学生的学习进度和问题进行实时监测和分析，提供个性化的学习指导和反馈，提高学习效果。

（五）建立多元评价机制

未来的教育注重持续性和多元化的评价，学生的全面发展和个性特长。因此，未来课程应该建立多元评价机制，摆脱传统的以考试为主的评价方式，采用多种评价方式，包括考试、作业、项目作品和课堂表现等，全面了解学生的学习进度和问题，注重学生的个性化和多样化评价，激发学生的自我认知和自我管理能力。例如，可以建立学生成长档案袋，记录学生的成长过程和表现，让学生和教师都可以实时了解学生的学习进度和问题，为学生的未来发展提供更好的指导和支持。

四、未来课程的实践成效

未来课程的目标主要是培养适应未来教育，适应未来社会发展要求的时代新人，给学生更好的引导、发展。未来课程的建设具有重要的意义，不仅可以促进学校特色课程的建设和特色发展，还可以为学生个人未来的成长提供更好的支持和保障，同时也为国家的未来发展提供了人才保障和支持。学生、教师和学校在未来课程的推进、实施过程中均有长足的发展。

（一）学生的成长

未来课程促进了学生个人未来的成长。未来课程注重培养学生的全面素质和能力，让他们具备适应未来社会和职业发展的能力和素养。通过未来课程的学习，学生可以培养自己的创新思维、批判性思维、跨文化交流能力、科技素养和社会责任感等，为未来的职业发展和社会责任承担打下坚实的基础。同时，未来课程还可以发挥学生的个性特长，让他们在自己感兴趣的领域进行深入学习和探索，培养自己的特长和优势，为未来的个人成长和发展提供更多的机会和可能性。

其中，玉德养志课程实现了系列化建构与实践，德育为先的理念深入学校教育、教学方方面面，玉成优秀人格品德，赓续中华红色血脉；国学课程全面夯实学生的传统文化根基，对中华优秀传统文化的热爱、学习、传承和创新，培育深厚的家国情怀；国际体验课程培养学生的全球观和跨文化交流能力，提供多元文化教育，开阔全球视野；创新教育课程实现了学校国家课程的多元拓展，培养了学生兴趣和特长的个性发展，提升了他们的创新意识；绿色生态课程培育了学生对自然的热爱、劳动意识、环境保护意识和社会责任感，以及对生态文明的感知和认同；智慧教育课程让学生放眼未来，了解最前沿的发展成果，学习人工智能等未来最需要的知识、思维和能力，为未知而教，为未来而学；未来课程将更加注重培养学生的科技素养，包括科技知识、科技技能和科技态度等方面。未来课程将结合实际科技应用和实践，让学生了解科技的发展趋势和应用场景，提高他们的科技意识和创新能力，同时强调科技伦理和社会责任。

未来课程将更加注重跨学科和综合性的课程设计，打破传统的学科界限，整合不同学科的知识和技能,培养学生的综合素质和跨学科思维能力。

未来学校课程将更加注重培养学生的个人和社会责任感,让他们了解自己在社会中的角色和责任,培养他们的社会意识和公民素质。

未来课程将更加灵活地安排学习时间和空间,适应不同学生的学习需求和时间安排。学生可以根据自己的学习计划和进度,灵活地选择学习时间和空间。未来课程将更加注重持续的学习评价和反馈,通过多种方式对学生的学业表现进行评估和反馈,帮助学生了解自己的学习进度和问题,及时调整学习策略和方向。

未来课程注重生活技能和职业能力的培养,提供多元化的课程和实践活动,并开展职业规划和发展指导。此外,未来课程应帮助学生理解并承担个人和社会责任,通过社会实践、志愿服务和道德教育等活动培养他们的社会责任感和道德意识。最后,为满足不同学生的需求,未来课程将提供更加个性化的课程和发展机会,并制订个性化的学习计划和指导方案。同时,未来课程将致力于培养具有创新精神、探索精神和领导力的卓越人才。

(二) 教师的发展

建校以来,深圳市坪山区中山中学从最初引进的5位名师,发展到目前拥有涵盖语文、数学、物理、生物等领域的10个名师工作室,54名省市区级名师骨干。教师在课程研究方面的课题共立项17项;教师在国内期刊发表论文100多篇;教师在各级各类业务竞赛中累计获得奖励845项,其中国家级46项、省级70项、市级118项、区级611项。学生在荣誉称号和比赛方面的获奖颇丰,累计获得国家级奖励26项、省级奖励22项、市级奖励158项、区级奖励1107项,80%以上的学生获得校级奖励。课程改革活动的实施,全方位地促进了学校的整体发展。

未来课程将更加丰富和多样化,通过多种方式提供课程资源,包括在线课程、电子教材、多媒体资源和实践活动等。这些课程资源将注重学生的个性化需求,提供更加灵活的学习方式和内容。

未来课程将更加注重学生的中心地位,采用更加灵活和个性化的教学方式,适应不同学生的学习风格和需求。教师将更多地采用启发式、探究式和合作式等教学方式,引导学生主动学习和探索。

(三) 学校的发展

未来课程的建设注重学校特色课程的建设和特色发展。在未来,每个学校都可以根据自己的优势和特色,设计具有特色的课程,发挥学校的优势和特长,打造学校的品牌和特色。例如,有些学校可以开设与科技相关的特色课程,包括编程、机器人和人工智能等,培养学生的科技素养和创新能力;有些学校可以开设与艺术相关的特色课程,包括音乐、舞蹈和绘画等,培养学生的艺术素养和审美能力。这些特色课程不仅可以提高学校的办学水平和教育质量,还可以吸引更多的学生和家长选择该学校,促进学校的可持续发展和提升学校的竞争力。

跨学科融合主题课题项目丰富,形成了学校课程建设的特色,提升了师生的综合发展能力。

总之,未来社会的发展需要具备全面素质和能力的优秀人才,未来课程注重培养学生的全面素质和能力,为国家的未来发展提供了人才保障。同时,未来课程还可以培养具有创新精神、探索精神和领导力的复合型卓越人才,这些人才将成为国家未来发展的重要力量和领导者,推动国家各项事业的发展和进步。此外,学校将提供持续的学习评价和反馈,帮助学生及时调整学习策略和方向。

(撰稿人:深圳市坪山区中山中学　梅越平、魏莉莉、庄丽伟)

第一章
未来课程的理念：文化性与扎根性

未来是有根的，它立足传统，扎根文化。从理念上来看，未来课程具有文化性与扎根性，文化性是课程扎根的内容，扎根性是课程文化的方式；从内容上来讲，未来课程的文化性主要体现在加深学生对中华优秀传统文化的理解与认同，奠基人文底蕴，坚定文化自信；从方式上来讲，未来课程的扎根性体现在习得经典文化的过程中，始终秉承扎根文化传统、扎根学校特色、扎根教师与学生需求的原则，以此为起点促进未来课程发展。

未来是有根的,它立足传统,扎根文化。中华民族几千年的历史文化积淀是未来教育发展的丰厚沃土,为未来而教,不是否定与脱离传统,而是立足传统,扎根中华文化,在批判性传承的基础上发展。只有这样,未来教育才能走得更稳、更远;否则,未来教育只能是无本之木、无根之源。从理念上来看,未来课程具有文化性与扎根性。

未来课程具有文化性。杨洁、于泽元指出:"课程是文化的象征,是一种被认可的文化符号。……随着课程问题的产生、优化以及解决,期间贯穿的是人们对课程本质的追问,一种生命本体的反思与批判。……课程的本质根源于其文化育人的特性。"[①]彭钢在《高质量发展背景下的课程与教学改革》一文中也明确指出:"面向未来,要打造具有中国特色、世界一流的教育,核心是要有中国特色、世界一流的课程与教学,这不仅需要我们坚持改革开放,始终保持与世界教育改革的同步进程,更需要我们根据中国的国情,努力传承中华优秀传统文化、中国传统教育的精髓……形成具有中国文化、中国气派、中国风格的课程与教学。"[②]卢健则从学校课程开发的角度出发,表明:"课程是学校文化表达的主要路径,每所学校不同的课程安排都表征了学校关于教育的理解、思维方式和价值取向,并因此形成了不同的课程体系。"[③]

我们认为,未来课程作为课程的一种样态,必然具有文化属性。课程作为一种"被认可的文化符号",需要我们对其进行文化层面的深度思考。文化是一个复杂的构成体,余秋雨将其概括为三个关键词:"精神价值""生活方式""集体人格"。未来之根在于传统,未来课程应注重对文化精神价值的挖掘、对文化生活方式的融入,从而塑造文化集体人格。课程又是学校办学发展的重要内容之一,课程的设置与安排必然关涉每个学校的文化理念与追求,需要我们将国家基础课程与本校特色相结合,整合设计出凸显多重文化性的课程架构。

未来课程具有扎根性。成尚荣指出,思维方式和智慧一直在中国人的文化心理结构中滋生暗长,悄然无声地丰润着中国人的精神品格和学识修养。它像一粒种子,总会在一个重要的时刻破土而出。只有深深扎根于中华优秀传统文化中,才能增强文化

---

① 杨洁,于泽元.未来课程以何形态存在[J].教学与管理,2019(19):1-3.
② 彭钢.高质量发展背景下的课程与教学改革[J].江苏教育,2023(18):28-31.
③ 卢健.学校"特色发展"中的文化性认知与拓展[J].教育理论与实践,2019(13):21-24.

自信和自强。① 杨霞、范蔚也认为:"课程文化的多样性价值取向理应扎根中华优秀传统文化的现实土壤,合理地分析、选择、构建、组合课程内容。这样才能发挥好优秀传统文化的作用,滋养受教育者的内心与精神。"② 李臣之则表示,校本课程要扎根于学校的"土壤"中:"学校的历史性、现实性和未来性就是学校课程的'土壤'。……需要把学校这个'点'放到社会、世界和自然环境整个'体'之中,让课程融入学校历史发展脉络,结合学校现实条件,瞄准学生发展需求,注重优秀文化基因传承,顾及自然、地理、气候、生态环境等特征,因时制宜、因地制宜、因生制宜,规划适合学校每个学生发展的课程。"③

我们认为,未来课程的扎根性,首先与传统文化是分不开的,"根深"才能"叶茂",在底蕴丰厚的文化滋养下,学校课程的未来发展才能获得源源不断的生命之泉。此外,学校课程还应因地制宜,立足区域文化特色,凸显本校文化特色,结合教师教学专长,注重学生发展需求。在层层积淀与重重选择中,找寻适合学校发展的课程模式,才是未来课程扎根性的要求。

立足未来课程的文化性与扎根性,我们在设计的未来课程图谱中,传统课程处于最基础的地位。传统课程以传统溯源模式建构课程,以继承发展为课程理念,其未来性质旨在未来是在传统的基础上的发展传承。中华传统的内涵包罗万象,我们的校本课程选择什么内容,是由学校办学理念、教师知识素养构成、学生的身心发展等诸多方面共同决定的。经过几年的教学实践,我们最终选定了国学经典、《论语》素读、《诗经》综艺、好客坊、考古坊五类课程作为传统课程的代表。

国学经典课程以百家讲坛的形式,带领学生从整体上了解中华文化的构成,包括"汉字演变""琴棋书画""建筑园林""中华非遗"等十二个模块。《论语》素读课程以阅读原汁原味的儒家经典《论语》为内容,引领学生感悟《论语》中脍炙人口的名言警句、引人入胜的人物故事、丰富饱满的思想情感。《诗经》综艺课程以《诗经》为本,通过吟诵传唱、植物绘画等形式,融合音乐、美术和生物等学科,形成灵动丰富的大美《诗经》

---

① 成尚荣.大情怀育人范式:行知教育实验的扎根性与创新性[J].中国教育学刊,2023(9):8-14.
② 杨霞,范蔚.课程文化的内涵、价值取向与生成路径[J].教育与教学研究,2023(6):31-42.
③ 李臣之.论本校课程建构[J].课程.教材.教法,2017(11):11-18.

课程。好客坊课程以"民艺有大美而不言"为课程核心理念,在美术工作坊中集中探讨客家文化,在活动中培养学生对客家文化的理解能力、审美能力与创作能力。考古坊课程尝试将中学历史与大众考古相结合,以模拟考古、校园发掘为主要形式,利用区域与学校资源,通过切身的参与体验,形象逼真地再现历史原貌,促使学生形成唯物主义历史观。

  总之,未来课程具有文化性与扎根性。文化性与扎根性是未来课程理念中不可分割的两个部分,文化性是课程扎根的内容,扎根性是课程文化的方式。从内容上来讲,我校未来课程的文化性主要体现在对儒家伦理、诗词歌赋、民俗非遗等文化的课程学习中,加深学生对中华优秀传统文化的理解与认同,奠基人文底蕴,坚定文化自信;从方式上来讲,未来课程的扎根性体现在对经典文化习得的过程中,始终秉承着扎根文化传统、扎根学校特色、扎根教师与学生需求的原则,以此促进学校未来课程的发展。

(撰稿人:深圳市坪山区中山中学 钟晓燕)

课程场景一　未来的路从经典中来

《义务教育语文课程标准(2022年版)》指出,语文课程内容要"围绕创造性转化和创新性发展要求,确定中华优秀传统文化内容主题,注重弘扬讲仁爱、重民本、守诚信、崇正义、尚和合、求大同等核心思想理念;弘扬有利于促进社会和谐、鼓励人们向上向善的中华人文精神;弘扬自强不息、敬业乐群、扶危济困、见义勇为、孝老爱亲等中华传统美德"。[①]

立足中华优秀传统文化,综合学校师资力量和学生实际,我校开设了国学经典课程,课程分为十二个模块,分别是"汉字演变""四书五经""诗词文学""琴棋书画""四大发明""建筑园林""名胜古迹""中华饮食""中华戏曲""中医中药""民俗节令""中华非遗"。

一　课程背景

引导学生在聆听讲座的过程中,走近中华优秀传统文化,是提高学生道德文化修养、促进自身精神成长的重要途径,是落实立德树人根本任务的要求,也是增强民族自信、传承中华文化的重要途径。

本课程的理念是发挥传统文化的育人功能,在对中华优秀传统文化的学习中,帮助学生树立积极向上的人生理想,增强为民族振兴而努力的使命感和社会责任感。

本课程具有人文性、综合性两重性质。

---

① 中华人民共和国教育部.义务教育语文课程标准(2022年版)[S].北京:北京师范大学出版社,2022:18.

(1) 人文性。通过讲座感受中华文化的博大精深和丰厚底蕴,提升学生的人文素养,培养学生对中华优秀传统文化的体认与热爱。

(2) 综合性。课程融合了语文、历史、生物、地理、音乐和美术等各类课程,通过视频、音频和图片等丰富多彩的形式,综合提升学生的审美品位。

二　课程目标

在各种形式传统文化的熏陶学习过程中,引导学生认识中华文化的丰厚博大,汲取智慧,弘扬中华优秀传统文化,建立文化自信。本课程的具体目标是:

(1) 在国学经典的学习熏陶中,认识中华文化的丰厚博大,汲取智慧,继承和弘扬中华优秀传统文化。

(2) 通过12堂专题讲座,培养学生对中华文化的热爱,感受中华文化的强大生命力,坚定文化自信。

(3) 发挥课程育人导向,引导学生在学习过程中感受中华优秀传统文化的独特魅力与价值,提升思想文化修养,提高审美品位。

三　课程内容

本课程内容的主题是"传承中华文化",是综合学校师资力量和学生实际组织开发的国学经典课程。课程分为十二个模块,分别是"汉字演变""四书五经""诗词文学""琴棋书画""四大发明""建筑园林""名胜古迹""中华饮食""中华戏曲""中医中药""民俗节令""中华非遗"。

模块一:汉字演变。中华汉字的演变历程经历了从早期的符号到原始文字的蜕变,从大篆、小篆、隶书到楷书、行书、草书的发展,汉字书写形成并发展成为独具魅力的书法艺术。

模块二:四书五经。四书五经是儒家经典的核心,四书指的是《大学》《中庸》《论语》《孟子》,五经指的是《诗经》《尚书》《礼记》《周易》《春秋》。四书五经在中华传统文化中占据着重要地位,记载了我国早期思想文化发展史上各个方面的内容。

模块三：诗词文学。诗词是指以古体诗、近体诗和格律诗为代表的中国传统诗歌。诗歌是抒情言志的文学艺术，以凝练的语言、充沛的情感、丰富的意象来高度集中地表现社会生活和人类的精神世界。

模块四：琴棋书画。弹琴、弈棋、书法、绘画合称"琴棋书画"，也称"人文四友"，是文人骚客、名门闺秀修身所必须掌握的技能，是彰显人文素养的重要表现形式。

模块五：四大发明。四大发明是中国古代创新的智慧成果和科学技术，是中国古代先民为世界留下的光辉足迹，是为人类文明进步作出巨大贡献的象征，包括了造纸术、印刷术、指南针和火药。

模块六：建筑园林。中国的建筑园林历史悠久，在世界园林史上享有盛名。以山水为主的中国园林风格独特，布局灵活多变，将人工美与自然美融为一体，形成巧夺天工的奇异效果。

模块七：名胜古迹。中国的名胜古迹众多，漫步其间，可以领略祖国的大好河山，也可以感悟祖国博大精深的历史文化。中国十大名胜古迹包括万里长城、北京故宫、桂林山水、杭州西湖、苏州园林、安徽黄山、长江三峡、日月潭、承德避暑山庄和秦始皇兵马俑。

模块八：中华饮食。中国是文明古国，饮食文化源远流长，具有风味多样、四季有别、注重情趣、食医结合等特点。菜肴在烹饪中形成了诸多流派，由清代的鲁菜、川菜、粤菜、淮扬菜四大菜系发展到如今的八大菜系，即鲁菜、川菜、粤菜、苏菜、闽菜、浙菜、湘菜和徽菜。

模块九：中华戏曲。中华戏曲主要是由民间歌舞、说唱和滑稽戏三种不同艺术形式综合而成的，起源于原始歌舞，是一种历史悠久的综合舞台艺术样式。中华戏曲经过长期的发展演变，形成了以京剧、越剧、黄梅戏、评剧、豫剧五大戏曲剧种为核心的中华戏曲百花园。

模块十：中医中药。中医诞生于原始社会，春秋战国时期中医理论已基本形成。中医承载着中国古代人民同疾病作斗争的经验和理论知识，是在古代朴素唯物论和自发的辩证法思想指导下，通过长期医疗实践逐步形成并发展的医学理论体系。

模块十一：民俗节令。民俗又称"民间文化"，是指一个民族或一个社会群体在长期的生产实践和社会生活中逐渐形成并世代相传、较为稳定的文化事项,可以简单概括为民间流行的风尚、习俗。节令,指的是节气时令,指某个节气的气候和物候。二十四节气是中国上古农耕文明的产物,有着悠久的历史。

模块十二:中华非遗。非物质文化遗产是指各族人民世代相传,并视其为文化遗产组成部分的各种传统文化表现形式,简称"非遗"。非遗是一个国家和民族历史文化成就的重要标志,是优秀传统文化的重要组成部分。

通过以上十二个模块的教学,发展学生对国学经典的欣赏水平与品鉴能力,使他们获得丰富的审美体验,涵养高雅情趣。

四 课程实施

本课程的实施共安排12个课时。教师需要准备的教学资源为我校编定的《国学经典》校本教材。学生需要准备的学习资源包括《国学经典》校本课材。课程具体实施方法如下。

每月第一周,进行前期宣传,制作本期宣传海报,公布本期讲座的主题、主讲人、讲座时间和地点等基本信息,并开始收集讲座资料,编辑整理,为后期制作宣传展板做准备。

每月第二周,组织师生讲座,在讲座过程中注意搜集现场资料,包括图片、演示文稿、讲稿等,布置学生撰写讲座心得。

每月第三周、第四周,制作国学讲堂宣传展板,包括主讲人简介、讲座内容介绍、主题延展内容、学生优秀心得和本期活动小结等,以图文并茂的形式吸引师生前往观展。

五 课程评价

本课程评价的原则是重点考查学生在学习过程中表现出来的学习态度、参与程度与核心素养的发展水平,通过课堂表现、典型作业等形式进行评价。

课程评价的具体方法如下:

(1)课堂表现评价。在讲座过程中,设计课堂互动,关注学生基础知识、认知过程、思维方式和情感态度等方面的表现。

（2）典型作业评价。帮助学生获得听讲座后的深刻体验，通过学生的心得体会掌握学生的学习程度，并及时反馈，改进教学。

（撰稿人：深圳市坪山区中山中学　钟晓燕、梅越平）

课程场景二　体验原汁原味的经典

我校注重培养学生的中华传统文化素养,以儒家所倡导的"仁、义、礼、智、信"为学校精神的核心,以"文质彬彬、乐道津津、志存高远、勤学力行"为培养目标,这些办学理念无不与《论语》的思想内核相契合。因此,我校结合自身实际,开设了《论语》素读课程,旨在引导学生体验原汁原味的经典。在校本课程的教学实践中,我校编写了校本教材《读〈论语〉,做少年君子》。

接下来,笔者将对《论语》素读课程做简要介绍。

一　课程背景

本课程的理念是立足核心素养,发挥《论语》的育人功能,在对中华优秀传统文化的学习中,帮助学生树立积极向上的人生理想,增强为中华民族伟大复兴而努力的使命感和责任感。突出内容的时代性和典范性,精选《论语》中与当下时代发展、学生生活紧密相关的内容,进行主题式、项目式整合,带领学生感受《论语》的魅力。增强实施的情境性和实践性,创设丰富多彩的《论语》学习情境,通过不同形式的综合实践活动,促进学生自主合作、探究学习,激发学生的求知欲、创造力与想象力。本课程兼具人文性、综合性和实践性三重性质。

（1）人文性。《论语》素读课程以《论语》中孔子与弟子的生动对话、经典格言等为主要内容,通过阅读感受孔子思想的博大精深和丰厚底蕴,提升学生的人文素养。

（2）综合性。《论语》素读课程注重整合听、说、读、写,引导学生综合运用朗读、默读、诵读、复述和评述等方法学习经典;并结合历史、音乐、美术和戏剧等学科表现形式,综合培养学生的思维能力与审美情趣。

（3）实践性。《论语》素读课程注重实践性,结合学生的日常生活情境,通过课本剧创编展演、主题诵读、读书分享、游学实践和辩论会等形式,培养学生参与各类活动的实践能力。

二 课程目标

在学习《论语》的过程中,培养学生正确的思想理念、辩证的思维方式、高尚的道德情操、健康的审美情趣和积极的人生态度;养成立身持正、心怀理想、担当使命的精神品质;认识中华文化的丰厚博大,汲取智慧,弘扬中华优秀传统文化,建立文化自信。本课程具体的目标是:

(1) 能够结合注释和工具书理解《论语》的基本内容,能够背诵自己喜欢的《论语》经典句段。

(2) 能够利用网络、图书等资源收集信息与资料,能够分享《论语》中主要人物的故事,感受凝结在孔子和他的弟子之间的深厚的师生情。

(3) 初步领悟孔子思想的内涵,能够就《论语》中的某个观点提出自己的看法,能够与他人合作,分析《论语》中某些有争议的话题。

三 课程内容

本课程内容的主题是"素读《论语》,学做少年君子",共分为五个模块,每个模块的具体内容如下:

模块一:了解《论语》故事。通过讲座交流、影视媒介、地图绘制和故事分享等形式,介绍《论语》的读法、孔子的一生、《论语》中的主要人物,对应于《读〈论语〉,做少年君子》引言部分。

模块二:触摸先师孔子。学生通过解读《论语》原文、阅读教师推荐的相关素材、自主搜集主题资料和读书汇报等形式,分享阅读体验:感知孔子的形象特征;体验其成长历程;了解其性格品质;触摸其生活经历;仰视其光辉人格。对应于《读〈论语〉,做少年君子》第一章"先生之风,山高水长"。

模块三:走近孔门弟子。通过创编剧本、角色扮演和人物评说等形式,了解孔子弟子三千、七十二贤人、孔门十哲。重点熟悉大弟子大将军子路、儒商外交家子贡、克己复礼的颜渊、钻研文化的子夏、三省吾身的曾参等弟子的不同性格特点、人生经历和杰出成就等。对应于《读〈论语〉，做少年君子》第二章"孔门弟子，各领风骚"。

模块四：感受孔门师生情。通过情境体验、角色扮演、影视媒介和讲座交流等形式，了解弟子和孔子之间生动的故事。从令人动容的素材中，感受在日常学习生活中孔子对弟子的谆谆教诲、弟子对孔子的敬爱与调侃，感受孔门学堂中师生关系亲如父子的深情厚谊。对应于《读〈论语〉，做少年君子》第三章"孔门学堂，师生情长"。

模块五：体会孔子思想的内涵。通过社会观察、社会实践、交流讨论和主题辩论等形式，了解孔子的核心思想与基本主张。厘清仁、礼、乐之间的关系，理解忠恕之道、孝悌之义、言行合一的深刻内涵。对应于《读〈论语〉，做少年君子》第四章"夫子学说，道贯古今"。

通过以上五个模块的教学，师生得以领略孔子的君子之风及其弟子的人物风采，领悟孔子的主要思想，共同聆听先贤智慧，发展对传统经典的欣赏与研读能力。

四　课程实施

本课程的实施共安排40个课时，包括每周一课时的课堂授课、每周一课时的主题活动，此外还有每天20分钟的清晨诵读，读原汁原味的经典。教师需要准备的教学资源包括《论语》原著、校本教材《读〈论语〉，做少年君子》和配套的教学案例。学生需要准备的学习资源包括《论语》原著和校本教材《读〈论语〉，做少年君子》。课程实施将以资料梳理、戏剧表演、诵读展演、实践研习和分享交流等方法进行，具体实施方法如下：

（1）资料梳理。通过资料的搜索、阅读、整合、梳理，了解孔子周游列国的路线与主要事件，绘制孔子周游列国地图。

（2）戏剧表演。通过选择人物、资料整理、创编剧本和剧本展演等形式，演绎《论语》中的经典故事。

（3）诵读展演。通过主题确定、内容整合、诵读表演和诵读竞赛等形式，开展形式多样的《论语》主题诵读活动。

（4）实践研习。通过资料选取、古礼学习、合作探究和社会实践等形式，举行《论语》中的礼仪研习活动。

（5）分享交流。通过笔记展示、心得交流、故事分享和师生讲坛等形式，举办丰富多彩的《论语》读书交流活动。

此外，我校还在日常生活中创设有利于学生学习《论语》的环境：（1）《论语》素读课程的上课地点一般在孔子学堂，在孔子像前，在古色古香的氛围中学习《论语》。（2）国学厅悬挂学生触目可及的《论语》名言、图书馆外墙张贴学生的《论语》书法作品、教学楼喷绘《杏坛讲学图》等。（3）建立班级《论语》阅读角和展示墙，鼓励学生阅读分享，写读书笔记，并定期展示学生的学习成果。

五　课程评价

本课程评价的原则是：关注学生的《论语》学习过程和进步，注重评价主体的多元互动以及评价方式的综合运用；关注学生的学习过程，在日常教学过程中及时发现问题，改进和调整教学。课程评价的具体方法如下：

（1）表现性评价。收集、积累能够反映学生学习与发展的资料，记录学生的学习表现情况，及时评价；注重提高学生的诵读兴趣，自主选择《论语》相应章节，进行有感情的诵读；注重学生对《论语》的理解能力，加深情感体验和创造性理解。

（2）真实性评价。注重学生在《论语》学习过程中表达水平的评价，比如复述故事、发表感受和讨论问题等；考查学生学习《论语》的综合运用能力、探究精神与合作态度。比如是否能积极参与活动、是否能主动提出问题等；尊重和保护学生学习的自主性和积极性，鼓励学生运用多种方法，从不同的角度对《论语》进行探究式学习。

（撰稿人：深圳市坪山区中山中学　钟晓燕）

课程场景三 滋养灵动的"诗心"

《诗经》是我国最早的一部诗歌总集,其产生上起西周,下至春秋中叶,历时五百多年;最先被称为"诗""诗三百"。学习《诗经》,无论是其"风、雅、颂"主要内容,还是"赋、比、兴"艺术手法,都是后人研究《诗经》和进行《诗经》教学的主要范畴。《诗经》大多篇目来自民间,其305篇,都有乐调,其含蓄婉转、生动优雅的表现方式,对后世影响深长久远。

研读《诗经》、演绎《诗经》,通过文化育人、经典育人来浸润中华儿女一颗颗灵动的诗心,应成为教育工作者的神圣使命。

一 课程背景

1.《诗经》风雅传千古

随着立德树人、文化育人的思想深度推进,《诗经》等一批传统文化经典,越来越受到世人和教育工作者的重视。"诗者,天地之心也。"诗经"笼天地于形内,挫万物于笔端"。孔子曰:"不学诗,无以言。"研读《诗经》在三千年前就成为人们学诗的风气。天地广阔,万物有灵。《诗经》内容丰富,包含草木生长、山川巨变、人世万象、生命情态、命运轨迹、人生哲思,以及社会变迁、生活歌咏等,《诗经》把精神呈现与自然描绘融为一体,其真景物、真感情之境界,无不表达着创作者、创编者内心细微绵延、蕴藏丰富的心灵感动。天听即为民听,从西周到春秋五百多年间,天子听政,公卿、列士献诗,政治亦风雅如此。《诗经》有诗有乐。孔子编颂诗,就配宗庙祭祀音乐;编雅诗,就配宫廷礼仪音乐;编风诗,就配各国流行音乐。诗与乐互动,孔子和他的弟子,吟咏诗篇时"皆弦歌之",保留了诗本来的传唱形式。古希腊史诗,以荷马个人命名,而中国则以《诗经》为"国风",乃一国流行之风,可独吟,也可百人、千人传唱,传唱风、雅、颂,形成诗的中国精神。孔子确立了"思无邪"的准则,选择了"温柔敦厚"的国风与民乐。

2.《诗经》教材颂雅韵

现行统编初中语文教材中的《诗经》选文,堪称经典。《关雎》出自《国风·周南》,为中国先秦时代民歌,是《诗经》首篇,又为十五国风第一篇。诗中句子蕴含深美,千古佳句"窈窕淑女",赞扬"美人""美状""美心"。司马迁点评:"风诗者,固间阎风土男女情思之作也。"《毛诗序》有云:"乐得淑女,以配君子。"《蒹葭》中最著名的诗句"所谓伊人,在水一方"写尽了"秋水之境"此岸彼岸的迷惘与追寻。《小雅·采薇》是一首戍卒返乡诗,唱出从军将士的艰辛生活和思归的情怀。诗歌以采薇起兴,写戍边征战生活的艰苦、强烈的思乡情绪和久久未能回家的原因,既有御敌胜利的喜悦,也深感征战之苦,流露出期望和平的心绪,感人至深。

3.《诗经》学校竞风流

我校作为一所"现代未来学校",本着"打通传统与未来"的办学理念,立足"少年养志,玉汝玉成"的育人目标,对《诗经》校本课程,进行了探索和研究。《诗经》中的草木风华、《诗经》中的人情美态、《诗经》中的言语意蕴、《诗经》中的俊才风流、《诗经》中的文明礼仪、《诗经》中的人生哲理、《诗经》中的历史透视等都是我校研学《诗经》、弘扬传统文化的重要内容。体验式学习、融合式学习、项目式学习成为我校《诗经》研学的主要方式,吟唱、绘本、种植成为我校履践《诗经》文化的校本课程。

二 课程目标

(1)传播经典,让学习和研读《诗经》成为一种仪式,把教授和学习《诗经》作为教育工作者的神圣使命,浸润和滋养中华儿女一颗颗灵动的"诗心"。

(2)以文本解析为基础,把"意象""意境""意蕴"文学方式研读内容作为《诗经》研究的三个重要内容。

(3)在研读基础上,把"朗读""解析""吟诵""演绎"作为教授和学习《诗经》的四种基本方法。

三 课程内容

(一) 传唱经典,《诗经》社歌舞吟唱

在传统吟诵的基础上,加入吉他,民族乐器箫、鼓、木鱼,民族舞蹈渲染,使《诗经》研学效果整体上得到质的提升。从音韵节律而言,《诗经》以四言为主,短小精湛,节奏鲜明。在《诗经》中最为常见的是运用双声叠韵词来摹声摹形。305 篇诗歌作品,除了《周颂》中有 8 篇属于无韵诗歌,其余作品在创作的时候都遵从了特定的押韵规则,每首诗都用韵字来整合韵律。《诗经》的韵律为其增添了音乐美,灵活多变的词语也使其富有节奏感。把握《诗经》的韵律,并在教学中运用吟诵的方法解读《诗经》,有助于中学生更好地理解《诗经》的内容、情感和整体风格。我校在教学和指导学生吟唱时以把握《诗经》的韵律和节奏为基础。韵律,一指诗词中的平仄格式和押韵规则,二指语言和物体运动的节奏规律。《诗经》的韵律主要通过四言句式中两个音顿的反复来体现,而次要句式如三言、五言和七言等一般也以双音顿为主,兼以单音顿或是三音顿。双音节构成"二言",其句式的加长往往通过两字顿来体现,但是其节律并没有发生变化。从吟唱演绎而言,吟唱过程就是陶冶性灵的过程。《诗经》社结合专家指导创编舞蹈艺术,边歌边舞表达对《诗经》艺术和文化的憧憬与膜拜。如"有匪君子,如切如磋,如琢如磨"出自《诗经》中的《国风·卫风·淇奥》。所谓玉不琢不成器,铁不炼不成钢,物质经过提炼升华到达一种高品质,人通过修身养性也可以提高境界。学生在吟唱和舞蹈《国风·卫风·淇奥》时,那位君子的学问、道德、礼仪、言行举止那么深厚、高雅,让人心生敬意,学生就通过这种如切如磋、如琢如磨的形式得到了传承。我校《诗经》社还创编了"蒹葭""关雎""鹿鸣""周南"等吟唱歌舞作品。

(二) 赏析经典,《诗经》融合式教学

在教学过程中融入音乐、艺术、歌舞和绘画等形式,增强教学的灵动性。下面以《蒹葭》为例,简述教学过程。

1. 歌曲导入听《诗经》

欣赏歌曲《在水一方》,留意和回忆部分歌词。教师提问:这首歌曲舒缓优美,请

问词作者的创作灵感从哪里来？

（学生汇报前期网络、文本资料信息采集整理结果：《诗经》是诗歌文学的开山鼻祖，是四书五经之一，被奉为儒家经典，是我国最早的诗歌总集。收录了从西周到春秋时期305篇诗歌。这些诗歌可分为风、雅、颂三个部分。诗经的表现手法主要有赋、比、兴……）

2. 声情并茂读《蒹葭》

（1）倾听这首爱之曲，师生合作：教师朗读第一章，学生读第二章、第三章（根据《诗经》的音韵节奏，强调节拍和重音，配乐朗读）。

（2）词面揭意。这首诗写了什么内容，流淌着怎样的感情？（生：一个男子苦苦追寻恋人而不得的失望、惆怅的心理）

（3）邀请三个学生上台演诵，要求读出重音，读出节奏，读出情感（在音韵的基础上强调理解，渗透思想感情）。

（4）请观察一下这三节诗形式上有什么特点？（生：诗歌三章只换了几个词，内容与首章基本相同；结构上重复叠句。全诗共三章，句式相同，字数相等，只是在少数地方换用了近义词。教师小结：重章叠句。诗中常见的一种表现形式，有一唱三叹的美感。我们一起来读，感受诗歌回环往复的美）

3. 争奇斗艳绘《蒹葭》

（1）俗话说"诗中有画，画中有诗"，《蒹葭》是一首诗，也是一幅画，走近这幅画，你依稀看见了什么？景物有什么特点？

（2）茂盛的蒹葭，晶莹的晨露，冷冷的秋水，共同渲染了什么氛围？

（3）凄清的景色与追求者寻访未果的惆怅心情浑然一体，萧瑟的秋景正是主人公怅惘心情的外化，这属于诗经的哪一种表现手法？

（4）小组师生共创朗读情境。边读边听，并且在你脑海中想象《蒹葭》画境。

4. 各抒己见品《蒹葭》

（1）在这幅画中，主人公是哪些人？（追求者、伊人）

（2）四人小组合作学习：① 第一小组回答：伊人在哪，给追求者的感觉如何？② 第二小组回答：追求者在哪？追求者是怎样追寻伊人的？③ 第三小组回答：追求者是一个怎样的形象呢？伊人在哪，给追求者的感觉如何？用诗歌回答;用自己的话回答。（溯洄从之,道阻且长。溯洄从之,道阻且跻。溯洄从之,道阻且右。道路艰险又崎岖,可见追求过程非常艰辛。夜有所思,日有所为,追求者夜里辗转难眠,天未亮就徘徊在秋水河畔。逆流而上去寻,道路崎岖遥远;顺流而下去找,幻象迷离。追求者追寻了多少次?无数次地追寻,无数次地伫立遥望,等过了生命里无数的斑斓与斑驳,伊人宛在,却觅之无踪)

(3) 请女生扮演伊人,读奇数行,男生扮演追求者,读偶数行。(生演读)此时此刻,此情此景,你感觉追求者是一个怎样的形象呢?

(4) 这是一种什么精神?

小结:追求的结果可能是"执子之手,与子偕老",也可能是"相忘于江湖",人朦胧,境朦胧,情朦胧,但是追求者执着而坚定。

(5) 出示学生画作:"秋水伊人图"。创作者解说意图,同学点评和补充。(深秋的清晨,霜浓雾重,在青苍的天际下,河畔那一大片丛生的苍苍蒹葭,在萧瑟的秋风中起伏摇曳,茫茫秋水之上,晓雾朦胧,烟水迷离,一位若隐若现的伊人游历在晓雾之中,一位痴情的追求者焦灼地徘徊在蒹葭之旁,隔河翘首企望伊人)

(6) 挑战名家朗读,请一个学生有感情地朗读这首诗。(配上电视选编场景,去掉名家朗诵声音。一名经过指导的学生读得情真意切,意味深长)

5. 百家争鸣悟《蒹葭》

请思考:追求者炽热追寻的"伊人"仅仅是一个美丽的女子吗,还能不能有其他的理解呢?(学生各抒己见:"伊人"到底是谁,一千个人心中就会有一千个伊人——是她?是他?是知音?是恋人?是贤者?是隐士?是理想、功业、前途等,不一而足。可见,《蒹葭》不仅是一首爱情恋曲,更是一阕追求者的颂歌)

学生在《蒹葭》吟唱中结束全课学习。

四 课程实施

探究经典,我校从《诗经》植物研学和《诗经》本心培育两个方面探讨《诗经》融合式项目式学习。

1.《诗经》植物研学

学《诗经》可以"多识于鸟兽草木之名",我校草本社、《诗经》社对《诗经》中植物意象进行了有关研究。众多研究论述将植物意象看作一个文化符号。不仅在一定程度上折射当时社会生活境况,而且具有丰富的喻指性:这些植物有时是女性的象征,有时是婚恋的特定隐语,有时是寄情达意的信物……研究者从原始的生命崇拜、交感巫术意蕴和文学审美意识等方面进行论证,关注其表达艺术对中华传统文化内核的深远影响,学生在研究过程中有助于培育文化上的寻根意识。学生通过研究发现以下三个方面:

(1) 植物从一个侧面反映社会生活。《诗经》中提及的植物形象向我们展现了先民的生活境况,奴隶主贵族政治下的社会生产力低下,并且依赖大自然,辛勤睿智的先民已经懂得明确的社会分工。"参差荇菜,左右芼之"所代表的采集文化恰好反映出当时的社会分工、生产力发展水平和人们的物质生活。《诗经》来源于生活又反映其对当时生活环境的写实功能,使我们可以借助这一功能剖析出当时的生活环境。《诗经》中的植物意象毫无疑问赋予它真实自然的雅韵,从而展现出最直观、最真切的传统农耕画面,也是当时社会最真切的观照和生动的体现。

(2) 植物是寄情达意的信物。自然环境中大量植物在进入秦先民生活环境后,其价值作用逐渐被先民发掘,并产生了一种共同的认识,这种认识在与创作主体结合自身思想情感的认识相互融合后使得这种大家对植物意象的共同认知形成了具有强大包容性与承载力的诗歌意象。诗歌作者内心世界的思绪情愫借植物意象,浮想出一段故事或是牵动某一种情思。如念及"彼黍离离",就会联想到亡国之痛或是故国哀思,"黍"不仅作为一个物象,而且是触景伤怀的文化符号。所谓"黍离之悲",是千古人心上将忧国、家思、虑己融合起来的最苍凉的事。植物的丰富形态与人们情感的丰富形态产生了某种人为关联,通过《诗经》惯用的联想、比兴等手法将二者牢牢相扣,从而达到物我两会、心物交融的境地,使难以琢磨的思绪变为具体可感的审美对象。提及苍耳,一幅女子挎着篮筐一面采集卷耳一面深蹙着眉的画面便浮现在眼前,这画面背后蕴含着一个女性对远人深深的眷念;提及棠棣,便联想到地方官的德政,还因而有了"思人爱书,甘棠勿翦"的说法;提及酸枣,禁不住地要为母子间亲情的粘连打动……性灵的种子,早已通过《诗经》等文化传播根植于我们的文化里。

(3) 植物是女性或爱情的象征。《诗经》中以爱情为主题的诗占有很大篇幅。这些爱情诗多以植物比兴,用或婉约或直白的语言,表达爱情中男女的忧喜得失、离合变化,抒发男女内心最真挚自然的情感,哀而不伤,怨而不怒。这些花、草、树木、果实或是爱情的信物,或是情感的寄托,或是喜忧的表达,它们是爱情中男女不可缺少的载体,作为情感的表达,花、草、树木都被赋予了情思。《国风·周南·桃夭》充满热情地祝福女子出嫁后的幸福美满;"有女同车,颜如舜华"则赞美了女子的容颜姣好,有如木槿花般灿烂夺目;"彼泽之陂,有蒲与荷,有灵一人,伤如之何"以荷莲比女子的端庄大方和美丽娴雅。植物开花结果,果实就是植物丰收的象征,而果实由青涩慢慢成熟的过程,也寓意着女子成长的过程,展露女子内心最本真、最自然的性情,体现出真实可感的德行美。

简言之,《诗经》中植物意象的运用,一方面使女性形象鲜活生动,又含蓄内敛;另一方面,植物意象的运用也使女性形象更加真实自然,富有生活气息。《诗经》中所涉及的植物都是周人生活中的寻常之物,但与女性形象结合起来后,却别有意味:或是赞美女性容貌体态,或是寓意其德行高洁,又或是感叹其痴情专一。《诗经》的简约、自然、深意潜藏的古风流韵,经过诗人吟咏进入诗篇的植物形象,体现了古人融合自然、情感、生活三者的大智慧。

2.《诗经》本心培育

我校开展《诗经》里的美好植物研究,把《诗经》植物搬进校园,进行《诗经》植物本心培育。学校开辟校园一角作为《诗经》植物园,在校园内栽种了三十几种《诗经》植物,通过学生研读《诗经》、寻找《诗经》中那些美丽的植物,进行《诗经》植物绘画创作,以绘本形式进行比赛和展示。那些两三千年前生长的种种植物,便穿越时空,枝枝蔓蔓、缠缠绕绕地长在眼前,长进心里。

(撰稿人:深圳市坪山区中山中学　彭宏云)

课程场景四　民艺有大美而不言

义务教育艺术课程以立德树人为根本任务,培育和践行社会主义核心价值观,着力加强社会主义先进文化、革命文化、中华优秀传统文化的教育,而深圳市坪山区是客家人聚居的主要地区,有着浓厚的文化底蕴,我校立足本土文化,发扬、传承传统文化,开设了客家文化艺术课程,名为好客艺术工作坊。引领学生在健康向上的审美中感知、体验与理解客家文化,逐步提高审美素养。

一　课程背景

近年来,国家颁布了一系列政策以推进传统文化教育发展,意味着美术课程内容应该与优秀的传统文化相结合,教师可利用本土资源和传统文化进行课程的开发和探究,在教学的过程中弘扬和继承传统文化。《义务教育艺术课程标准》(2022年版)中提出教师要引导学生深入地了解我国优秀的民间艺术,增强对我国优秀文化的认同感,这样能够促进学生更好地继承传统文化,提高文化理解能力。核心素养是指学生能够适应终身发展和社会发展需要的必备品格和关键能力,《普通高中美术课程标准》(2017年版2020年修订)中提及美术学科的核心素养为图像识读、美术表现、审美判断、创意实践和文化理解,这五个核心素养之间是独立的个体同时又相互依存,特色工作坊的开展有利于学生在理解坪山区文化的基础上进行美术表现和创意实践。

美术特色工作坊是指有一定专业能力的教师,拟定好特定的发展主题,通过各种形式的美术表现和特定的流程所进行的美术创作的形式。坪山区客家文化丰富多样,通过对客家传统文化的参考借鉴,以特色工作坊的形式,让学生通过多途径,结合传统与现代媒材,将客家的文化通过美术表现和创意实践进行再现。

而在坪山区以客家文化为载体的特色工作坊的设立并不成熟和深入，学生对于本土文化的理解不够熟悉，于是我校便设立了好客坊。

二　课程目标

客家文化有着独特的教育意义：一方面它所展示的是坪山区客家的风土人情，映射出客家人淳朴勤劳的精神；另一方面它也是坪山区本土文化气息的一个素材库。2024年以来，随着传统文化保护与传承的政策被国家大力推广，美术学科的人文教育功能也逐渐受到重视。由于其特殊的人文性质，美术学科在对学生进行传统文化教育方面起至关重要的作用。将客家文化引入到工作坊的探究和实践满足了政策层面和课程改革层面的需求。

（一）核心素养目标

1. 审美感知

通过对客家民间艺术的了解与学习，感受客家人在衣、食、住、风俗文化四个方面的造型美、颜色美和其蕴含的艺术语言、艺术形象、风格意蕴。

2. 艺术表现

学会利用不同的媒介采用综合材料的制作形式，在设置的课程主题指导下，表现对客家文化的理解与创新。

3. 创意实践

通过与多学科的知识融合，例如结合历史和地理学科，紧密地联系客家人的实际生活，从真实的生活尝试出发，进行艺术的创新，并能够结合实际拥有学以致用的应用能力，在创作的过程中以小组合作的方式进行，提高学生的艺术实践能力和团队合作精神。

4. 文化理解

学生通过实地调查以及民俗民风的体验，领会客家文化对传统文化发展的意义，通过对客家文化的了解和学习，感受中国文化的多样性，形成正确的历史观、民族观、国家观和文化观。

（二）课程总体目标

在真实情境中发现问题，采用自主、合作和探究等多种方式解决问题，培养问题解决能力。我校好客坊的设立是为了加深对本地客家文化的理解，感受客家文化艺术的丰富情感和内涵，进而产生对客家文化探究以及创意实践探究的欲望，增进学生对本土文化的认同感，以综合材料为媒介，选择多种创意方式，对客家文化进行历史变迁的再现和文化的创新。通过"边学边做""在探索中学"的步骤来完成学习任务，增强学生创新能力以及动手实践的能力，提高学生的文化认同感，弘扬中国传统文化特色。在创建特色工作坊课程的过程中，整合课程资源，将课件、教案、微视频整理归纳，形成具有实践意义的教学策略。

（三）具体目标

课程一（客家蓝衫课程）目标：客家地区最具特色的服饰就是蓝衫，其色彩多为蓝色，教师针对课堂的内容去繁就简，组织成系统化的知识概念，学生通过各种途径获取新知识，并以无拘束的主题进行创作，学生主要选择通过轻粘土手工制作、编织的形式进行立体作品创作以及绘画的形式进行平面作品的创作。

课程二（客家食物课程）目标：坪山区由于其特殊的岭南环境，客家人日常的饮食也独具特色，形成了自成一派的客家菜系。学生结合岭南的地理环境对当地人饮食的影响，感受客家菜的特点，学生在学习的过程中既了解了客家菜系形成的人文因素，又可以以自创探索的形式体现客家菜的美学价值。

课程三（客家建筑课程）目标：在客家地区，学生通过实地考察发现其最具有特色的建筑便是围屋式的客家建筑，其中最具有代表性的便是大万世居。在探究的过程中，学生从环境、人文和造型等多方面进行学习，并以综合材料的形式进行大万世居的立体作品创作。

课程四（风俗文化课程）目标：客家文化非常丰富，工作坊最后选择以"舞麒麟"为研究对象，麒麟在岭南地区是吉祥的象征，每逢重大的节日和活动都会有舞麒麟的活动，针对其造型特点，学生从制作材料、颜色的搭配和纹饰的要求进行了探索，最后选取了展现效果比较好的三种方式：（1）刺绣；（2）综合材料；（3）绘画。学生在探索的过程中感受了舞麒麟的人文价值和美学价值。

三　课程内容

课程内容的设置主要是依据《义务教育艺术课程标准》(2022年版)进行设定,艺术课程培养的核心素养主要包括审美感知、艺术表现、创意实践和文化理解,在课程的创设过程中进行课程的融合,将客家的历史文化以及地理环境融入艺术创作中,结合学校的"玉美"课程,构建以本土文化为主的特色课程。

*模块一：客家蓝衫课程。*学生通过实地调查以及文献查阅的方法,了解客家服饰的款式、颜色和制作的方法,通过手绘设计的方式还原客家服饰。制作蓝衫时,从蓝染入手,学习如何将白色的棉麻布料转变为蓝色,并在此基础上进行创意发挥,通过手工的裁剪、缝合和黏合等多种方法制作出蓝染的衍生作品。

*模块二：客家食物课程。*学生根据教师课程授课及引导,了解客家菜系的饮食特点,因地制宜选择制作的食材,在创作方面,学生依据生活经验以及文献图片的参考,利用轻黏土、丙烯和亮光油等多种媒介,从客家菜系的色、形两个方面入手,通过综合材料的形式将其外化于形。

*模块三：客家建筑课程。*在客家人聚居的地区,房屋建筑以围屋特色最为显著,又称"围龙屋""围屋""客家围"等,是客家民居经典的三大样式(客家围屋、客家排屋、客家土楼)之一,是一种富有特色的典型客家民居建筑,是客家民居中最常见、保存最多的一种,在坪山区最具有代表性的建筑便是大万世居,学生利用课余时间对大万世居的外观建筑以手绘的形式写生,在社团课时利用KT板等材料用切割的方式进行外观建筑的模仿和创意,融入客家的历史以及传统。

*模块四：风俗文化课程。*客家人是从中原地区移民过来的,客家的民俗文化在南北结合的基础之上又进行了转化,坪山区最具特色和代表性的便是客家麒麟。麒麟的制作工艺复杂,造型精美,在选材上极其讲究,学生结合之前探究性小课题的资料,通过手工制作的形式对麒麟的造型进行创造。客家竹编等也是坪山区客家极具特色的民间美术,与劳动人民的生活、生产息息相关,学生学习选材、破篾等竹编的制作方式,自主完成竹编作品。

通过以上四个课程的学习,学生了解客家的历史文化以及极具代表性的客家民间美术风格，创作形式以及创作材料不受限制，给予学生充分创作和发挥想象力的空间，做到守正创新，融会贯通。

四　课程实施

2020—2023 年，科组内教师决定设立美术特色工作坊，在主题的选择上商讨了很久，最终确定以客家文化为创作素材进行探究，坪山区是客家人聚居的一大地点，丰富多彩、历史悠久的客家文化也影响着坪山区一代又一代人。学校是学生接受教育、传承传统文化的重要阵地，开设以客家文化为载体的工作坊，能有效地激发学生的主观能动性，培养学生正确的审美观念以及切实落实美术学科核心素养。我校主要以如下形式进行课堂实施。

课程讲授：由专业领域的教师讲授课程的知识内容，通过实际的案例展示，进行教学的放大与手段的讲解，为学生的项目创意实践打下基础，要求学生边学边记，边记边做。

布置任务：根据学生擅长的不同领域分成相应的小组：绘画、手工、剪纸和综合材料，由组织能力较强的学生担任组长，确立分工和目标任务，并将分工和目标计划表交给教师进行监督和指导，要求每组能够合理安排任务，团队共同合作。

收集相应创作素材：学生在学校以外搜集与课程相关的传统文化素材，按照教师所展示的课程内容进行相应资料的收集，可以采用照片、视频、文字的形式进行展示交流。

完成项目主题：学生各组根据自己所搜集的创作素材规划好合理的创作方案，对创作的主题、表现形式、主要过程和方法进行相应记录。

交流展示：各小组将完成的作品进行展示交流，分享创作的过程、方法和问题，再由各小组进行点评和指点，培养学生发现问题、乐于交流的良好习惯，做到互助共赢。

教师总结：根据小组的作品展示和讨论，对学生在创作过程中出现的问题进行点评和指导，并进行相应的方法示范和修改。

五　课程评价

首先，如何通过工作坊的设立，探究工作坊模式的课程设置对美育工作的价值和课程策略的探索。运用师生调查问卷、课堂实践探索、论文研究和资料查阅等方法总结工作坊的课程设置教学策略经验，形成了第一个"三三制"课程体系，为学校四点半课程的设置提供了更多的经验和选择。今后的课程设想就是形成完整的"三三制"课程体系：

在工作坊团队方面目前已形成第一个"三"，分别是：工作坊主要负责人、教师团队和学生团队。接下来将工作坊的美术学科能力分为"三"大层次：基础型、应用型和创造型。目前工作坊经过一个学期的开设，学生的基础型美术学科能力已经具备：能够观察事物、分析形式、接收视觉信息，并且能够通过特殊的媒材和造型方式、手段、技巧的掌握表达自身的观念和想法。

应用型美术学科能力其实也就是学以致用，目前这一能力学生还不能很好地掌握，例如学生不光需要通过动手实践将客家的文化展示出来，还需要通过描述、分析、解释、评价的形式边讲边做，将历史、地理、语文的学科知识相融合，将理论与实践完美地融合到一起，形成成熟的认知和创作体系。为真正实现素养本位的美术教学，教师团队还需进一步探索。

创造型的美术学科能力也是接下来工作坊主要的探索方向，创造型美术能力就是学生能否通过视觉或者造型的方式创造性地解决现实生活中的复杂问题的能力，例如，能否根据工作坊的课程内容和研究主题设计出一个符合氛围的工作坊展区，而创造型的美术学科能力其实也是基础型和应用型的结合和升华，创造型的美术学科能力和生活中的联系越来越紧密，目标性和指向性也越来越强。

最后一个"三"就是课程的构架，首先就是要符合《义务教育艺术课程标准（2022年版）》的要求，其次形成项目式的工作坊课程，前两者工作坊都已做到，最后就是如何将工作坊的课程与学校的课程相融合形成传统课堂以外，富有特色和创意的课程和教学策略。

（撰稿人：深圳市坪山区中山中学　李聪、黄颖新）

课程场景五　校园里挖呀挖呀挖

我校立足继承传统,面向未来的育人理念,推出传统课程系列之考古坊校本课程。考古坊依托社团组织,经过校内开发团队不断研发与磨合,形成一门将中学历史与大众考古相结合的具有创新性质的传统课程。利用丰富的大众考古资源以及专业的考古知识来促使学生了解考古学,通过切身参与体验,形象逼真地再现历史原貌,弘扬中华优秀传统文化,促使学生形成唯物主义历史观。下面对我校考古坊校本课程纲要进行介绍。

一　课程背景

本课程依托中学生社团进行开展,学生根据个人兴趣自愿参加。本课程结合历史学、考古学、文物学和适合中学生的考古发掘实践进行课程设计,是归属于我校传统文化系列的校本课程。本课程属人文社会学科,具有客观性、多元性、时空性、人文性、实践性和综合性。由于本课程以社团形式开展,结合中学生特征,故更加侧重实践性以及综合性。

本课程具有以下两个基本理念。第一,注重树立学生的唯物主义历史观。通过将考古学与历史学相结合,培养学生史料实证能力,进而认识到人类社会是不断发展、不断进步的。对发掘实践活动过程中得到的发掘成果进行分析,使学生能够得出一切历史现象互相联系并受因果关系支配,以及社会存在决定社会意识等结论。树立正确的历史观念。第二,弘扬中华优秀传统文化,建立文化自信。选择具有代表性的中国古代历史小专题,充分运用社团配备的各项资源,以弘扬中华优秀传统文化为目标开展活动。使学生了解到中华文明起源的多元一体的特征,建立对中华文明的文化自信。

二 课程目标

（1）了解考古学这一门学科的基本概况；知道考古学在历史研究中起重要的实证作用；了解田野考古学的基本技能以及一些实践案例；知道中华文化多元一体、一脉相承等特点。

（2）在历史学习中能够运用考古资料对一些历史现象进行实证并得出结论；通过社团模拟考古场地的实践学习，初步掌握田野考古判断地层与年代等的基本技能；能够通过陶艺制作了解古代先民的陶器文化；具备一定的文物保护的相关知识和素养；能够通过具体活动培养考古实践能力。

（3）能够树立正确的历史唯物主义观念，激发家国情怀以及对中华文化的热爱，树立继承和弘扬中华优秀传统文化的责任心。

三 课程内容

本课程内容分为四大模块，分别为走近考古、模拟考古、聚落模型制作、仿古陶艺制作。以下对各大模块的具体内容做简要概括。

模块一：走近考古。第一部分为考古学简要概况。根据专业资料，学生了解考古学的定义以及其基本概况，比如考古学在中国的发展历程、考古学的基本分期，以及一些著名的考古学家或考古成果。第二部分为考古学与历史学的关系。根据初中历史教材中出现的考古学成果，了解不同时期的考古文物对于该时期历史研究的影响。第三部分为史前考古学与中华文明的起源，根据图文资料，展示史前时期各地区的遗址，通过分析其相同以及差异，了解中华文明多元一体、一脉相承的特征。第四部分为走近考古十大发现，根据图文资料，了解近年的十大考古发展，了解中国考古前沿。

模块二：模拟考古。首先是对田野考古的初步了解。根据专业资料，学习最基本的田野考古的技能和方法，知道考古工作展开的各项要点，认识考古工作中所用到的各类工具，了解基本的地层断代相关知识。其次在校园进行模拟实践。利用校园中的模拟场地，结合刮铲、洛阳铲等工具，模拟操作考古现场发掘，分辨不同的土质颜色，能够根据出土物大致判断所处年代。最后带领学生到考古工地实地参观。利用当地资源，带领学生实地参观史前时期的遗址，使学生能够更加深刻地领略家乡悠久的历史文化。

模块三：聚落模型制作。以半坡聚落模型遗址制作为例，首先了解半坡遗址概况，主要根据图文资料结合七年级上册历史教材，了解半坡居民所处时代、生活区域、生产工具的使用情况、火的使用情况、食物来源和生活方式等。其次在了解基本概况的基础上进行模型设计，根据文献资料以及考古发掘得出的实物资料，设计出一份模拟半坡聚落的设计方案。最后进行模型制作，根据模拟半坡聚落的设计图，利用现有材料，进行模型制作。

模块四：仿古陶艺制作。主要分为三个部分。首先了解史前时期陶器形制概况。需要运用专业图文资料，认识不同时期不同地域的史前人类使用的不同陶器形式，了解这些陶器的功能以及纹饰。其次进行纹饰设计，根据所掌握的图文资料，进行陶艺设计，形成设计方案以及图纸。最后进行模型制作，根据所掌握的图文资料以及设计方案，利用学校提供的陶艺设备，进行陶器制作。

四 课程实施

可采用讲授式教学与实践教学相结合的方法展开课程，本课程涉及的理论知识可以通过课堂教学的形式开展，利用丰富的图文资料讲授新知，增长见识，开阔视野。本课程涉及的实践知识可以通过开发的考古模拟场地进行开展，增加课程的实践性和趣味性。另外定期组织参观考古现场，使学生有机会将所学融会贯通。

五 课程评价

本课程以社团形式开展，评价方式包括过程评价、活动评价和成果评价等。

六 参考案例

本节课隶属于模块二模拟考古，预计共 3 个课时，以下为模块二第一课《了解田野考古》的教学设计。教学目的以及教学目标在课程内容中已有介绍此处不再赘述。本课主要有以下几个教学环节。

第一阶段：准备阶段。教师将与田野考古相关的几个名词卡片分发给各个小组，由小组各成员进行资料查阅。初步了解所负责部分的相关知识。

第二阶段：展示阶段。教师课堂上提供一个虚拟场景，例如某新石器时代的考古发掘现场。根据小组的任务卡进行分工。首先由名词卡片"探方"小组进行介绍，教师进行适当的补充和进一步讲解分析。所涵盖的知识点应包括：什么是探方？本考古工地应设置多少个探方？探方发掘的过程中需要注意哪些事项？其次依次由名词卡片"发掘工具""地层断代"等小组进行展示。所涵盖的知识点应包括：手铲的作用以及使用方法；洛阳铲的作用以及使用方法；无人机在田野考古中具有的作用；在同一切面中不同土质呈现不同颜色的意义；田野考古中基本断代需要考虑哪些因素等。

第三阶段：设计阶段。根据以上展示，对接下来的模拟考古实践活动进行设计，包括探方设计图纸、工具准备和具体的实践方案。各小组形成设计方案作为本课的任务单，下节课之前上交。

（撰稿人：深圳市坪山区中山中学　刘冬雪）

未来智慧：国学课程与传统文化教育

《完善中华优秀传统文化教育指导纲要》指出，"加强中华优秀传统文化教育，是深化中国特色社会主义教育和中国梦宣传教育的重要组成部分，是构建中华优秀传统文化传承体系、推动文化传承创新的重要途径，是培育和践行社会主义核心价值观、落实立德树人根本任务的重要基础"，"加强中华优秀传统文化教育，对于引导青少年学生增强民族文化自信和价值观自信，自觉践行社会主义核心价值观具有重要作用"。开展中华优秀传统文化教育，培育具有文化底蕴、民族意识、爱国情怀的未来接班人，是中学教育责无旁贷的使命。

一、玉德教育理论的提出

自古以来，玉是东方精神生动的物化体现，是中华文化传统精髓的物质根基，是中华民族最具品位的文化美学、人格道德、实用器具的符号代称。

玉，最具东方美学的意蕴。董仲舒在解说"玉"字时说，"三者，天地人也；而参通之者，王也"，隐喻了玉的至尊至圣地位。天下之美玉为先，"大圭不琢，美其质也"（《礼记》），大美不言，大玉不雕，直指玉美学的核心本质；"几千年来，玉的质地、形状和颜色一直启发着雕刻家、画家和诗人的灵感"（李约瑟）。

玉是道德人格层面的象征符号，把美玉的品性和君子的品德结合起来，更为历代圣贤推崇。孔子曰："夫昔者，君子比德于玉焉。"诸子百家以儒学来诠释玉的内涵，于是，玉有十一德（《礼记》：仁、智、义、礼、乐、忠、信、天、地、道、德）、九德（《管子》：仁、智、义、行、洁、勇、精、容、辞）、五德（《五经通义》：智、仁、义、信、礼）之说并广为传播。"玉，石之美者，有五德：润泽以温，仁之方也；鳃理自外，可以知中，义之方也；其声舒扬，专以远闻，智之方也；不桡而折，勇之方也；锐廉而不技，絜之方也"（许慎《说文解字》)的"五德"说,更是为历代社会所普遍接受。这种寓德于玉、以玉比德的观念把玉和德结为一体,成为培养"君子"的道德人格标准。

玉文化还包含着伟大的民族精神,有"宁为玉碎"的爱国民族气节;"化为玉帛"的团结友爱风尚;"润泽以温"的无私奉献精神;"返璞归真"的守住生命本真之道;"瑜不掩瑕"的清正廉洁气魄;"锐廉不挠"的开拓进取精神;"女娲补天"的大爱牺牲情怀。

玉更富有教育的价值和内涵。玉学之道的教化、激励功用千古流传,不可抹杀。"玉不琢,不成器;人不学,不知义。"(《礼记·学记》),一方面讲人的成才必须靠学习;另一方面,学习的方式是雕琢磨砺。"艰难困苦,玉汝于成"(张载),逆境砥砺对于人的成才有着巨大的正向作用;"如切如磋,如琢如磨"(《诗经·国风》),学习的路径是相互切磋、相互探讨。

由此,学校提出了以玉德教育为核心的办学理念。办学定位:玉德之学,未来之门;校训:匠心独运,返璞归真;育人目标:少年养志,玉汝于成;教师玉匠精神:慧眼匠心、精益求精、专业师承、艺术创新、大师风范。学生玉德精神:博爱为仁、明理是义、温润尚礼、开器启智、天下公信,并建构了学校玉美文化、养玉课程、琢玉研修、润泽课堂等。

玉匠精神(教师):慧眼匠心、精益求精、专业师承、艺术创新、大师风范。

"匠,木工也。"(许慎《说文解字》)"匠,教也。"(《楚辞·哀命》)《新华字典》中"匠"的基本字义包括"有手艺的人","灵巧,巧妙"。玉之匠人,玉石之师也,善识玉、赏玉、雕玉。教师就好比玉匠,应该具备五个方面的品质。(1)慧眼匠心是匠德:就是大爱之心、赏识之心、传承之心、敬业之心。大爱是教育发生的起点,也是教育成就的结果。慧眼是有一双发现美的眼睛,能够发现、赏识学生的优点,同时也能够看到学生的缺点、弱点,需要帮助的地方。(2)精益求精是匠技。痴迷勤勉,矢志不渝,不改初心,追求卓越、超越,精致源于精细,成于精彩,方可达到生命的极致。(3)专业师承是匠品。有无可替代的专门技能,有专业带来的成就感、尊严感;强调师承传统,师徒制不仅是技艺上的传授,也是门派风格、门派光荣、门派精神的整体迁流延续。从教育价值上来看,重视老中青教师团队切磋、成长帮带,是教师专业发展的必经之路、必备条件。(4)艺术创新是匠艺。匠心独运,别出心裁。教书看似是重复的劳动,但教育充满了各种可能与变化,因为匠心"活水源头",劳作才有"天光云影"。道技结合,教育将创意无限。(5)大师风范是匠格。自我修炼,自我砥砺,以身作则,言传身教,是大师风范之首要;正所谓"学高为师,身正为范","先生之风,山高水长"。

玉德精神(学生):博爱为仁、明理是义、温润尚礼、开器启智、天下公信。

"仁、义、礼、智、信"既是中华传统美德的五个维度,也是我校学生玉德教育的五个特性。(1)博爱为仁。玉者,养身养气,为天下人所钟爱,结合学校实际,我校提出的"仁教"可分为"善良、孝顺、感恩"三个方面,善为本,有善根,才有爱,做良善之人,应该成为每个人一生的追求;百事孝为先,孝顺是亲敬父母,而又不止于亲情之爱、伦理之爱,师长都是,"老吾老以及人之老",唯其如此,才能"同体大悲,无缘大慈",进入"博爱"和"仁"的层面,感恩他人、万物、社会,就是具体的表现。(2)明理是义。无纹不成玉,玉之纵横纹理,表里如一。"义"之谓,在于"明理、负责、守律",青春期的少年,最需要的是疏导其明事理,明是非,明大义;学会对自己负责,对社会负责;知法则,守戒律,学会自律,坚守底线。(3)温润尚礼。润泽以温,触之可亲,含于璞玉,光华内敛。"言念君子,温其如玉,故君子贵之也。"我们的"礼教",是培养学生"端仪、恭敬、谦和"。面净口洁,仪态端庄,立身正行。待人恭敬温和,尊敬师长,谦虚谨慎,彬彬有礼。(4)开器启智。璞玉经慧眼匠心,精雕细琢,必成大器;对于懵懂少年,开智慧须经"博识、慎思、精修"三步成就,正如大学问中"闻、思、修"三次梯。少年天性好奇,学习力强,须博闻强识,广泛学习。少年思维敏捷,是思维发展的活跃阶段,批判思维、独立思考,殊为紧要。"黑发不知勤学早,白首方悔读书迟",勤学力行,是精修本义。(5)天下公信。玉石之尊,必非掌中万物,而是志在天下,信行天下。我们提倡的"信"教育,在于培育"诚信、立志、力行"之品格。诚信不只是诚实,还代表着虔诚的理想信念;立志高远,"少年心事当拏云","立志修身治国平天下";力行代表实践精神,"纸上得来终觉浅,绝知此事要躬行"。志与行,为知行合一,即为诚信;此三者,也正是少年学习生涯成长路上的"信、愿、行"。

二、玉德传统文化的实践

1. 校园传统文化

校园文化建设,首先体现在校园空间的布局上。未来学校的设计十分讲究空间重构,大致有三个目的:环境的审美性、学习的便利性和教育的象征性;而中国传统文化更多侧重场景的仪式感和文化的表征性,比如宫殿讲究庄严对称,园林讲究曲径通幽。校园布局则需要结合学校特征在二者之间进行协调与重构。

我校的建筑,总体上为"玉"字造型;校园景观主要为玉德景观。

师表广场包含有孔子铜像、大先生园。12.5 米高的孔子铜像不只是一个景观,更是校园文化仪式的象征,在孔子诞辰日、教师拜师礼、学生志学礼(15 岁)、开学礼、毕业礼和中考百日誓师等活动中,拜孔成为不可或缺的传统项目之一。大先生园,在孔子铜像背后的架空层内,有蔡元培、陶行知等系列教育家的雕塑,是教师聚集休闲之所,仰观圣人大师,退思精进之行。

玉德五品包含有孔子像、国学厅、君子园、孔子学堂和三味书屋、初心园和中山亭,利用校园的架空层和露天空间建构而成。除了孔子像代表"礼"之外,国学厅代表"仁",陈列展示传统文化的书画、对联等;君子园代表"义",在校园的小斜坡上种有松、竹、梅三友植物,学生小径漫步,观树思志;孔子学堂和三味书屋,是阅读和诵读的场所,代表"智"。孔子学堂由中国孔子基金会 2015 年授牌,古朴的桌凳,学生每日轮班诵读《论语》及经典,校园的晨光里书声琅琅;三味书屋是由学生自主管理的书亭,上下学和课间借阅。初心园和中山亭代表"信",初心园的"不忘初心"和中山亭的"天下为公",均为有志于天下的大"信"。

初心园是仿苏州园林而建,石拱桥、流水、瓦墙拱门依次错列,鱼与荷嬉戏其中,人与景交相衬映。这是校园灵动的"眼",也是《爱莲说》上课的场景。初心园水流,一端连着国学厅,一端连着科幻厅,代表着从传统走向未来;命名"初心",寓意未来学校,不可忘却传统来源,丢失教育"初心"。

其他校园国学景观,还有中医药文化系列,比如中草药园、本草长廊、趣味中医馆和药膳坊等;《诗经》文化系列,比如《诗经》植物长廊,种植有八十余种《诗经》中出现的植物;书院文化系列,在中山书房内建有岳麓、白鹿洞、应天、嵩阳"四大书院"名师工作坊。

2. 国学三礼建设

"不学礼,无以立。"礼仪文化是校园文化的基本要素,也是德育的主要内容。我校仁、义、礼、智、信的玉德教育,"礼"为温润尚礼;"礼教"是培养学生"端仪、恭敬、谦和"。

仪容仪表的整洁,首先是表示要对圣人和师长的尊重;恭敬、谦和是对师长和同学的基本态度;表达态度,则需要礼仪。尊师礼、尊孔礼、志学礼,是我校礼仪教育的三大形式。尊师礼在每年9月10日,见师长驻足、问好、垂手、鞠躬,一气呵成,简单易学,把给教师"送礼"陋习改为"行礼"良习,岂不更好。尊孔礼在每年的9月28日孔子诞辰日举行,全校师生在孔子铜像前,列队献花、行礼,整装肃容、抱拳垂拱,然后举行师徒结对拜师仪式,以及"重振师道尊严与玉德精神"的座谈会。志学礼,在每年中考前的百日誓师大会时举行。孔子有云:"吾十有五而志于学。"而初三学子,即将步入15虚岁,在人生的关键时刻,铿锵誓言,表达的不仅仅是金榜题名的决心,更是"而今迈步从头越"的人生远大理想。

3. 国学课程建设

《完善中华优秀传统文化教育指导纲要》指出,"把中华优秀传统文化教育系统融入课程和教材体系","鼓励各地各学校充分挖掘和利用本地中华优秀传统文化教育资源,开设专题的地方课程和校本课程"。对于初中阶段的学校而言,也有十分具体而明确的内容和要求。

"国学十二讲"是一门传统文化通识课程,包含汉字演变、四书五经、诗词文学、琴棋书画、四大发明、建筑园林、名胜古迹、中华饮食、中华戏曲、中医中药、民俗节令、中华非遗,内容丰富、深入浅出,由文科类教师为主进行开发并担纲教学工作。

"经典素读"是一门关于经典的学习课程。国学是中华文化精髓,经典著作是中华传统文化的主要载体和历史遗产。素读的意义在于通过保持朴素、恭敬、严谨的学习态度和阅读方式,获得灵魂的净化、记忆和感悟,达到"都摄六根,念念相续"的专注效果,避免思绪散乱,以讹传讹,误读经典。学生在校三年,主要学习和背诵《论语》、《诗经》、唐诗宋词,以及其他经典选段;每天清晨的孔子学堂,学生早读书声琅琅,音韵徜徉;初中三年达到100万字的经典阅读,10万字的背诵量。

"传统体艺"是中华传统文化的技艺呈现,古代五经六艺,在技能和艺术中早就"进乎道矣",如何传承中华体艺精髓,是我们今天应该思考的问题。传统体育上,我校坚持开展中华武术、八段锦和武术操三个方面的学习。八种传统武术改编的八节武术操,获得全国武术网络课程评比一等奖;我校学子以一套咏春拳获得第九届世界传统武术锦标赛金牌,先后被《南方都市报》《中学生报》,以及深圳广电集团进行大力宣传和推广。传统艺术方面,学生学习色空鼓、民乐;100余首《诗经》被编成曲目歌舞传唱。

"中医药文化"是民族文化的瑰宝,学校利用校园楼顶4 000平方米的场地,建设有百草园,种植中草药120余种;又开设了中医趣味馆,中医义诊台和药膳坊等,学生从对中草药的辨识、体验、种植到制作,从中医知识、原理,到简单的脉诊、针灸,进行一条龙式学习。

"传统五道"体验中国文化,茶道、武道、花道、琴道和书道等社团,学习技艺之外体悟生活禅意,各具特色,各有道道。"民间手艺"广泛走近民间艺人,比如非遗文化、客家文化等;美术学科组带领学生搭建的好客坊,全面学习制作客家饮食、竹编、扎染和制陶等,作品获得市区学生美育成果展示大奖。

在此基础上,我校的传统文化教育实践,更落实在课堂和教材上,语文学科组、历史学科组,教师通过参加传统文化年会、论文研究、语文教学综合实践活动,学生通过国学小探究、课本剧展演等,全面深入地促进传统文化教育在学校生根、开花、结果。

(撰稿人:深圳市坪山区中山中学　梅越平)

第二章
未来课程的视野：全球性与本土性

  未来课程是面向未来的，全球性与本土性是未来课程的重要属性。全球性指的是面向广阔的世界。本土性指的是保持自身的根本。未来课程应具有开阔的国际视野，理解并尊重文化多样性，在国际化的浪潮中积极汲取世界各地优秀文化的精华。同时，未来课程也要保持自身文化的本土性，挖掘中华优秀传统文化的内涵，体现区域本土文化与学校文化特色。未来课程应以本土性为根基，以全球性为延展，将本土特色与国际视野统一为一个不可分割的整体。

从历史发展的角度来看,未来课程来源于历史传统,具有文化性与扎根性;从空间地域的维度来看,未来课程还具有全球性与本土性。

《义务教育英语课程标准(2022年版)》指出,英语课程要引导学生"了解不同文化,比较文化异同,汲取文化精华,逐步形成跨文化沟通与交流的意识和能力,学会客观、理性看待世界,树立国际视野,涵养家国情怀,坚定文化自信"①。其中提到的"跨文化""国际视野"便是课程全球性的表现,而"家国情怀""文化自信"则是课程本土性的表征。未来课程具有全球性与本土性。

未来课程具有全球性。如今,全球化已成为大趋势,未来课程需要融入全球文化。程红兵从未来学校的课程结构变革出发,表明:"未来的学校,世界是学生的教科书。一切有利于学生成长的人类文明财富,都可以根据需要拿过来作为教育资源,作为学生的学习资源,建构新的课程,因此世界是学生的教科书。……世界是开放的,学生的学习就应该是开放的,课程就理当是开放的。如果一味地封闭校园,一味地封闭课程,一味地封闭课堂,那么势必导致学校教育的'僵化',导致学校课程的'僵硬'。"②杨洁、于泽元明确将全球性作为未来课程存在的必备属性:"全球化课程资源中,未来的课程资源理应是开放的、优质的,并形成完整的课程体系。"③

同时,未来课程又具有本土性。袁春平、范蔚指出:"校本教材的最大特色应该是其内容的本土性。……尤其是在当前知识转型的背景之下,本土性知识的意义日益凸显,本土知识的合法化正是知识形态多样性的特征。……通过对本土性知识的发掘,可以让学生更好地认识自己所处的社会环境,热爱自己的家乡以及本土的文化和历史,形成对社会的认同、接纳和归属感,并将其传承下去,最终达到在学生熟悉的知识环境里,潜移默化地促进学生的发展。"④

在如何处理全球性与本土性的关系问题中,丁钢指出:"课程发展需要国际化和本地化的过程性对话与互动。……全球化并不一定在消解各个地方文化的差异,在全球

---

① 中华人民共和国教育部.义务教育英语课程标准(2022年版)[S].北京:北京师范大学出版社,2022:1.
② 程红兵.围绕核心素养,探究面向未来的课程结构变革[J].课程.教材.教法,2017,37(1):16-21.
③ 杨洁,于泽元.未来课程以何形态存在[J].教学与管理,2019(19):1-3.
④ 袁春平,范蔚.关于校本教材建设的思考[J].教学与管理,2007(12):21-22.

化方面,文化认同的问题也在不同领域形成自己新的特色。"[1]杨霞、范蔚表示:"课程文化要妥善处理本土文化与外来文化的关系,理性分析'他文化'的价值,取其精华,去其糟粕。"[2]邹晓明则明确表示未来课程的全球化必须要在保持本土性的基础上进行:"对于外来课程文化如果不加鉴别、不做取舍地生搬硬套,不但会造成水土不服现象,还会产生异质排斥反应。只有植根于本土文化谱系的特定土壤中,我们的课程文化才能根深叶茂,开花结果。只有重视课程文化的本土生成,我们的课程文化自觉才会拥有更加充足的底气和更加旺盛的活力。"[3]杨洁、于泽元表明:"如何让学生面对不同的文化与情境时,既容纳不同的文化又能不失自身的文化性,进而表达自身的诉求,是课程需要平衡的重点。"[4]

由此可见,未来课程的全球性与本土性是既对立又统一的关系,是不可分割的整体。全球性指的是不拘泥于本土,要走向眼前的广阔世界;本土性指的是要忠实于脚下的土地,不能失去自身的根本。二者表面上看是矛盾对立的,实际上是和谐统一的,是根与叶的关系。如果只有本土性,未来课程无法在广阔的空间中成长为参天大树;如果只关注全球性,未来课程终会在无根的环境下枯萎凋零。

基于未来课程的全球性与本土性,我校设置了中华武术、课本剧、小语种、国际文化节、模拟联合国五类课程。中华武术课程作为我校体育学科的一大特色,不仅是一项运动技能,还是一项重要的非物质文化遗产,旨在让学生在一招一式中领悟中华武术刚柔并济的精髓。课本剧课程通过精选语文与历史课本内容,设计、重构剧本,还原、演绎历史,注重情境性与实践性,在活动中用角色把课本学活。小语种课程旨在帮助初中生建立对小语种学习的兴趣,通过有趣的活动和真实的应用场景让学生能活用所学小语种,培养学生的跨文化理解能力。国际文化节课程旨在通过节日等丰富多彩的形式,将世界各国的文化引入校园,实现其与学生零距离的接触,使学生在轻松欢快

---

[1] 丁钢.价值取向:课程文化的观点[J].北京大学教育评论,2003(1):18-20+76.
[2] 杨霞,范蔚.教师共同体是教师伦理与教师专业发展之间的桥梁和纽带[J].中小学德育,2023(2):79.
[3] 邹晓明.课程文化自觉:教育科研的时代使命与现实践履[J].中小学教师培训,2019(2):25-29.
[4] 杨洁,于泽元.未来课程以何形态存在[J].教学与管理,2019(19):1-3.

的氛围中体验和学习各国文化。模拟联合国课程以中国情怀、世界眼光、未来领导为主题,通过模拟联合国的情境化教学,培养国际化视野和全球化思维、了解国际问题的议事原则和方法、训练用跨文化交流解决实际问题的能力。

在教学过程中,这些课程以实践活动为主线,创设了贴近生活的情境,构建了有挑战性的学习任务,注重学生核心素养发展,体现了新课程理念的基本要求。从课程育人的角度来看,这些课程坚持了德育为先、提升智育、加强体育美育的指导思想;从课程内容来看,这些课程涵盖了语文、历史、美术、体育和音乐等不同学科课程,体现了跨学科融合、本土性与全球性相结合的特质。

总之,未来课程具有全球性与本土性。未来课程要面向世界,面向现代化,面向未来,就不应固步自封,应具有开阔的国际视野,理解并尊重文化多样性,在国际化的浪潮中积极汲取世界各地优秀文化的精华。未来课程在"瞻前"的同时,也要"顾后",即保持自身文化的本土性。课程的本土性不仅包含了中华优秀传统文化的内涵,还包括了独具特色的区域本土文化与学校文化。未来课程应以本土性为根基,以全球性为延展,生长为既独具本土特色,又具有国际风格的特色课程。

(撰稿人:深圳市坪山区中山中学　钟晓燕)

课程场景一　让国粹走向世界

我校武术项目自建校之初开始成立,武术项目的成立在梅越平校长的大力支持以及校领导、教师的关心帮助下正式启动,在启动开展至今的时间里进行了一系列的体育武术特色课程教学、传统武术项目社团和专业武术训练队伍的课程开展,在此期间曾多次代表学校参加坪山区、深圳市、广东省、全国乃至世界级的各类演出和比赛,都取得了较为理想的成绩。

一　课程背景

中华优秀传统文化的瑰宝——武术,在国家体育总局等十四部委印发的《武术产业发展规划》(2019—2025年)中提到"是以武术运动为载体,以参与体验和教育为主要形式,以促进身心健康和传承中华优秀传统文化为主要目的"。学校是教育的主阵地,学生在成长的过程中大部分时间都在学校,学校教育对学生的影响重大而深远。

二　课程目标

我校武术项目在成立启动至今的时间里坚持围绕以强身健体弘扬国粹为宗旨,以丰富校园文化、活跃学生课外生活、掌握一项体育运动技能为文武兼修的目的,在培养学生高尚的武德、优良的作风和坚强的意志品质的同时,也更加注重培养学生的组织能力、创新能力、吃苦耐劳的意志品质和团结互助的集体主义思想,促进学生身心全面发展、健康成长,为将来适应社会打下良好的基础。

三 课程内容

八段锦、武术操等方式作为新形式载体,培养青少年对传统文化以及武术产业的兴趣。

《义务教育体育与健康课程标准(2022年版)》提出:"体育与健康课程依据学生的学习需求和兴趣爱好,面向全体学生……体育与健康课程根据学生运动技能形成规律和身心发展规律,整体设计课程内容。"[①]本课程设计内容主要围绕中华传统武术拳术及器械,包含了传统拳术八极拳、咏春拳、太极拳,以及传统器械双刀、单鞭、双鞭、朴刀、三节棍等,开设传统拳术、传统器械项目较多。系统地安排了多种项目的学练,提高学生学习兴趣以及丰富学生学习内容,使传统武术课堂内容丰富多样。丰富了学生的运动体育体验,协调发展了学生的运动能力。

四 课程实施

教学分为四种方式(武术与常规课相结合、武术与体育大课间相结合、武术与社团相结合、武术与训练队相结合)。

1. 武术与常规课相结合

《义务教育体育与健康课程标准(2022年版)》提出教师要进行单项大单元教学,比如八极拳大单元教学、咏春拳大单元教学、太极拳大单元教学等。七年级学生大单元教学前期课程以武术基本技术作为学习的核心,以"学、练、赛"的方式呈现出来,包括基本的拳法,握拳出拳的手势、膝法、腿法等基本的技术动作。学生在此阶段需要加强体能训练,通过"课课练"板块的单元教学提高学生一般体能和专项体能。体能训练旨在较为全面地提高学生的身体素质,并不是单一地提升某一项素质,而是发展学生的心肺耐力、肌肉力量、肌肉耐力、柔韧性、反应能力、位移速度、协

---

① 中华人民共和国教育部.义务教育体育与健康课程标准(2022年版)[S].北京:北京师范大学出版社,2022:2-3.

调性、灵敏性、爆发力和平衡能力。为提高学生学习的趣味性和全面性，变换训练内容，以游戏的方式加入训练中。组织学生将观赏性较高的项目通过展示的方式进行评比，而格斗类项目则通过项目比赛进行评比，将课堂中学习的内容运用到比赛中，使学生更加深刻地理解所学的内容。

2. 武术与体育大课间相结合

《教育部办公厅关于进一步加强中小学生体质健康管理工作的通知》特别提出："中小学校每天统一安排30分钟的大课间体育活动。"我校充分利用这体育大课间的30分钟将传统体育文化项目与体能训练充分融合。学生既能通过体育大课间提高身体素质，又能培养对传统体育文化的兴趣（例如八段锦、武术操等体育活动在全校得以推广）。2022年9月全校师生开展线上线下传统养生功法八段锦比赛等。

3. 武术与社团相结合

武术社团是我校的精品社团，社团教师经验丰富、师资力量雄厚。社团教师既担任社团教学工作，又是武术训练队的教练，有多次带学生参加各类武术大型赛事的经历，并且学生在各类武术大型赛事中多次取得优异成绩。我校教师团队也曾多次参加各项专业培训并顺利结业，过程中也多次组织各大中小型有关传统武术文化项目的活动及比赛。学生通过校内校外的活动中培养自己勇于挑战、展现自我和团队合作等意志品质。

4. 武术与训练队相结合

武术队成立至今，主要围绕传统拳术和传统器械的教学，根据学生的兴趣和专长选择适合的项目教学，发展学生的专项技能。

五　课程评价

本课程在通过制订武术品质课程发展方案，成立专项工作领导小组，落实场地、器材、经费等各项保障措施，保障我校武术品质课程建设工作实施与顺利推进。

我校高度重视武术品质课程推进工作，在校长的领导下成立了校级武术品质课程领导机构，实行分工责任制。通过教学及活动的形式对学校武术课程进行推广，曾先后组织千人武术操、百人武术表演、武术项目主题运动会和全校教职工八段锦比赛等，在专业武术场地、地毯、气垫和器材等配备完善的同时,在校领导支持带领下,近年来组织学生参与区级、市级、省级、国家级、国际级比赛活动取得成绩200余项。

(撰稿人:深圳市坪山区中山中学　李浩)

课程场景二　用角色把课本学活

我校注重倡导体验、实践、参与、合作和交流的学习方式,期望通过趣味内容的学习,能够激发和培养学生学习的兴趣,同时以生动活泼的故事为依托,充分挖掘学生的潜能,使学生树立自信心,发展自主学习能力和合作精神。通过课内与课外结合、课本与电影结合的方式,使学生更好地了解课本知识,提高学生综合素养。通过师生自编自导自演的作品,可以展示学生非凡的才情与青春的气息,彰显我校学子少年养志、玉汝玉成的靓丽风采。接下来将对语文、历史、英语学科课本剧做简要介绍。

一　课程背景

《义务教育语文课程标准(2022年版)》强调义务教育阶段各学科教学应围绕培养学生的核心素养来进行,将"文化自信"提到核心素养的首位,培养学生"文化自信"成为语文和历史课程教学中重要的一条。演课本剧便是弘扬中华优秀传统文化的形式之一。《义务教育英语课程标准(2022年版)》指出,英语教学不仅要培养学生的语言能力,也应对学生的文化意识、思维品质和学习能力进行培养,其中用英文讲好中国故事,便是培养学生综合素质的重要途径。因此,我校将三门学科进行融合,让学生不断开阔视野,提升国际素养。

本课程兼具有主体性、实践性和融合性特征。

(1) 主体性。以学生为主体,通过选择、设计、重构优秀课本剧,提高学生口语表达能力,鼓励学生改编、创作剧本,充分发掘学生的表演才能。

(2) 实践性。还原历史真实、演绎课程情境,是激发学生的学习兴趣、增强学生的学习体验、陶冶学生的思想情感、增强学生的实践动手能力、丰富学生的审美情趣、提升学生的主动参与意识的重要方式。

（3）融合性。在剧本选择、创作和表演的学习过程中，结合语文、历史、英语等学科表现形式，培养学生的思维品质、审美创造能力、团队合作与人际沟通能力等。

二　课程目标

本课程的理念是立足核心素养，使学生通过课程学习逐步形成适应个人终身发展和社会发展需要的正确价值观、必备品格和关键能力，使学生保持想象力、创造力和好奇心。课程标准同时强调对我国优秀传统文化的学习，这个过程并非单纯地背诵识记，要借鉴我国优秀传统文化来面对现实，让学生在学习我国优秀传统文化的基础上能够以更加独特的视角去看待世界和未来，让他们在各科学习过程中逐渐热爱历史悠久、博大精深的中华优秀传统文化，并能够在以后的学习和生活中坚定不移地传承与弘扬中华优秀传统文化。本课程的具体目标如下。

（1）语言能力。语言能力是核心素养的基础要素，在课本剧的排演过程中，语言能力的提高有助于学生提升文化意识、思维品质和学习能力，发展跨文化沟通与交流的能力。

（2）文化意识。课本剧的排演能加深学生对中外文化的理解和对优秀文化的鉴赏，有助于学生增强家国情怀和人类命运共同体意识，涵养品格，提升文明素养和社会责任感。

（3）跨学科综合能力。通过语文、历史和英语课本剧的融合，让学生在排演中感受各种经典人物角色的性格特点，拓展学习渠道，提升学习兴趣，从而提升学习效率和能力。

三　课程内容

模块一：以语文课本剧为例。课本剧《变色龙》表演，可以再现20世纪80年代，俄国作家契诃夫对人性的虚伪逢迎、见风使舵作出的无情的揭露与批判。课本剧《愚公移山》是一个古老的寓言，讲一个九旬的老人，他带领自己的子孙后代开辟了两座大山，谱写了敢为人先、人定胜天的黄河文化，愚公精神，改天换地，是中国人的精神风骨,在实现中华民族伟大复兴的中国梦的今天仍然要发扬光大。

模块二:以历史课本剧为例。如七年级上学期"夏商周的更替"可以创编历史剧"烽火戏诸侯";"沟通中外的丝绸之路"可以创编"张骞出使西域";七年级上学期"秦末农民大起义"可以创编"鸿门宴",七年级下学期"明朝对外交往"可以创编"郑和下西洋";八年级上学期"五四运动"可以创编"五四运动"。"荆轲刺秦王"是历史上有名的英雄故事,通过语文学科和历史学科跨学科合作,可以演绎古代英雄荆轲重义轻生、反抗暴秦、勇于牺牲的精神。

模块三:以英语课本剧为例。如七年级下学期"Water talks"与"Electricity all around"可以改编成环境保护的课本剧,八年级上学期"Ancient stories"中的克洛伊战争以及九年级下学期"The voyages of Zheng He"中的郑和下西洋可以与历史学科一起编排课本剧,让学生在排演课本剧的同时,感受经典历史人物,培养正确的人生观和价值观。同时,九年级上学期"Cao Chong weighs an elephant"可以与语文其他寓言故事一起编排成中英版的课本剧,在编排过程中,学生的学习方式不断创新,内心情感不断丰富,形象思维得以加强,创新能力也在逐渐提高。

四 课程实施

本课程的实施共安排 10 课时,集中在社团时间进行课堂实施。教师主要准备的教学资源包括《灰姑娘》电影,《灰姑娘》原著,改编剧本范例供学生参考。课程实施将以影视作品欣赏、原著阅读、作品改编、角色扮演和课本剧展演等方法进行,具体实施方法如下。

(1)影视作品欣赏。通过观看电影《灰姑娘》,全面了解故事内容,体会角色性格。

(2)原著阅读。通过阅读英文版《灰姑娘》,对比影视作品,思考故事改编和角色塑造方向。

(3)作品改编。学生合作完成剧本改编,在原剧本的基础上增加补充时代性、趣味性内容。

(4)角色扮演。学生角色选择后,揣摩剧本、设计动作,品味角色的内心世界,调整表情、台词等。

（5）课本剧展演。学生经过几轮的综合扮演练习，不断完善表演，并最终完成正式演出。

为提高学生的综合素养，我们在课程实施中实行部分和整体相结合的练习方法，既有台词专项练习，又有每一幕表演的专门练习，更有指导学生动作和走台的综合练习。

五　课程评价

本课程的评价原则是以学生核心素养的全面发展为出发点和落脚点，发挥学生的主体作用，采用多种评价方式和手段，使评价全面、准确、灵活，关注学生的持续发展和进步，充分关注学生的个体差异，充分考虑学生的英语水平、个性特点和发展潜力，动态调整评价的内容、形式，以促进每一个学生的发展。课程评价的具体方法如下。

（1）课堂评价，对学生在课堂上的学习行为和学习表现进行评价。在影视作品鉴赏、原著阅读和作品改编等环节，教师应该根据学生在每节课参与学习活动是否投入和专注进行记录并及时反馈，以促进学生调整学习过程。

（2）期末评价，对学生一整个学期学习情况进行评价。一方面教师要对学生在课本剧改编以及演出练习中是否认真参与进行评价，另外教师更应该对学生课本剧展演中的台词、动作和神情等具体表现进行客观评价。

（撰稿人：深圳市坪山区中山中学　彭宏云、肖园）

课程场景三 拆掉语言的巴别塔

一 课程背景

在21世纪教育背景下,培养学生的核心素养成为教学的关键目标,它强调的不仅是知识的积累,还包括创新思维、批判性思考、人际沟通和文化适应能力等综合能力。基于这种理念,小语种社团不仅仅是一个语言学习的场所,更是一个培养综合人文素质的环境。

在全球化的今天,多语能力已不再是一项附加技能,而是连接世界、开阔视野的关键。本小语种社团课程以提升学生综合能力为目标,不仅传授语言知识,更通过多国文化的学习,培养学生的跨文化理解能力、沟通技巧与创新思维。本课程适合零基础的初中学生,使用多样化教学方法,旨在激发学生的学习兴趣,并提高他们的语言应用能力。

在接下来的课程设计中,我校将围绕如何设计适合初中学生的小语种社团课程,如何激发学生对小语种学习的兴趣,以及如何通过社团活动全面提高学生的小语种听说读写能力展开。在实施课程时,我校将不断地回顾和内化教育理念,确保每一步的实施都能够促进学生核心素养的发展。接下来的课程目标、内容、实施和评价将依据这一背景进行详细的设计和规划,确保所设立的社团活动不仅涉及语言技能的提升,还要关注学生思维习惯的塑造、价值观的培育和个性特长的发展,从而实现学生全面而均衡的成长。

二 课程目标

本课程计划旨在通过日语、法语、德语和西班牙语四门小语种课程的学习,为学生提供全面而深入的语言学习体验。课程不仅注重语言基础知识的教学,更强调培养学生的语言运用能力和跨文化交际能力。

在课程设计上,我校充分考虑初中学生的学习特点和兴趣爱好,通过生动有趣的教学内容和多样化的教学方法,激发学生的学习兴趣和积极性。同时,我校注重培养学生的自主学习能力和合作精神,通过小组合作学习和项目式学习等方式,让学生在互动中提升语言水平。

在课程内容上,我校将围绕各语种的核心知识点展开教学,包括发音、词汇、语法、听说读写等方面的训练。同时,我校将结合各语种国家的文化、历史和社会背景,帮助学生更好地理解和运用语言。通过本课程的学习,学生将能够掌握各语种的基本知识和技能,为未来的学习和职业发展打下坚实的基础。

此外,我校还将注重培养学生的跨文化意识和国际视野。通过学习和了解不同国家的文化、风俗和习惯,学生将能够更好地适应全球化背景下的国际交流和合作。同时,我校也鼓励学生积极参与各种语言实践活动和文化交流活动,提高他们的语言运用能力和综合素质。

总之,本课程计划旨在通过系统而全面的教学内容和方法,为学生提供优质的小语种学习体验,培养他们的语言能力和跨文化交际能力,为未来的国际交流和合作做准备。

三 课程内容

模块一:日语课程安排。

① 基础阶段(第一学期)。教学内容包括学习五十音图,掌握日语的基本发音;学习简单的日常问候用语,比如"你好""谢谢""再见"等;引入基础语法概念,比如主语、谓语、宾语等。教学活动包括组织日语发音比赛,激励学生准确掌握发音;角色扮演游戏,模拟日常对话场景。

② 进阶阶段(第二学期)。教学内容包括扩大词汇量,学习更多与日常生活相关的词汇;学习更复杂的句型和表达方式,比如条件句、请求句等;了解日本的基本文化习俗和传统节日。教学活动包括观看日本动漫片段,学习动漫中的常用日语表达;组

织日本文化讲座,邀请专家或教师介绍日本文化。

③ 文化体验(暑假期间)。活动安排包括参观日本文化展览或体验馆,了解日本的传统艺术和手工艺;学习简单的日本茶道礼仪,体验茶道文化。

模块二:法语课程安排。

① 入门阶段(第一学期)。教学内容包括学习法语字母和基本发音规则,学习简单的日常用语和问候语,引入法语的基本语法结构。教学活动包括进行法语歌曲学唱,通过歌曲学习法语发音和词汇;小组合作完成法语对话练习,提高口语表达能力。

② 提高阶段(第二学期)。教学内容包括深入学习法语语法,包括时态、语态等;扩大词汇量,学习更多与旅行、文化等相关的词汇;了解法国的历史、文化和名胜古迹。教学活动包括观看法国电影片段,学习电影中的法语表达和文化元素;举办法语角活动,邀请法语母语者与学生进行交流。

模块三:德语课程安排。

① 初学阶段(第一学期)。教学内容包括学习德语字母和基本发音,学习简单的日常用语和对话,引入德语的基本语法概念。教学活动包括进行德语单词拼写比赛,巩固词汇记忆。角色扮演游戏,模拟购物、问路等日常场景。

② 熟练阶段(第二学期)。教学内容包括深入学习德语语法,包括复合句、被动语态等;学习更多与德国文化、历史相关的词汇和表达方式;了解德国的传统节日和风俗习惯。教学活动包括举办德语诗歌朗诵会,欣赏和学习德语诗歌;组织德国文化体验活动,如制作德国传统食品。

模块四:西班牙语课程安排。

① 启蒙阶段(第一学期)。教学内容包括学习西班牙语字母和基本发音,学习简单的问候语和日常用语,引入西班牙语的基本语法结构。教学活动包括进行西班牙语绕口令练习,提高发音准确性;小组合作完成西班牙语小故事表演。

② 提高阶段(第二学期)。教学内容包括深入学习西班牙语的时态和语态,学习更多与旅行、文化等相关的词汇和表达方式,了解西班牙和拉丁美洲的文化、历史和风土人情。教学活动包括观看西班牙舞蹈视频,学习舞蹈中的西班牙语表达;举办西班牙语歌唱比赛,展示学习成果。

四 课程实施

教学方法包括：（1）互动式教学法，在课堂上，鼓励学生积极参与讨论，与教师进行互动。通过提问、回答、小组讨论等形式，激发学生的学习兴趣，培养他们的思考能力和表达能力。（2）情境教学法，创设真实或模拟的语言环境，让学生在情境中学习和运用语言。例如，通过角色扮演、模拟对话等活动，让学生在模拟的日常生活或工作场景中练习语言，提高语言运用的准确性和流利度。（3）任务型教学法，根据课程目标，设计具有实际意义的学习任务，让学生在完成任务的过程中学习和运用语言。这不仅可以激发学生的学习兴趣，还能够培养他们的合作精神和解决问题的能力。

教学手段包括：（1）多媒体教学，充分利用多媒体教学资源，比如课件、视频、音频等，丰富课堂教学内容。通过生动的画面和声音，帮助学生更好地理解和记忆语言知识，提高学习效果。（2）网络教学，利用网络平台，比如在线学习平台、学习App等，为学生提供更加灵活的学习方式。学生可以在课外时间自主学习，巩固课堂所学知识，同时也能通过在线交流、互动等方式，拓宽学习渠道，提高学习效果。（3）游戏化教学，将游戏元素融入教学中，通过游戏的形式进行语言学习和练习。这不仅可以激发学生的学习兴趣，还能让他们在轻松愉快的氛围中掌握语言知识，提高语言运用的能力。（4）实践教学，组织学生进行语言实践活动，比如参观访问、文化交流等，让学生在实践中学习和运用语言。通过亲身体验和实际操作，学生能够更深入地了解语言背后的文化和社会背景，提高跨文化交际能力。

五 课程评价

（一）评价方式

1. 课堂表现评价

通过观察学生在课堂上的表现，比如参与度、注意力、合作精神等，给予及时的口头反馈和建议。这种评价方式有助于教师了解学生的学习态度和习惯，以及时发现并纠正学生的问题。

2. 作业与测试评价

定期对学生提交的作业进行测试和批改,评估他们对课程内容的掌握情况。作业和测试可以包括书面作业、口语练习、听力理解等多种形式,以全面评价学生的语言能力。

3. 项目式学习评价

针对项目式学习活动,通过学生提交的项目报告、展示成果等方式,评价他们的创新能力、问题解决能力和团队合作能力等。这种评价方式有助于培养学生的综合能力和实践能力。

(二)反馈机制

1. 及时反馈

无论在课堂上还是课后,教师都应给予学生及时的反馈。对于表现优秀的学生,给予肯定和鼓励;对于存在问题的学生,指出问题所在并提供改进建议。

2. 定期反馈

每个学期或每个学习阶段结束后,教师应对学生的学习情况进行总结性反馈。通过与学生面谈、发送电子邮件或填写学习报告等方式,让学生了解自己在整个学习过程中的优点和不足,以及下一步的学习方向和目标。

3. 家长沟通

建立与家长的沟通机制,定期向家长反馈学生的学习情况和进步。通过家长会、家长信或在线平台等方式,与家长共同关注学生的成长和发展,形成家校合力。

(三)评价与反馈的改进

1. 多元化评价方式

不断探索和尝试新的评价方式,比如自我评价、同伴评价等,以更全面地评价学生的语言能力和综合素质。

2. 针对性反馈

根据学生的个体差异和学习需求,提供更具针对性的反馈和建议。对于基础薄弱的学生,加强基础知识的巩固;对于能力较强的学生,鼓励他们拓展学习领域和挑战更高难度的任务。

3. 持续改进教学方法

根据评价和反馈的结果,教师应不断反思和调整自己的教学方法和策略,以提高教学效果和满足学生的学习需求。

(撰稿人:深圳市坪山区中山中学　张威)

课程场景四 吹来四面八方的风

国际文化节是一个宣扬和传承世界优秀民族文化的节日,旨在搭建友谊桥梁,关爱地球,尊重生命,热爱和平,展示世界各国文化、艺术和传统的盛大节日。它旨在促进世界各国人民之间的友谊与了解,通过文化交流来增进不同国家和地区之间的相互理解和尊重。

国际文化节的活动形式多样,包括世界各地的民族优秀文化形式、世界各国的文化交流与互访、世界和平发展课题研究和新闻发布等。这些活动旨在为学生提供更多学习和交流的机会,促进他们积极主动地投入文化学习过程中,从自身文化的角度出发,更充分地了解和感受外国文化的独特魅力,提升自身文化的包容性。

一 课程背景

随着经济的发展和社会的进步,世界一体化已经成为当今国际社会发展的趋势,经济的国际化和全球化也带动了国家对国际化人才的需求,因此加强国际交流对国家和个人的发展都具有深远的意义。作为深圳的学生,更应该主动接触并学习其他国家和民族的文化,取其精华去其糟粕,努力充实自己,为今后的发展打下坚实的基础。

全球化背景。随着全球化的深入发展,世界各地的文化交流与互动日益频繁,对于多元文化的理解和尊重成为教育的重要目标之一。国际文化节课程旨在帮助学生开阔国际视野,理解多元文化,培养跨文化交流的能力。

教育改革与素质教育的需求。当前教育改革强调培养学生的综合素质,促进学生全面发展。国际文化节课程作为一种特色课程,能够为学生提供丰富的文化体验和学习机会,有助于提高学生的综合素质和人文素养。

家国情怀与世界公民的培养。国际文化节课程立足家国情怀,放眼世界文化,旨在培养学生的爱国情怀和民族自豪感。同时,通过了解和尊重其他文化,学生能够更好地成为具有国际视野的世界公民。

学生个性化发展的需求。学生个体差异较大,对于世界各地文化的兴趣和了解程度也不同。国际文化节课程能够满足学生个性化发展的需求,根据学生的兴趣和需求进行有针对性的教学和活动设计。

学校特色与品牌建设。我校通过开设国际文化节课程,能够打造自身的教育特色和品牌形象,吸引更多的学生和家长关注,提高学校的知名度和美誉度。

二 课程目标

国际文化节旨在将世界各国的文化引入校园,实现其与学生零距离的接触,使学生对各国文化有更广泛的认识和更深刻的领会,在轻松欢快的氛围中体验和学习各国文化,丰富学生的课余文化生活,从而增进学生对不同国家和地区文化的了解和欣赏,具体目标如下。

(1)增强学生的其他语言应用能力。通过参与各种与文化节相关的活动,学生可以在真实的语境中使用其他语言,从而提高他们的听、说、读、写技能。

(2)增进对不同文化的了解。学生可以借此机会深入了解不同国家的文化、历史、风俗习惯等,从而培养他们的跨文化意识和尊重多元文化的态度。

(3)培养团队合作精神。在准备和参与活动的过程中,学生需要与同伴合作,共同完成任务,从而培养他们的团队合作精神。

(4)提高沟通与表达能力。通过与外籍教师、留学生或其他参与者的交流,学生可以提高他们的沟通技巧和公众表达能力。

三 课程内容

为让学生更好地了解世界各地的文化多样性,我校以五大洲为总主题,每年以一个洲为主题,根据各洲各国的文化特色,开展各项活动。例如,欧洲展区展示欧洲各国的艺术、音乐、文学等方面的文化特色;亚洲展区展示亚洲各国的传统服饰、美食、音乐、舞蹈等方面的文化特色;非洲展区可以展示非洲各国的传统手工艺品、鼓乐、舞蹈等方面的文化特色;美洲展区可以展示南美洲、北美洲各国的文化以及印第安传统等文化特色;大洋洲展区可以展示大洋洲各岛国的海洋文化、传统习俗等方面的文化特色。同时,我校在该课程活动中,除了组织各种文化表演、手工艺品制作、美食节等活动,让学生更深入地了解世界各地的文化多样性,还设置了文化知识问答、有奖竞答等环节,增加互动性和趣味性。以下是该课程中以其中五大洲为主题的活动简介。

模块一:国际文化节之非洲展。

非洲艺术展览:展示非洲的各种艺术形式,比如雕塑、绘画、工艺品等,让学生了解非洲的艺术风格和特点。非洲音乐和舞蹈表演:邀请学生和教师组成音乐和舞蹈团队,表演非洲的传统音乐和舞蹈,让学生感受非洲音乐的节奏和韵律。非洲电影放映:选择一些关于非洲的电影或纪录片,让学生通过影像了解非洲的历史、文化和人民生活。非洲文化讲座:邀请专家或教师举办讲座,介绍非洲的历史、地理、语言、民俗等方面的知识,让学生更全面地了解非洲文化。非洲传统手工艺品制作:提供材料和工具,让学生自己动手制作非洲的传统手工艺品,比如编织、制陶、雕刻等,让学生亲身体验非洲文化的独特魅力。非洲美食节:设置非洲美食摊位,提供各种非洲传统美食,比如烤肉、玉米糊、木薯等,让学生品尝非洲美食的独特风味。互动体验活动:设置互动体验区,让学生在参与中了解非洲文化,比如化装舞会、鼓乐表演、部落舞蹈等。

模块二:国际文化节之亚洲展。

亚洲美食节:邀请亚洲各个国家的学生和教师一起展示他们的传统美食,比如印度咖喱、日本寿司、韩国泡菜等。同时,也可以设置互动体验区,让学生尝试制作亚洲美食。亚洲艺术表演:组织亚洲各个国家的音乐、舞蹈和戏剧表演,让学生欣赏亚洲多元化的艺术形式。此外,也可以举办亚洲传统手工艺品展览,展示亚洲各国的手工艺品制作技艺。亚洲文化讲座:邀请专家或教师举办讲座,介绍亚洲各个国家的历史、文化和传统习俗等知识,让学生更深入地了解亚洲文化。亚洲电影节:选择一些亚洲优秀的电影或纪录片进行放映,让学生通过影像了解亚洲各国的社会和文化。亚洲文学作品翻译比赛:鼓励学生将亚洲文学作品进行翻译,提高学生对亚洲文学的理解和欣赏能力。亚洲文化知识问答:设置有关亚洲各国历史、文化、传统习俗等方面的知识问答环节,鼓励学生积极参与回答问题,增加对亚洲文化的了解。有奖竞答:设置有关亚洲文化的有奖竞答环节,可以包括选择题、填空题等形式,鼓励学生通过竞答获得奖品,同时增加对亚洲文化的了解。亚洲文化知识竞赛:组织亚洲文化知识竞赛,设置多个题目,让学生进行抢答,最终获胜者可以获得奖励。亚洲文化主题辩论赛:组织亚洲文化主题辩论赛,选择一些有关亚洲文化的热门话题进行辩论,鼓励学生积极参与,提高他们的思考和表达能力。亚洲文化主题征文比赛:鼓励学生撰写有关亚洲文化的文章或短篇小说,评选出优秀作品并给予奖励,提高学生的写作和表达能力。

模块三:国际文化节之欧洲展。

欧洲历史与文化讲座:组织专家或教师举办讲座,介绍欧洲的历史、文化和传统习俗等知识,让学生更深入地了解欧洲文化。欧洲艺术表演:组织欧洲各个国家的音乐、舞蹈和戏剧表演,让学生欣赏欧洲多元化的艺术形式。此外,举办欧洲传统手工艺品展览,展示欧洲各国的手工艺品制作技艺。欧洲美食节:邀请欧洲各个国家的学生和教师一起展示他们的传统美食,比如法国的奶酪、意大利的披萨、英国的下午茶等。同时,也可以设置互动体验区,让学生尝试制作欧洲美食。欧洲文化体验活动:设置互动体验区,让学生在参与中了解欧洲文化,比如化装舞会、传统舞蹈表演、欧洲传统乐器演奏等。欧洲电影节:选择一些欧洲优秀的电影或纪录片进行放映,让学生通过影像了解欧洲各国的社会和文化。欧洲文学翻译比赛:鼓励学生将欧洲文学作品进行翻译,提高学生对欧洲文学的理解和欣赏能力。欧洲英语活动周:设计具有文化特色的英语活动,让学生在轻松愉快的氛围中了解欧洲各国文化。

模块四:国际文化节之北美洲展。

北美洲历史与文化讲座:组织专家或教师举办讲座,介绍北美洲的历史、文化和传统习俗等知识,让学生更深入地了解北美洲文化。北美洲艺术表演:组织北美洲各个国家的音乐、舞蹈和戏剧表演,让学生欣赏北美洲多元化的艺术形式。此外,举办北美洲传统手工艺品展览,展示北美洲各国的手工艺品制作技艺。北美洲美食节:师生一起查找资料,分工展示北美洲的传统美食,比如墨西哥的玉米饼、美国的汉堡包、加拿大的枫糖等。同时,也可以设置互动体验区,让学生尝试制作北美洲美食。北美洲文化体验活动:设置互动体验区,让学生在参与中了解北美洲文化,比如化装舞会、传统舞蹈表演、北美洲传统乐器演奏等。北美洲电影节:选择一些北美洲优秀的电影或纪录片进行放映,让学生通过影像了解北美洲各国的社会和文化。北美洲文化知识竞赛：组织北美洲文化知识竞赛，设置多个题目，让学生进行抢答，最终获胜者可以获得奖励。北美洲文化主题辩论赛：组织北美洲文化主题辩论赛，选择一些有关北美洲文化的热门话题进行辩论，鼓励学生积极参与，提高他们的思考和表达能力。

模块五：国际文化节之南美洲展。

南美洲历史与文化讲座：组织专家或教师举办讲座，介绍南美洲的历史、文化和传统习俗等知识，让学生更深入地了解南美洲文化。南美洲艺术表演：组织南美洲各个国家的音乐、舞蹈和戏剧表演，让学生欣赏南美洲多元化的艺术形式。此外，也可以举办南美洲传统手工艺品展览，展示南美洲各国的手工艺品制作技艺。南美洲美食节：邀请南美洲各个国家的学生和教师一起展示他们的传统美食，比如巴西的烤肉、阿根廷的牛排、秘鲁的鱼肉等。同时，也可以设置互动体验区，让学生尝试制作南美洲美食。南美洲文化体验活动：设置互动体验区，让学生在参与中了解南美洲文化，比如化装舞会、传统舞蹈表演、南美洲传统乐器演奏等。南美洲电影节：选择一些南美洲优秀的电影或纪录片进行放映，让学生通过影像了解南美洲各国的社会和文化。南美洲文化知识竞赛：组织南美洲文化知识竞赛，设置多个题目，让学生进行抢答，最终获胜者可以获得奖励。南美洲文化主题辩论赛：组织南美洲文化主题辩论赛，选择一些有关南美洲文化的热门话题进行辩论，鼓励学生积极参与，提高他们的思考和表达能力。

这些活动可以让学生从多个方面了解各洲各国的文化，促进文化交流和尊重多样性，提高学生的综合素质和跨文化交流能力。

四　课程实施

制订详细的活动计划：在实施国际文化节活动课程之前，应制订详细的活动计划，包括活动时间、地点、参与人员、预算等。

合理分组与分工：根据学生的兴趣和特长，将他们分成不同的活动小组，并分配不同的任务和角色，以确保活动的顺利进行。

充分利用资源：利用学校的各种资源，比如图书馆、多媒体教室等，为学生提供丰富的文化学习材料和实践机会。

加强监督与管理：在活动过程中，教师应加强监督与管理，确保活动的安全和秩序。同时,应及时解决学生在活动中遇到的问题和困难。

总结与反思:活动结束后,教师应组织学生进行总结和反思,让他们分享自己在活动中的收获和体会。同时,教师应根据学生的表现和反馈意见,对下一次活动进行改进和完善。

五 课程评价

为了确保国际文化节活动课程的有效性,应对学生的表现进行科学评价。评价可以采用多种方式进行,为了评价活动的效果和学生的参与程度,主要从以下三个方面评估:(1)参与调查。通过问卷调查了解学生对活动的反馈意见和感受,以及他们在活动中的参与程度。(2)观察记录。教师和活动组委员会可以观察和记录学生在活动中的表现和互动情况。(3)成果展示评估。对学生的展览、演出等成果进行评估,包括创意、质量等方面。

总的来说,国际文化节是一个展示和弘扬世界各地文化精粹的平台,通过这个平台,学生可以更好地理解和欣赏世界各地的文化多样性,增进国际间的友谊与合作,共同推动人类文明发展和进步。

六 参考案例

欧洲展之英语活动周

为让学生更加了解欧洲各国文化,营造良好的英语学习氛围,我校计划于本学期第10周举办英语学科周。活动期间,学校将组织一系列与英语相关的比赛和文化活动,鼓励学生学英语,用英语,并感受到英语的魅力。

活动时间:第10周,即2023年4月10日至4月14日。

活动主题:"More English, More fun"。

活动组织者:英语学科组。

活动规划与内容:

(1)氛围宣传。

表1 欧洲展之英语活动周宣传

宣传方法	具体安排
主题作品展览： 七年级、八年级于第9周围绕一个主题完成图文结合的手抄报，择优展出 主题来源于本学期教材话题	主题： 七年级："Cities of Europe"（学生选一个欧洲著名城市进行图文介绍）； 八年级："Animal fact file"（学生选一个动物，模仿课本 fact file 进行图文介绍）； 两个班级共用一块移动展板，各自班级负责
宣传海报张贴	内容：欧洲展之英语活动周活动安排；地点：贴在七年级、八年级教学楼办公室门口瓷砖墙上
启动仪式	第10周国旗下讲话：学生进行英语演讲，题目自拟；英语学科组长宣布英语周正式开始
午间英语歌欣赏	本周午休结束音乐皆换成健康向上的英文歌。精选10首，每日两首，联系××执行

(2)主题比赛。

表2 欧洲展之英语活动周主题比赛安排

	主题比赛	时间	具体安排
周一	校级英语书法比赛	延时服务第一节	三位备课组长提前准备好文本，并提前油印
周二	七年级英语游园会	两节延时服务	见游园会方案
周四	八年级英语游园会	两节延时服务	见游园会方案
周五	校级英语歌唱比赛	两节延时服务	地点：蝶韵厅； 主持人：16名参与比赛的歌手提前准备好伴奏曲目、服装、道具等，上场顺序抽签在周五上午完成；每名歌手可以组织20名亲友前往现场加油

(3)文化活动。

表3 欧洲展之英语活动周文化活动

活动名称	活动时间	活动内容
英语纪录片欣赏	周一至周五中午午餐时间	学生午间视频观看的内容为英语纪录片,推荐内容:纪录片《完美星球》,共五集
英语影视作品欣赏	周五延时服务第一节+第二节	未参加歌唱比赛的选手和非亲友团留在教室欣赏英语影视作品

(4)奖品发放。

表4 欧洲展之英语活动周奖品发放

获奖项目	获奖人数	奖品
英语书法比赛	班级 一等奖:2人 二等奖:3人 三等奖:5人	一等奖:风琴包 二等奖:水彩笔 三等奖:文件袋
英语歌唱比赛	校级 一等奖:3人 二等奖:5人 三等奖:8人	教学处盖章的奖状 七年级奖状 八年级奖状
优秀手抄报	所有作品被选出的学生,每班大约10—15人	每人10个中山币,负责展板张贴的学生奖励10个中山币

(5)活动记录。

① 比赛标题、时间有PPT投屏;学生活动留影。

② 所有教师筛选图片后汇总到线上学习平台。

(撰稿人:深圳市坪山区中山中学 肖园)

课程场景五　做国际事务的参与者

在重视全球共同利益理念的号召下,联合国教育、科学及文化组织提出了反思教育,指出要实施多元化世界公民教育,让学生学会学习,交流协作,培养他们的跨文化交际意识和能力沟通。结合在深圳市曾出台的综合八大素养中的国际素养,借助模拟联合国的课程平台,我校致力于培养学生的国际公民意识,培养学生关注世界参与国际事务的意识和能力,让未来的他们能够代表中国向世界展示国际化视野、意识和领导力。

一　课程背景

在中国学生发展核心素养发布之后,深圳市提出培养创造性和国际视野人才的号召,我校对于此作出响应及把学生培养目标更具体化,培养方式特色化。结合英语学科核心素养,针对学生的学习特点和具体实情,我校进行模拟联合国校本活动课程的开发,不仅可以激发学生学习英语的兴趣,丰富学生英语学习生活,也可以在学习的过程中提高语言能力、增强文化意识,提高英语学习能力和思维品质。

模拟联合国(Model United Nations,简称 MUN),是模仿联合国及相关的国际机构,依据其运行方式和议事原则,围绕国际上的热点问题召开会议。学生扮演不同国家的外交官,作为各国代表,在会议主题团的主持下,通过演讲阐述自己所代表国家的观点,并结合辩论、游说,参与到模拟联合国会议当中。

二　课程目标

通过模拟联合国校本课程的教学,能够培育具有国际视野和社会责任担当,能正确认识分析国际问题,积极参与国际事务的国际公民;使学生关注全球时事、热点问题,培养国际化视野和全球化思维;了解联合国等国际组织,了解国际问题的议事原则和方法;拓展思维,提升思辨能力;训练和提高跨文化交流的能力。

本课程的具体目标是:(1)基本认识模拟联合国,了解会议的基本流程,熟悉会议的话题:健康、贫穷等;(2)在课前自主学习,搜索查找并梳理相关国家的背景资料,经济文化制度情况等,使用整理的资料大胆自信地进行英语公众演讲,从而提高英语口语能力;(3)课上可以通过小组合作讨论分析,有序地开展英语辩论,小组分享,无领导能力提升等;(4)能够有基本的撰写草拟议题的解决方案的能力,提高英语书写能力;(5)提高学生的领导力和社会责任担当能力。

三 课程内容

本课程内容的主题是"中国情怀""世界眼光""未来领导",共分为四个模块,每一个模块的具体内容如下:

模块一:初始模拟联合国。七年级学生认识联合国以及模拟联合国(历史与背景-组成与结构-功能与局限),联合国千年发展目标(MDG)与可持续发展目标(SDG)-MDG 完成情况- SDG 展望;共有 Phase I 四个主题活动,通过如何查找主题下国家的相关背景信息,小组和个人任务结合的形式,训练演讲技巧。

模块二:深入了解国家。通过图片和资料盒的图文结合的展示形式,深入了解一个国家,再从多方面指标认识不同国家与国家之间的比较;进而以阅读自读自查、小组讨论的形式深入了解一个议题。重点开展 Phase II 四个主题活动。

模块三:流程训练。学生通过主题活动的形式,闭合训练模拟联合国流程,立场文件:书面用语与文献规范-会议规则与参会礼仪-开场发言-磋商的形式。重点开展 Phase III 四个主题活动。

模块四:实战演练。以一次完整模拟委员会会议立场文件,让学生沉浸式开展完整流程会议:书面用语与文献规范-会议规则与参会礼仪-开场发言-磋商的形式。重点开展 Phase IV 四个主题活动。

通过以上四个模块的学习,学生能够开阔视野、激发英语学习的内驱力和潜能、提升英语口语表达能力,还能培养学生的学习力和领导力。

四　课程实施

本课程主要针对七年级、八年级学生开展,每周1课时,每学期共开展15课时,课程分七年级、八年级两个阶段开展,总共60课时。学校通过实践开发七年级、八年级两个学段的模拟联合国活动课程校本教材,设计两个学段活动主题课程的文本、实施策略和评价方式。教师结合学生的实际学情和兴趣,帮助学生在学习相关理论书籍的基础上,进行理论联系实际。从基本的认识模拟联合国、查阅梳理整合资料到了解模拟联合国会议流程、小组讨论技巧、演讲技巧,思辨能力的培养。课程的开展以基于项目式的学习方式,引导学生自主、合作、探究学习,在实施过程中注重跨学科知识的学习和渗透,具体实施方法如下。

(1) 资料梳理。通过资料的搜索、阅读及梳理,教会学生如何查找主题下国家的相关背景信息。(2) 选定议题。如何正确开展"Opening Speech":以文件导读、材料分析、分组讨论、分组示范的流程方式确定议题,在分享讨论过程中渗透演讲技巧的学习。(3) 书写立场文件。学习如何正确写"position paper",分析磋商技巧样文,采用词卡匹配和现场演示的方法;开展无领导小组的案例分析。(4) 撰写决议案。通过模拟会议流程的方式,让学生在活动中学会如何写"Draft Resolution & Amendment",以国家分配的形式进行小组分工合作,完成现场完整的模拟会议。

五　课程评价

课程评价采用自评、互评与他评相结合的方式,以评促学,以评价为手段,确保学生模拟联合国课程学习成效。

学生自评和互评:自评、综合评价均基于小组任务、小组报告、个人演讲和个人任务完成情况。

教师评价:以学生参与和成果展示为评分依据。期末评定:平时出勤10%+课时表现20%+课后作业20%+期末主题演讲50%=100%。

(撰稿人:深圳市坪山区中山中学　陈碧云)

未来智慧：国际体验课程与文化交流融合

一、国际教育课程开发的背景

在向"全球共同利益"理念转变的号召下，联合国教育、科学及文化组织提出了反思教育。联合国教育、科学及文化组织较早提出，期望在全球背景下通过教育的方式传递和平发展、多元共存、尊重差异等思想。因此，联合国教育、科学及文化组织采用"多文化的星球"来喻指人类文化的多元起源、多元发展与多元未来，各种社会形态的发展为多元文化的存在提供了现实基础。

《国家中长期教育改革和发展规划纲要（2010—2020年）》指出，国际理解教育的目标是"加强国际理解教育，推动跨文化交流，增进学生对不同国家、不同文化的认识和理解"。继此之后在2016年《中国学生发展核心素养》中将中国学生发展核心素养综合表现概括为人文底蕴、科学精神、学会学习、健康生活、责任担当和实践创新六大素养。其中，国际理解作为责任担当的一个基本要点，其要求是"具有全球意识和开放的心态，了解人类文明进程和世界发展动态；能尊重世界多元文化的多样性和差异性，积极参与跨文化交流；关注人类面临的全球性挑战，理解人类命运共同体的内涵与价值等"[①]。2020年6月教育部等八部门印发意见《关于加快和扩大新时代教育对外开放》，提出要"着眼加快推进我国教育现代化和培养更具有全球竞争力的人才"，"加强中小学国际理解教育，帮助学生树立人类命运共同体意识，培养德智体美劳全面发展且具有国际视野的新时代青少年"。

在全球化和国内对于未来教育大环境的国际素养的要求背景之下，结合在深圳市曾出台的综合八大素养中的国际素养，我校未来课程以基础和继承的玉德课程和国学

---

① 核心素养研究课题组.中国学生发展核心素养[J].中国教育学刊,2016(10)：1-3.

课程为核心和起点,结合学校课程教育哲学和理念,坚定学校的教育意识立场,立足中国传统,厚植爱国主义情怀,提高民族文化认同感,增强文化自信,以开放包容的学习心态,整合性、有效性、校本性地构建符合我校教育特色的国际教育课程。

我校的国际教育课程,着眼于培养学生的国际视野和文化理解,为未来参与国际事务培养最基础的国际理解能力。我校以"中国情怀、世界眼光、未来领导"为主线,开发五项丰富多彩的活动交流式的校本课程教学,以学生的学习感知、体验、模拟实践的形式开展。我校致力于将课程实施的内容和学生的现实生活、国内外社会真实情景联系起来,提升国际理解教育的深度和广度。通过课程的实施,带领学生提升文化自信、文化包容和全球素养,培养学生跨文化交际能力和从人类共同利益角度看待和解决问题等情感、态度和价值观,从而在未来有能力承担世界公民的义务和责任。

二、国际教育课程的框架

表5　中山学校国际教育课程框架

课程名称	课程目标	课程实施方式
中华武术	让国粹走向世界	思-练-演
课本剧	用角色把课本学活	学-思-演
小语种	拆掉语言的巴别塔	学-说-品
国际文化节	吹来四面八方的风	学-展-品
模拟联合国	做国际事务的参与者	学-思-行

三、中山中学特色国际教育课程的实践

中华武术课程。文化交流一直是一个双向的过程,我们只有坚持文化自信,才能有利于培养"讲好中国故事、传播好中国声音"的中国人。然而,我们要在知识、技能和态度方面明确该做到什么样的水平。比如,在文化自信中,知识层面明确了学生对我

国哪些文化的认同和理解;技能层面提到"继承和发扬"等关键词;态度层面提到如何对待本国文化。因此,我校国际教育特色课程致力于在知识、技能和态度方面下功夫,让学生真正能做到在世界上讲好中国故事,展示中国功夫、中国形象。咏春拳是中国优秀传统武术,我校武术队的学生摘下了第九届世界传统武术锦标赛金牌,为国争光,惊艳多个国家的武坛。与此同时,STEAM项目从以色列引入师资团队,成功借鉴了国际和本土经验,创设了多个课程新模式,提高文化交流课程新高度。

课本剧课程,在国家课程校本化的路上探索新路子。课本剧巧妙地将语文、历史、英语、地理等跨学科融合起来,创设情境,超越地域限制。故事中渗透的中外优秀文化内涵、不同国家的礼仪交际和历史背景知识等让学生能够在解读、排演中对国际或跨文化保持开放态度,容忍文化模糊和接受文化差异,从而把故事演活,把课本学活,在舞台上学习,在角色中体验。

小语种课程。德国哲学家恩斯特·卡西尔曾说:"没有语言就不可能有人们的共同体。"语言是跨文化理解和交际的桥梁,作为全球时代的世界公民,学生要树立"既要说好中国话,也要学好外国话"的超前意识。让汉语走向世界的同时,也要拆掉世界语言的巴别塔,通过开设不同的小语种校本课程,让学生品味不同语言的魅力,走向更多元的跨文化交流。

国际文化节活动,搭建学习文化平台,引导学生认识世界文化的丰富性。联合国教育、科学及文化组织建议国际理解教育课程的五大学习领域为:本民族文化理解、异域文化理解、人权教育、和平教育、环境教育。以"本民族文化理解、异域文化理解"为理念的国际文化节,给予学生了解本民族文化理解和异域文化理解的机会,以"一班一国家,一国一文化"的形式,进行特色环境布置和特别氛围的营造,以班级为单位进行走廊布置,穿越教室门口便是展示各国文化的长廊。再者,有的班级开展相关服饰的穿着打扮、特色饮食制作展示等,如热情奔放的非洲手鼓和舞蹈、内敛含蓄的优雅英国下午茶、世界尽头之端的冰岛极光模拟情景等。各班设定国家文化知多少趣味互动游戏,吸引不同班级的学生流连忘返。国际文化节延伸课堂边界,老师们灵活安排课时,拓展学习空间和超越地域限制,给予学生充分的机会展示交流。

模拟联合国课程,培养学生参与国际事务的角色体验,让学生在陈述和辩论中认识世界,了解联合国等国际组织、了解国际问题的议事原则和方法;拓展思维,提升思辨能力、训练和提高跨文化交流的能力，使学生关注全球时事、热点问题，培养国际化视野和全球化思维；能够培育具有国际视野和社会责任担当，能正确认识分析国际问题，积极参与国际事务的世界公民。本活动课程主要是针对七年级、八年级学生开展，每周 1 课时，每学期共开展 15 课时，课程分七年级、八年级两个阶段开展，总共 60 课时。学校通过实践开发七年级、八年级两个学段的模拟联合国活动课程校本教材，设计两个学段活动主题课程的文本、实施策略和评价方式。教师结合学生的实际学情和兴趣，帮助学生在学习相关理论书籍的基础上，进行理论联系实际。从基本的认识模拟联合国、查阅梳理整合资料到了解模拟联合国会议流程、小组讨论技巧、演讲技巧、思辨能力的培养。课程的开展以基于项目式的学习方式，引导学生自主、合作、探究学习，在实施过程中注重跨学科知识的学习和渗透，培养具有平等参与意识、责任意识、可持续发展意识、合作共存意识、相互援助意识、尊重差异意识、和平意识的未来世界公民。

教育走到了一个开放与共享的时代，从东西方文化的碰撞，走到多元多极世界的互通，教育始终呈现出勃勃生机。国际课程，就是让学生在课堂上模拟和在真实世界中行走，感受来自世界各个角落的风向，能够对人类的历史有感知，对人处的自然有感受，对人类的家园有感情，对人类的活动有参与。

（撰稿人：深圳市坪山区中山中学　陈碧云）

第三章
未来课程的结构：共同性与个体性

　　未来课程是多维的，它存在共性，同时体现个性。从结构上来讲，未来课程兼具共同性与个体性，共同性是个体性存在的基础，个体性是共同性的拓展、延伸；从内容上来讲，未来课程要遵循学生共性的心理发展规律和共同的知识基础，遵循学生全面发展的个体差异和个人素养；从课程呈现方式和评价方式上来看，未来课程和当下的课程理念相契合，做到与时俱进，与全球和国际接轨，同时遵循未来教育发展的新样态，融合未来教育的新理念和新趋势，让学生真正成为未来之人，真正实现教师为未来而教、学生为未来而学的和而不同的生态课堂。

绿色、环保、健康、可持续是人们对未来生活环境的经典预设和共同目标,在此预设的前提下,未来教育也应与未来生境之间建立链接,实现可持续生境的一种完美契合,由此衍生出未来课程中的个性化生态课程。因此,生态课程为未来课程提供了绿色可持续的个体化生境,同时是未来生活的一种镜像折射,生态课程乃未来课程之境。从结构上来讲,未来课程具有共同性与个体性。

未来课程的共同性在于未来课程在设计的过程中要遵循学生共性的心理发展规律,遵循学生共同的知识基础,遵循学生全面发展的共同目标和核心素养,真正育未来之人。遵循学生共性的心理发展规律分为小学段和中学段,初中学生处于青春期发展的关键阶段,表现为身心两极分化的矛盾时期,既渴望独立于成人,又渴望依赖同伴,在这种矛盾中容易出现人际关系焦虑的危险期,在初中未来课程设计的过程中应充分考虑这一特征;遵循学生共同的知识基础不仅包含了国家义务教育所规定掌握的课程内容,同时也包含了学生在生活实践和未来发展中所需要的一些生活实践技能基础,在课程设计过程中应全面涵盖;遵循学生全面发展的共同目标和核心素养则指向21世纪中国学生核心素养的六大核心素养,即人文底蕴、科学精神、学会学习、健康生活、责任担当和实践创新,在课程设计过程中应不断渗透。

未来课程的个体性在于未来课程在设计的过程中需从课程的接受者即学生主体出发体现课程内容的个性化。学生主体的个体性决定了未来课程的个体性,在课程设计的过程中不仅要充分考虑学生整体的综合阶段性特征,同时也应考虑学生个体的差异化特征,通过自主、探究、合作的学习方式实现学生个体个性特征的充分发挥;课程内容的个性化则表现在和当时当下的课程理念相契合,做到与时俱进,与全球和国际接轨,同时遵循未来教育发展的新样态,融合未来教育的新理念和新趋势,其中包含了信息技术支撑、跨学科融合、单元主题式学习等创新课程模式,让学生真正成为未来之人。

立足未来课程的共同性与个体性,我校在未来课程图谱的设计过程中,以绿色环保为课程设计模式,构建了一系列可持续的生态课堂,旨在让学生树立起健康的生活理念。

我校基于学生未来终身发展推出的生态课程是以生物学等相关学科课程为依据,在此基础上帮助学生在身临其境的生态课堂中掌握相关生态知识,提升学生的生态意识,同时养成生态文明的理念,构建起生态知识、生态意识和生态文明之间的"金字塔"学习范式,构建起学生生态学习的"脚手架"。在我校的生态课程中,同时蕴含了教育即生命、教育即生活、教育即生长这样的"三生"课程理念,帮助学生建立起健康积极的生活态度,让学生在真实的生活环境中感受幸福和快乐。我校楼顶建设了近4000平方米的绿化生态教学实践场地——"三园两廊一堂",即百草园、百蔬园、多肉园、《诗经》植物长廊、本草园长廊、生态学堂,每周一节的劳动课程,学生自主进行劳动实践,同时进行智能化养殖,学生在多样化的课程当中感受了"三生"教育的真实内涵,在此生态环境空间的基础上,我校将其进行有机整合,形成了我校独有的绿园课程和本草课程;海洋课程是我校结合深圳特殊地理位置开设的有关海洋的地理实践课程,通过一系列海洋基础课程的学习,学生掌握了基础的海洋知识,在此基础上进行了一系列的红树林湿地参观、海洋增殖放流等实践活动,并进行了相关学生课题的探讨和研究,在我校的科幻厅更有全国首家校园珊瑚保育站,学生每天在这里进行清洁养护、观测记录,进行我校海洋课程的小课题实验探究,还有与之相呼应的阶段性周期科普课堂充盈了学生的校园生活;游学研学课程在海洋课程的基础上学生实地参观深圳市大梅沙东部海岸地质地貌、红树林湿地等,同时开展垃圾收集调查等活动,并形成研究课题,最终在边游边学中真正将海洋知识的相关理论进行了实践的升华,加深了对我国海洋大国的理解,提升了海洋保护的意识。

从生态课程的设计上来看,四大生态课程基于学生当时当下的生态知识基础这一共性特征同时融合了校园和深圳个性化特征进行了校本未来课程的设计,不仅体现了学生的全面发展,更满足了学生的个性化差异特征,师生在此多样化的生态课程中不仅将课堂上的知识进行了空间拓展,同时将固化的知识有机生成,真正形成了动态的、可持续的生态课堂,师生在这样的课堂中共生共育共成长。

由此可见,未来课程具备共同性与个体性双重属性,既要有实现学生全面发展核心素养的共同诉求,又要体现学生的个性化发展,既着眼当下,又放眼未来,二者互不矛盾且相辅相成,真正实现为未来而教,为未来而学的和而不同的生态课堂。

(撰稿人:深圳市坪山区中山中学 任亚楠)

课程场景一　再现田野劳动场景

我校以习近平新时代中国特色社会主义思想为指导,注重挖掘劳动在树德、增智、强体、育美等方面的育人价值,将培养学生的劳动观念、劳动精神贯穿课程实施全过程。因此,我校一向重视在实践中培养学生的素养,结合本校实际,开设了绿园课程,旨在引导学生树立正确的劳动价值观,崇尚劳动、尊重劳动,增强对劳动人民的感情,发展创新意识,提升实践能力和社会责任感,成为懂劳动、会劳动、爱劳动的时代新人。

一　课程背景

本课程的理念立足于劳动育人。坚持劳动教育实践要做到紧密联系学生生活实际,以立德树人为目的,以课堂教学改革为突破口,以实践育人为基本途径,坚持有计划、有组织、有目的地组织学生参加丰富多彩的劳动实践活动,积极探索劳动教育在素质教育中的作用。

自建校以来,通过海洋课程、绿园课程(楼顶菜园、花园、中草药园)等带着学生走出教室,走向室外,身体力行参与环保教育和劳动教育。结合我校办学理念和劳动教育最新课标要求,我校开展的绿园课程将从校园劳动、家务劳动和社会劳动实践三个大的层面设立劳动教育必修课程,系统加强劳动教育。

二　课程目标

在学习绿园课程的过程中,围绕劳动教育最新的课程标准的要求,本着劳动教育以劳动活动为引领,注重手脑并用,在劳动实践中利用工具和劳动技术着力解决现实生活中的问题;树立正确的劳动价值观、培养劳动意识、懂劳动、会劳动、爱劳动;在劳动课程中学会动手研究、手脑并用,增强动手实践能力;提高热爱劳动的热情和快乐,实践育人。本课程的具体目标是:

(1) 能够充分利用劳动基地开展绿园课程的实践学习,具体比如建设三大劳动教育基地,包括生态农业基地、中草药基地和珊瑚保育基地;设立三大教室,包括劳动教室、STEAM 教室和陶艺教室;创建三大学堂,包括孔子学堂、科普学堂和生态学堂。

(2) 能够在教师的指导下,独立或者小组合作完成绿园劳动项目。

(3) 能够在教师的指导下,在实践中提高劳动安全的认识。

三　课程内容

本课程内容的主题是:"绿园课程培养五德劳动五少年",主要分为三大模块,每一个模块的具体内容如下。

模块一:家庭劳动。七年级学生学习厨艺和清洁收纳方面的知识和技能,教师给予学生详尽具体的指引,让学生能够居家动手学会煮饭、炒菜,在安全的前提下正确使用煮饭炒菜等家用电器;同时,掌握正确的扫地拖地的流程。八年级学生学会包粽子、包饺子,学会房间收纳整理。

模块二:校园劳动。着重从"金工泥工""水电工""传统手工""园艺工""中草药""STEAM"方面螺旋式地开展系列劳动制作:制作一只小板凳与搭建一段城墙或古建、水管维修补漏与组装集成电路、刺绣插花与剪纸竹编、扎染与陶艺、拔草翻土与播种施肥、种植标本与制作香囊、中草药说明书制作、编程与激光切割、编程与 3D 打印。

模块三:社会劳动。社区志愿者和基地实践,职校生涯体验和岗位体验。

通过以上三个模块的学习,学生能够领略劳动的快乐和成就感,增强学生的学创结合的思维能力和实践能力。

四　课程实施

本课程主要是针对七年级、八年级学生开展,分为理论课程和实践课程,每周 1 课时,以实训课为主要载体开展劳动教育,每学期共开展16课时。学校根据需要编写劳动教育相关的校本教材。主题活动安排:每年5月开展劳动主题月活动,每学期开展一次以劳动教育为主题的劳动活动周。具体实施方法和形式如下。

(1) 实施方法。

理论学习:学习每项劳动内容的理论知识,该项劳动的特点和劳动安全注意事项。

模拟训练:学生在教师的引导下,以线上线下结合的方式进行模拟训练。

社会实践:以班级为单位,分小组开展到社区的劳动实践和各类职业体验。

(2) 实施形式。单人单班授课,在教室进行课堂理论学习和个别模拟训练,在楼顶生物植物园、STEAM教室、科普学堂、孔子学堂和生态学堂等校园劳动实践基地开展职业体验实践。

(3) 课堂开展形式说明。

① 劳动课教师流动班级授课制,学科组长统筹安排上课教师和内容,确保班级劳动课不空堂。

② 劳动课班级管理教师需要在学生上楼顶劳作和进行其他户外劳动课的时候协助课堂人员管理,管理教师有课冲突的情况下,班主任补位。

③ 授课内容分三个板块开展,由社会专家教师、项目类负责教师、普及补给类教师共同完成一学期的劳动课程教学。

④ 学校以购买服务的形式聘请社会专家教师进行特定项目教学,比如购买陶艺课程包,社会专家教师入校完成该项目的授课。

⑤ 项目类负责教师指生物、物理教师,分别负责楼顶中草药园的劳动课程、科技动手实践劳动课项目,他们按课程需要在一定阶段课时内完成授课。此类授课教师的课纳入课时绩效中。

⑥ 普及补给类教师通过承担一定量劳动项目课程补充课时。

五 课程评价

课程评价采用自评、互评与他评相结合的方式,以评促学,以评价为手段,确保学生劳动课程学习成效。

学生自评和互评：对于个人课堂表现和劳动成果进行评价。

教师评价：以学生参与和成果展示为评分依据。

（撰稿人：深圳市坪山区中山中学　陈碧云）

课程场景二　中医药文化进校园

我校注重学生的中医药传统文化素养的培养，建设了校园百草园，种植了中草药材60多种，设立了中医馆、药膳房和中医药长廊，购买了一批中医药文化书籍，开设了中医药文化社，邀请了中医药专家进校授课，带领学生外出参观中医药文化与生命科学馆，培养了一批又一批学生的中医药文化兴趣。

一　课程背景

中医药学是中华民族的伟大创造，是中国古代科学的瑰宝，也是打开中华文明宝库的钥匙，为中华民族繁衍生息作出了巨大贡献，对世界文明进步产生了积极影响。党和政府高度重视中医药工作，2019年10月20日，《中共中央国务院关于促进中医药传承创新发展的意见》指出："推进中医药博物馆事业发展，实施中医药文化传播行动，把中医药文化贯穿国民教育始终，中小学进一步丰富中医药文化教育，使中医药成为群众促进健康的文化自觉。"

中国的地域广阔，资源丰富，物种数不胜数，其中的中草药资源极其丰富。本课程是一门集种植、养护、中医理论和中医基本实践于一体的课程。在中小学校园中，推进中医药文化基本知识学习，有助于启蒙学生的中医药文化思想，潜移默化地为我国中医药文化的发展奠定基础。中医中药文化知识进校园，可以激发学生对中医药文化的兴趣，是巩固和发展中医药文化策略的重要一步。本课程兼具有实用性、多样性和趣味性。

（1）实用性。课程设置旨在普及中医药知识，将中医药文化与学生生活经验有机衔接，以实现实用性的目标。

（2）多样性。课程实施形式多元，内容丰富，不仅关注中医药知识的传授，还关注学生的多元发展。课程结合学科特征，开展实施了会讲中医故事、会认中草药、会制中医养生汤茶、会做养生青团养生粽、会做八段锦等课程,形式多样,内容丰富。

(3)趣味性。课程设置兼顾趣味性,让学生在轻松愉快的氛围中学习中医药文化知识。例如,通过会讲中医故事、制作养生青团养生粽等活动,让学生在轻松的氛围中了解和掌握中医药知识。

此外,中医药文化校园课程还强调"治未病"的理念,体现居安思危则安,未病思防则健的思想。这种理念不仅关注疾病的预防和治疗,更关注身体的整体健康和保健。通过学习中医药知识,学生可以更好地理解身体健康的重要性,掌握一些基本的保健知识和技能,从而更好地管理自己的健康。

总体来说,中医药文化校园课程的特性主要表现在实用性、多样性和趣味性,旨在让学生更好地了解和掌握中医药文化知识,并将其应用于日常生活中。同时,通过这种课程的学习,学生也可以获得更多成长和发展的机会。

二 课程目标

总体目标是让学生在中医药文化知识的学习中,通过实践和体验,获得中医药文化基础知识,了解中医药在现代化进程中的发展和应用,增强学生对中医药的感知和理解,增强对传统文化的认识和兴趣,增强对现代医学的认识和理解,提高健康素养。具体目标是:

(1)通过种植养护中草药,增强学生对生物圈的中草药的认识,从根本上提升学生对中医药文化的兴趣。

(2)通过了解药用植物、药用部位和加工后的药用饮片形状特征,摸一摸放在桌面上的饮片的质地,闻一闻它们的气味,听一听教师讲解它的特点和功效主治,加深对中药的认识。

(3)通过分享交流日常生活中的用药经验,引发对中医治病有效性的共鸣,激发对中医治病救人的兴趣。

(4)通过体验拔火罐、制作中草药香囊、制作养生青团、制作养生粽、制造药膳、参观周边中医药文化与生命科学馆等活动,体验生活中的中医药文化,感悟中医药文化的魅力,增强学习中医药文化的兴趣。

三 课程内容

本课程遵循中医药文化学习的自身规律、教育教学规律和中小学生成长规律，在课程内容的整体设计上，注重实用性、多样性、趣味性。在课程内容上，注重内容的多样性，主要包括中医文化的起源与发展、中草药种植、中医药文化知识的学习，以及中医药文化实践四个方面。

模块一：中医文化的起源与发展。依托《全国中小学中医药文化读本》（中学版）进行学习，了解我国中医药文化的起源与发展，认识到我国中医药文化的源远流长和博大精深，认同、敬畏和发扬我国的中医药文化传统。

模块二：中草药种植。通过在楼顶生态园种植养护中草药，掌握中草药种植和养护的基本方法，学会辨别几十种常见的中草药。

模块三：中医药文化知识的学习。通过对不同类型中药的作用、使用注意事项等进行学习，认识中医目前常用中药的特征、功效主治和药物之间的区别。其中的类型主要包括解表药、清热药、泻下药、祛风湿药、芳香化湿药、利水渗湿药、温里药、理气药、消食药、驱虫药、止血药、活血化瘀药、化痰止咳平喘药、安神药、平息肝风药、开窍药、补虚药和收涩药等。通过学习，培养学生的中医药文化氛围，为中医药振兴发展注入源源不断的文化动力。

模块四：中医药文化实践。通过在生活中进行设计并制作香囊、药膳、防感汤等实践活动，体会中医在生活中的意义。

从具体课程安排来说，本课程主要包含以下内容：

（1）中草药实践方面，开设中草药种植、中草药养护、迷迭香扦插、现摘金银花煮水、现摘艾草制作青团等课程。

（2）中药理论学习方面，开设自主阅读、中药查询、辨别常用中药、学习生活中简单的中药搭配等课程。

（3）中医药实践方面，开设体验拔火罐、制作中草药香囊、制作养生青团、制作养生粽、制造药膳、制作防感药膳等课程。

（4）中医文化方面，开展《全国中小学中医药文化读本》（中学版）的学习。

四 课程实施

本课程共 18 课时，课程内容围绕《全国中小学中医药文化知识读本》（中学版）展开，主要分为走进中医药、趣话中医药和深邃的中医智慧三个部分。本课程可使用的场地资源有校园中草药园、中医馆、药膳房等。本课程的实施采用理论学习法、实践体验法、展示交流法、参观学习法等方法。

1. 理论学习法

主要是通过读、看、查、记等方法进行中医药文化知识学习。比如到我校图书馆阅读中草药书籍、利用中医馆的中药查询系统查找中药和处方的相关知识，通过以上的方式方法提升对中医药文化知识的理解。

2. 实践体验法

通过亲身参与中医药的实践活动来获得知识。具体包括开设中草药种植、中草药养护、迷迭香扦插、现摘金银花煮水、现摘艾草制作青团等课程，让学生体验中医药文化中的药食同源。

3. 展示交流法

通过学生对所学知识进行展示交流分享从而达到汇聚多方智慧，为学生学习注入新动力的作用，展示分享的内容可以是理论的知识，也可以是实践操作。

4. 参观学习法

通过对中医药场地的参观学习，增强对中医药文化的感性认识，增强学习中医药文化的兴趣，比如参观深圳市平乐骨伤科医院的学习基地、参观坪山区的中医药企业等。

五 课程评价

本课程围绕"重过程轻结果""重发展重激励"的原则对课程内容的适宜性、教学过程的趣味性、教学方法的有效性和学生学习的效果进行评价。

重过程轻结果的评价，是重视学生学习的过程，而不仅仅是学习的成绩，重视学生思维的过程，而不仅仅是思维的结果的一种评价方式。这种评价能更好地锻炼学生思维过程,提升学生思维能力。

重发展重激励就是用纵向发展的眼光看待学生,看到学生的进步,及时肯定和表扬学生的进步。这种评价方式,有利于促进学生的成长和进步,激发学习兴趣,实现学习的可持续发展。

具体的操作上,通过考试、问卷调查、实践操作等方式对学生的学习效果进行评价。同时,邀请专业人士对课程进行整体评价和指导,从而进一步指导本课程的开设。从而使课程的教学内容更加符合学生需求,更能引起学生兴趣,使教师的教学方法更加得当,从而让学生更好地理解并掌握中医药文化知识,并将所学知识应用到实际生活中,从而培养学生的中医药文化素养和传承意识。

六　参考案例

粽叶飘香五月五,浓情端午共安康。端午节为每年农历五月初五,又称"端阳节""午日节""五月节"等;端午节是中国汉族人民纪念屈原的传统节日,更有吃粽子,赛龙舟,挂菖蒲、蒿草、艾叶、薰苍术、白芷,喝雄黄酒的习俗。端午节为国家法定节假日之一,并被列入世界非物质文化遗产名录。

(一)活动背景

为迎接即将到来的端午节,学生亲自动手学习制作养生粽子,粽子以糯米为主,选用红豆、赤小豆、红枣、淮山、百合、绿豆等中医养生食材,搭配五花肉、咸蛋黄调制口感制作而成,具有补气养血、补气养颜、清热祛湿、健脾消食、养心安神、清热消暑等功效,适合多数人食用。

(二)活动准备

糯米10千克、五花肉5千克、红豆1000克、赤小豆1000克、红枣200克、淮山500克、百合1000克、绿豆1500克、干粽叶1000克和绳子2卷。

(三)活动流程

本活动分为前期准备和现场活动。首先是前期准备,具体包括第一步到第三步。

第一步：糯米提前清洗干净浸泡五六个小时，泡至手黏即碎最好。豆子、百合也一起提前泡好。

第二步：粽叶加盐水煮20分钟，然后用冷水洗干净，晾干备用，粽绳泡软并清洗干净。

第三步：猪肉去皮，切成2—3厘米的块，然后放入2勺生抽、1勺老抽、1勺料酒、1勺盐、1勺白糖用手抓匀，然后腌制3—5个小时，让肉充分入味。

现场活动包括第四步到第十步。

第四步：教师讲解端午节的背景知识及所用食材的中医功效。

第五步：把糯米的水分控干，然后放入适量的盐和适量的生抽拌匀，直到口味合适。

第六步：包粽子。取两片粽叶卷成一个圆锥状。

第七步：往粽叶里装入糯米，再放上两块肉及其他想要的食材，再装上糯米，然后用勺压实。注意米不要装太满。

第八步：把上面的粽叶向下折，直至完全盖住糯米。然后再将两侧的叶子捏下去，折叠起来。

第九步：捆粽子。将粽子用绳子捆起来，略紧。

第十步：粽子全部包好后，放到锅中煮熟（在煮肉粽的时候，水一定要没过粽子，大火烧开后转中小火，根据自己的口感煮1—2个小时）。

（四）活动总结

经过本次活动，学生不仅收获了端午节的相关知识，懂得了红豆、赤小豆、红枣、淮山、百合、绿豆等中医养生食材的功效，掌握了粽子的制作方法，更是体验到了劳动的乐趣，团结的力量，收获良多，感受良多。

首先，感受到了食材的震撼。蛋黄、猪肉、红豆、绿豆、花生、糯米、百合、红枣等丰富的食材，让学生兴奋和期待，期待选择自己喜欢的食材加入粽子中去。

其次，体验了粽子包裹过程的震撼。不少学生以为包粽子很简单，尝试了后才发现，粽子形状多样，但要包好不简单。他们先尝试包三角形的，结果因为包得太丑太松了，又尝试包长方形的。学生在包粽子的过程中，有人剪线，有人帮助剪线的人拉住绳子,有人手把手教,有人手把手学,生生互助,师生互动,共同努力,最终每个学生都成功地包出了自己满意的粽子,收获了包粽子的经验。包完后的那种成功感,让学生无法自拔,露出了发自内心的笑,亦让学生感受到了集体的力量。例如,有个学生尝试多次还是做不出圆锥状,即使做出来了,也会在放馅的时候裂开,最后在同学的帮助下,做了四角形的粽子。

再次,收获了节日文化和食材功效的相关知识。教师在学生动手操作前的知识讲解,让学生收获了端午节的相关知识和食材功效的相关知识,为学生活动中的食材选择提供了很好的参考。

最后,收获了粽子制作经验。经过此次包粽子活动,学生总结出了不少经验,比如粽叶要买大一些的、新鲜一些的,绑粽子的绳子不能太长也不能太短,太长了绑得太厚不好看,太短了绑得太少容易散。馅要是放得太多了就会包不住,要是放少了,不仅扁扁的不好看,吃着也不过瘾,包的时候把馅压实一点,口感也会好上许多。

经过粽子的制作活动,学生感受到了中医的无处不在,体验到了将中医知识融于生活中的快乐。

(撰稿者:深圳市坪山区中山中学　李炉淋)

课程场景三　蓝色海洋的秘密

一　课程背景

坚持陆海统筹，加快建设海洋强国，是国家重大战略部署。在此背景下，广东省全面建设海洋强省。深圳市把海洋作为高质量发展战略要地，建设"全球海洋中心城市"及"国际红树林中心"，探索海洋教育，培养具有海洋意识的未来公民，是深圳市中小学教师的历史任务。

"蓝色海洋"校本课程通过海洋通识教育、海洋实践活动、课题研究等海洋学习情境，学生从真实情境中发现问题转化成探究主题；通过实地参观体验、海洋环保公益服务、海洋专项问题探究等方式，学生运用所学知识、方法解决海洋相关问题。随着"蓝色海洋"校本课程的实施，学生深刻认识到人类需要与海洋协调发展，要树立正确的海洋价值观，增强责任担当意识，成长为具备海洋意识的合格公民，为构建海洋命运共同体作出应有的贡献。

"蓝色海洋"课程拥有以下四个特征。（1）生活性。"蓝色海洋"校本课程与学生生活实际联系密切，内容以深圳周边海域综合知识为主，引导学生关注深圳海洋环境与市民生产生活之间的联系，提升区域认知素养。（2）综合性。"蓝色海洋"校本课程综合呈现海洋知识，且融合了多学科内容，培养学生综合思维。（3）实践性。"蓝色海洋"校本课程以实践活动为主要教学形式，包括红树林湿地考察、珊瑚保育实地调查、定期志愿净滩等，注重培养学生地理实践力。（4）探究性。"蓝色海洋"校本课程学习活动以研究性学习为主，学生在真实情境中探究学习，不断养成严谨的探究精神。

本课程的理念是运用沿海城市海域宽广的优势条件，开发利用各类海洋场馆拓宽学生的学习空间，创设科学研究的真实情境和途径，引导学生通过实践发现问题，整合各地理要素解决问题，培养综合思维。本课程注重对海洋相关实践创新素养的培养。

以体验、探究学习为主，引导学生关注生活中的海洋科技，在参与海洋环境保护公益活动及海洋实践探究活动中，与同学合作交流、积极探究，寻找问题解决的方法，逐步养成严谨、实事求是的学习态度，勇于探究的科学精神。

二　课程目标

本课程关注人与海洋环境的可持续发展，选择体现人与海洋环境发展的现实内容，引导学生关注海洋环境问题，分析问题形成的自然和人为原因，关心深圳海洋环境的可持续发展，培养区域认知，树立人地协调观，增强责任担当意识。

总体目标是丰富海洋知识、培养探究和实践创新能力；增强海洋意识、责任担当意识，树立人与环境协调发展的观念，认识构建海洋命运共同体的重要性。

具体目标如下：（1）了解深圳周边海域的概况，认识人类活动与海洋环境的联系，初步学会分析深圳海域现状的方法；（2）运用科学研究方法探究海洋问题，提高提出问题、设计并实施实验、分析实验数据得出结论的能力；（3）通过参与探究项目激发对海洋的好奇心，形成严谨的治学习惯，认识保护海洋环境的重要性，初步形成人与环境协调发展的观念，身体力行，履行环保责任。

三　课程内容

根据课程目标，本课程内容包含海洋通识和实践探究两个层面的内容。海洋通识层面是了解深圳海域，发展区域认知，通过教师授课、专家讲座等课程形式，使学生对深圳海域有充分的了解和认知。实践探究层面让学生实地感悟深圳市海域，培养地理实践力和综合思维，以深圳市海域为中心，开展海洋环境实地调查和实践体验活动，定期参加公益环保活动，树立人地协调观。通过定期净滩、珊瑚保育、红树林考察等系列室外课程，增强学生海洋环保、责任担当意识，并促使学生身体力行，逐渐影响整个学校、社区甚至整个社会。根据深圳市建设全球海洋中心城市举措，本课课程育人目标及我校实际情况，将本课程内容细分为海洋产业、海洋文化、海洋战略、陆海统筹、海洋生态文明建设共五个模块。

海洋产业模块，包括"海洋产业概况""深圳市海洋技术""中国海洋科学考察与海洋权益"三个内容。"海洋产业概况"内容标准：运用资料，了解深圳三大海洋优势产业；运用有关数据，说明深圳海洋产业面临的问题，关注深圳海洋产业发展。"深圳市海洋技术"内容标准：运用有关资料，说出深圳市海洋高端设备，描述深圳市海洋基因技术的特点；通过实地调查，了解深圳市海洋重大科技的发展现状及其重点发展的领域。"中国海洋科学考察与海洋权益"内容标准：运用有关资料，了解我国海洋科学考察的历史及伟大成就，增强国家认同。

海洋文化模块包括"走进海洋文学名著""深圳市特色渔村海洋民俗调查""海洋运动""海鲜市场调查及海鲜美食"四个内容。"走进海洋文学名著"内容标准：通过阅读海洋文学名著，了解和感悟海洋文化特色，激发探索海洋的兴趣。"深圳市特色渔村海洋民俗调查"内容标准：通过查阅资料，了解深圳市的发展历程；通过走访深圳市现存渔村，调查渔村海洋民俗，记录现存的海洋民俗，并说明其形成的原因。"海洋运动"内容标准：通过阅读资料，认识各类海上运动类型；了解某一项海上运动的装备、安全注意事项；通过训练，掌握溺水自救、心肺复苏等救援方法。"海鲜市场调查及海鲜美食"内容标准：海鲜市场调查及海鲜美食；通过资料，了解海鲜种类及其营养价值；通过实地调查，了解海鲜市场的需求和供应情况。

海洋战略模块包括"海上丝绸之路""南海开发""中国的海防"三个内容。"海上丝绸之路"内容标准：根据图文资料，了解海上丝绸之路概况，以及深圳市与海上丝绸之路相关的历史遗迹。"南海开发"内容标准：根据图文资料，了解某一海域的海洋资源概况，以及深圳市在该海域的资源开发贡献；通过了解某一海域海洋资源的开发历程和现状，说明维护国家海洋权益的重要性。"中国的海防"内容标准：根据图文资料，了解中国古代和近代海防史，增强历史使命感和责任担当意识；通过查阅资料、参观展览等活动，了解中国当代海防概况，了解我国海军建设的成就，培养爱国情怀。

陆海统筹模块包括"深圳海岸水质调查""海洋意识""海洋灾害及其防治""海岸地貌"四个内容。"深圳海岸水质调查"内容标准：通过实验，掌握水质调查的基本方法，了解水质评价指标；通过实地调查，了解深圳市周边海域水质概况，说明海洋污染的成因。"海洋意识"内容标准：通过查阅资料，了解深圳市市民在海洋保护方面的努力，通过问卷、访谈等调查方式了解深圳市市民的海洋意识现状并提出相关对策。"海洋灾害及其防治"内容标准：说出目前主要的海洋灾害类型、成因、表现形式和危害；说出深圳市常见海洋灾害类型、预防措施或对应的自救(减灾)方式。"海岸地貌"内容标准：通过实地观察海岸地貌，了解海岸地貌的类型及其各自特征；简单说明各种海岸地貌的成因。

海洋生态文明建设模块包括"潮间带生物""增殖放流""红树林湿地走读""海洋污染及防治措施""海洋科普知识宣传"五个内容。"潮间带生物"内容标准：记录潮间带生物并进行分类；观察不同类型的潮间带，对比不同类型潮间带生物的区别。"增殖放流"内容标准：通过参加增殖放流活动，了解增殖放流在保护生物多样性方面的意义及其注意事项。"红树林湿地走读"内容标准：通过参观红树林湿地保护区，了解红树林特有的生态特征与其生长环境之间的联系；观察红树林的鸟类及底栖动物，了解红树林在保持生物多样性方面的价值；观察红树林的底泥，了解保护海岸的价值。"海洋污染及防治措施"内容标准：通过清洁海滩等活动，了解海洋垃圾的种类及来源，认识海洋垃圾对海洋环境的破坏；掌握取样调查方法，对海洋垃圾进行分类。"海洋科普知识宣传"内容标准：通过在社区、学校等场所宣传海洋科普知识，丰富海洋知识，传播海洋环保理念，提升实践创新能力和责任担当意识。

四 课程实施

本课程共设计了20余项实践活动，根据学生实际情况有选择地实施。海洋实践活动的重点是帮助学生通过了解深圳海洋某方面的背景知识—提出问题—查阅资料—设计方案—调查取证—展示交流评价等过程完成实践探究。教师需要在实践活动前与各校外实践活动基地联系，准备的教学资源包括校本教材《深圳中学生海洋实践活动指南》及各具体实践活动实施方案。学生需要准备的学习资源包括校本教材《深圳中学生海洋实践活动指南》。课程实施将以知识点拨、实践教学、任务驱动等方法进行，具体实施方法如下。

(1) 知识点拨。室内课可通过专家讲座、教师讲授等方式开展，使学生掌握基本的海洋知识，了解深圳市周边海域的现状，激发其对海洋的好奇心和了解海洋的兴趣。

(2) 实践教学。通过开展科研净滩、增殖放流、红树林湿地走读、海岸研学等探究活动，将学生置于真实情境，为学生发现问题并进行自主合作探究提供条件。

(3) 任务驱动。教师结合授课内容，提前考察实践地点，结合实际情况开发室外课程，并制订实践学习任务单，学生带着任务学习思考，实现高效的课程效果。

各模块实施建议如下。

海洋产业模块实施建议：通过调查深圳市某海洋产业园，了解深圳市海洋产业发展现状。例如，参观大鹏海洋生物产业园，通过网络调查深圳市海洋科技发展现状，乘坐深圳市海监执法船出海巡游等。

海洋文化模块实施建议：阅读一本海洋文学名著，写读后感；实地调查深圳某渔村海洋民俗现状；在浅海区初步体验潜水；有条件的学校可组建帆船队，学生登船体验帆船运动的魅力；学生在家长的指导下烹饪海鲜，品尝海洋美食。

海洋战略模块实施建议：开展深圳市大鹏所城定向越野，追寻近代海防将士足迹；查找资料，了解我国当代海军舰队及其驻地、装备情况，制作课件进行展示。

陆海统筹模块实施建议：实地检测海水水质；制作并发放问卷，调查深圳市市民海洋意识现状；查阅某种海洋灾害的成因及防治措施；开展海岸徒步活动，实地调查海岸类型。

海洋生态文明建设模块实施建议：参加政府或渔政部门组织的增殖放流活动，参观红树林湿地保护区，开展清洁海滩公益活动及海岸线研学活动，撰写实践调查报告并公开展示，创作海洋科普舞台剧，宣传海洋生态文明的重要性。

五　课程评价

过程性评价主要评价学生在海洋实践活动过程中的表现，分为自我评价、小组互评和教师评价，以自我评价和小组成员互评为主，教师评价以鼓励性评价、引导性评价为主。

六　参考案例

创作海洋科普舞台剧

（一）活动目的

运用所学的海洋知识与研究方法，结合语文写作、音乐表现形式、美术素材制作道具，排练出成型的海洋科普舞台剧。

通过本活动,学生运用音乐、语文、生物等学科内容编写剧本、制作道具、布置场景、排练舞台剧,掌握海洋科普知识和相关探究方法。

通过角色扮演感悟人类与海洋的密切关系,领悟到人与自然要协调发展的理念。

(二) 活动要求与形式

传统的科普讲座对传播海洋环保理念效果不是特别好,考虑换一种形式,可以将海洋科普知识用舞台剧等艺术形式传播。舞台剧是一门综合艺术,剧本创作、导演、表演、舞美、灯光缺一不可。此外,还要考虑舞台剧的剧情和表现方式都要精彩,能够吸引观众。关于海洋,电影《海底总动员》深入人心,我们可以借助电影主角小丑鱼尼莫和小伙伴的可爱形象作为串联整个舞台剧的角色,将海洋生物现在面临的危机、人类正在开展的保护海洋的实际行动、海洋领域的科学探究等内容,分别通过微型情景剧表现出来,增强舞台剧的吸引力。在观众欣赏艺术作品的同时,也能够接受海洋科普知识教育,同时也展示我校多年的海洋科普成果。

(三) 活动流程

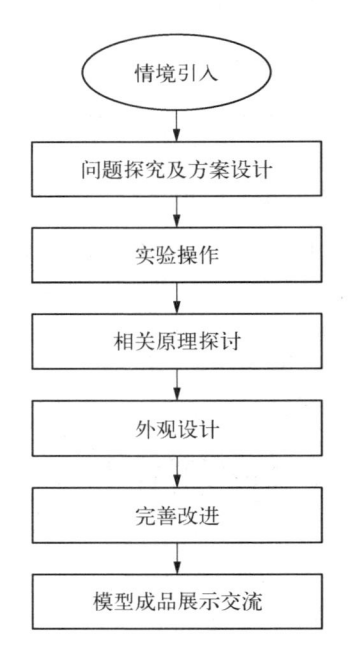

```
情境引入
   ↓
问题探究及方案设计
   ↓
实验操作
   ↓
相关原理探讨
   ↓
外观设计
   ↓
完善改进
   ↓
模型成品展示交流
```

图1 创作海洋科普舞台剧活动流程

1. 原理探究

（1）舞台剧传播信息的优势是什么？舞台剧的写作方法是什么？如何创作观众喜闻乐见的海洋科普舞台剧本？要注意人物、情节、结构高度凝聚。矛盾冲突紧张激烈，人物语言个性化富有意味。

（2）各年龄层的观众均有，如何让舞台剧更有吸引力？音乐如何与海洋科普剧情境有机融合从而增强舞台效果？舞台道具、舞台场景的搭建对舞台剧的表现效果有什么作用？

（3）如何选出合适的舞台剧演员？演员的特质与角色的特质如何有机融合？

（4）如何排练舞台剧？在排练过程中，导演与角色的工作分别是什么？

（5）舞台剧是一门综合的艺术，如何发挥团队成员的特长？如何与其他部门协调合作？

教师通过以上问题引发学生思考，学生在探究的过程中调取相关的学科知识之后，为接下来创作舞台剧打下基础。

2. 技术探究

（1）舞台剧本的格式是怎样的？如何通过台词表现每个角色的特点？情节间的过渡衔接如何处理？

（2）要传播哪些海洋科普知识，才能让观众意识到海洋的调节能力是有限的，海洋这个大型生物圈是需要保护的？

（3）通过什么风格的音乐表达不同的情绪？

（4）如何运用美术素材制作具有舞台效果的道具？怎样根据剧情搭建舞台？

3. 解释交流

学生在有了自己的剧本和舞台展示方案后以小组为单位进行展示，教师对学生的方案作出分析指导，最终综合各小组的优点确定最终方案。

4. 设计制作

在经过教师对需解决的关键问题进行讲解后，学生设计具体的方案，形成工程项目书（见表1），学生根据项目书进行舞台剧的创作。

表1　海洋科普舞台剧工程项目书

项目名称：
进行时间：
小组成员与分工：
所需道具：
舞台剧创作总体策划方案：
剧本写作：
舞台场景设计与布置：
角色分配、排练方案：

学生在创作过程中,教师提供参考建议,给予学生发展的空间,从而更好地锻炼学生解决问题的能力。

5. 展示评价

学生在学校社团成果展示上表演舞台剧,并交流心得。

对舞台剧效果的评价见表2所示：

表2　海洋科普舞台剧效果评价

项目	自评	小组评	教师评	总评
总体方案设计				
操作过程				
实际效果(剧本质量、舞台搭建、舞台角色表现)				
新颖之处				

进一步提升：

(1) 舞台剧的台词应该选择书面化语言还是生活化、口语化语言？

（2）在舞台搭建过程中，遇到不会操作的设备、难制作的道具，应该如何解决？

（3）在舞台剧排练过程中，如果有演员因为排练效果不好情绪不对动作不协调而出现畏难情绪，作为团队成员，应该提供什么样的帮助？

本探究活动对学生的综合能力要求较高，需要熟知海洋面临的现状并将其融入舞台剧本中，考虑剧本的角色安排及其台词如何体现角色个性，还要运用美术音乐相关知识参与舞台场地的布置和道具的制作，以及背景音乐的选择，甚至变身为舞台剧演员直接参与演出，这对学生而言是非常具有挑战性的，教师的指导尤为重要，甚至需要在关键的步骤上与学生共同参与。本项目从编写剧本开始到成型的舞台剧，前后历时20天。学生从最初的不知剧本写作格式，到在教师的指导下编写修改出成形的剧本，从不知舞台剧为何物到能够娴熟运用语言、肢体动作、音乐等形式表达角色个性。由对海洋现状及其相关研究方法一知半解到比较深入了解，且能够提出作为中学生可以做到的保护海洋环境的相关措施。最终，本舞台剧在深圳市首届海洋科普成果展示竞赛中以最高分获得一等奖。本探究活动达到掌握相关学科知识的学习目标，同时学生在此过程中进一步热爱并尊重自然、具备绿色生活方式和可持续发展的理念及行动，从而提升中国学生发展核心素养体系中的社会责任方面的素养。

（撰稿人：深圳市坪山区中山中学　程忠娣）

课程场景四　行走无疆的力行周

一　课程背景

(一) 深圳市建设全球海洋中心城市及国际红树林中心的现实需要

2023年9月,深圳市正式成为国际红树林中心,与深圳市建设全球海洋中心城市一起,使得深圳市海洋生态环境进入崭新的发展阶段。深圳市海洋在稳步发展的同时,也存在一些问题:深圳市海洋意识的缺位不容忽视,海洋生态文明建设不足,影响海洋强市战略构建形象。

立足深圳市海洋的跨学科主题学习,将学生置身于深圳市海洋实践活动中解决真实问题,在此过程中帮助学生树立海洋意识以及深圳市未来主人翁意识,培养地理实践力,树立人与环境协调发展理念。故设计适合深圳市发展需求的跨学科主题研学课程,既能培养学生地理核心素养又能满足深圳市教育的时代要求,进而服务于国家的海洋强国战略。

(二) 2022年版课程标准的要求有所调整

通过仔细研读地理、数学、生物学的课程标准,结合深圳市海岸线实际情况,根据学生核心素养发展需要,本次清洁深圳市海岸线行动指向以下内容要求。

《义务教育地理课程标准(2022年版)》在"认识家乡"中将内容要求调整如下:"进行野外考察并利用图文资料,描述家乡典型的自然与人文地理事物和现象,归纳家乡地理环境的特点,举例说明其形成过程及原因……举例说明家乡环境及生产发展给当地居民生活带来的影响和变化,并尝试用绿色发展理念,对家乡的发展规划提出合理建议,增强热爱家乡、建设家乡的意识。"[①]在"认识中国全貌"中,增加了矿产资源和海

[①] 中华人民共和国教育部.义务教育地理课程标准(2022年版)[S].北京:北京师范大学出版社,2022:17-18.

洋资源。课程标准要求表述如下:"运用地图和相关资料,描述中国水资源、土地资源、矿产资源和海洋资源等自然资源的主要特征,举例说明自然资源与人们生产生活的关系,认识开发、利用、保护自然资源的重要意义。"①

《义务教育数学课程标准(2022年版)》在抽样与数据分析中,有如下内容要求:"(1)体会抽样的必要性,通过实例认识简单随机抽样。(2)进一步经历收集、整理、描述、分析数据的活动,了解数据处理的过程;能用计算器处理较为复杂的数据。(3)会制作扇形统计图,能用统计图直观、有效地描述数据。"②

《义务教育生物学课程标准(2022年版)》在"生物与环境"中,有如下内容要求:"人类活动可能对生态环境产生影响,可以通过防止环境污染、合理利用自然资源等措施保障生态安全。"③在"生物的多样性"中有如下内容要求:"我国拥有丰富的动植物资源,保护生物的多样性是每个人应有的责任……外来物种入侵会与本地的物种竞争空间、营养等资源,进而威胁生态安全。"④

综上所述,本跨学科研学课程以"深圳市海岸线清洁行动"为题,设计跨地理、数学、生物学三个学科的主题学习活动。本课程是从我校海洋实践活动中提炼出来以实践为主的跨学科研学课程,通过一项前置任务及四项主要任务,围绕"如何清洁深圳市海岸线"这个驱动性问题,设计由易到难、层层递进的问题链,搭好学生学习的脚手架。

本跨学科研学课程通过考察深圳市某一海岸线类型,实地开展净滩实践活动,抽样收集并分析深圳市海岸线垃圾的相关数据并提出治理措施,从而了解海岸线垃圾的基本情况,希望学生能够关注海洋环境,关注自己生活的城市,更多地参与海洋环境保护,提升海洋环境保护意识,分析问题形成的自然和人为原因,关心深圳市海洋环境的可持续发展,培养区域认知,树立人地协调观,从而强化学生的实践创新素养(劳动意

---

① 中华人民共和国教育部.义务教育地理课程标准(2022年版)[S].北京:北京师范大学出版社,2022:16.
② 中华人民共和国教育部.义务教育数学课程标准(2022年版)[S].北京:北京师范大学出版社,2022:74.
③ 中华人民共和国教育部.义务教育生物学课程标准(2022年版)[S].北京:北京师范大学出版社,2022:15.
④ 中华人民共和国教育部.义务教育生物学课程标准(2022年版)[S].北京:北京师范大学出版社,2022:12-13.

识、问题解决),提升社会参与方面的核心素养。

二 课程目标

本课程总目标是以"了解深圳海岸类型、海岸有哪些垃圾、如何保护和清洁深圳海岸线"为主题,学生通过参观红树林,发现海岸线垃圾问题,设计调查取样方案收集数据,分析数据得出结论和对策,在实践中学会调查取样方法,学会制作扇形统计图,能够用统计图直观、有效地描述数据,掌握撰写调查报告的方法,增强保护海洋环境的意识,了解深圳市建设全球海洋中心城市的发展规划,关注深圳市的未来发展,有合理利用资源保护环境的意识,用绿色发展的理念,为家乡的发展规划提出合理建议,增强热爱家乡、建设家乡的意识,关心树立人与海洋协调发展的观念。

具体目标如下:在世界红树林分布图中,说出红树林在世界范围内的分布特征。查阅资料,描述深圳市海岸线分布情况及类型,归纳深圳市海岸线特点及其类型。通过搜集资料,总结野外考察需要关注的安全事项与必备物资清单。六人一组,组内选好小组长,共同商定野外考察小组行动守则。

进行红树林湿地考察,将考察收集到的信息与现场图文资料结合,描述红树林生物海岸的形成过程及原因,以及红树林海洋固体垃圾污染现状。通过红树林湿地考察,绘制红树林湿地平面图,从而用平面图辨别方向,量算距离。通过辨认外来红树物种海漆树,小组讨论后,知道外来物种入侵将与本地物种竞争空间、营养等资源,进而威胁生态安全,保护生物的多样性是每个人应有的责任。

通过校园垃圾实践活动收集、整理、描述和分析垃圾数据,能够用计算器处理复杂的统计数据,并将收集到的垃圾数据制作成扇形统计图,能够用统计图直观、有效地描述数据。

通过净滩实践活动收集、整理、描述和分析海洋垃圾数据,能够用计算器处理复杂的统计数据,并将收集到的海岸线垃圾数据制作成扇形统计图,能够用统计图直观、有效地描述数据。

了解深圳市海岸线环境保护和资源利用的成功经验,提出海洋固体废物污染的治理措施。描述深圳市海岸线等海洋资源的主要特征,说明海洋资源与人类生产生活的关系,认识开发、利用、保护海洋资源的重要意义。通过基于清洁海岸线活动产生的深圳市海岸垃圾调查结果,分析深圳市海岸线存在的环境问题,评价海洋环境与人类活动的关系。通过利用回收海滩垃圾、贝壳、海沙创作创意手工作品,树立合理利用资源保护环境的意识。说明深圳市海岸线环境及发展给当地居民生产生活带来的影响和变化,用绿色发展的理念,为深圳市的海岸线生态环境的发展规划提出合理建议,增强热爱深圳市、建设深圳市的意识。

三 课程内容

本课程内容分为一项前置任务及四项主要任务,共五个模块,以任务驱动的方式引导学生学习。

模块一:海岸线,目前发生了什么。具体内容:通过搜集资料,总结野外考察需关注的安全事项及必备物资清单;分组,6人一组,组内选好小组长,共同商定野外考察小组行动守则;通过查阅资料,根据海岸的物质组成及其形态,描述海岸线的类型及各自特征,列举世界范围内目前存在的海岸线环境问题,以及各国采取的应对措施。

模块二:深圳市海岸线,我们在了解。

(1)说一说。① 参观深圳市福田红树林湿地或坝光银叶树湿地园,说出该海岸属于哪种海岸类型。② 通过参观实地的红树林科普点,描述红树的生存环境,说出该海岸环境形成的大致过程及主要原因。仔细观察,可发现部分红树上挂有塑料等固体垃圾,请分析其来源。

(2)画一画。① 以小组为单位绘制深圳市福田红树林湿地或坝光银叶树湿地园局部平面图。② 步骤和内容:A. 确定需要绘制哪些地理事物,确定方向,测量各地理事物的距离,做好记录。B. 确定比例尺,根据已测数据和比例尺计算出绘制平面图所需的数据。在图上恰当位置标出比例尺、方向和图例,绘制红树林湿地平面图。可参考湿地内的导览图绘制或使用相关软件。C. 联系红树的生长环境,请写出红树的生态特征(呼吸根、泌盐现象、胎生)对红树生存的生态作用,需体现出红树的生态特征与生长环境的密切关系。

(3)议一议。

观察某同学在深圳市福田红树林湿地拍摄到的画面,纸上黏着的黑色部分为一种名为广翅蜡蝉的昆虫成虫。

观察深圳福田红树林湿地远处高大的树是原产于海南的海漆树,为深圳市外来入侵物种,海漆树占据了深圳市福田红树林湿地相当大的空间。

① 结合上述图文资料,并根据实地观察到的海水和陆地交界处的红树挂有固体垃圾等情况,说明深圳市红树林面临什么问题,人类采用何种方式解决?

② 通过运用在线地图等资料,查阅自深圳市成为经济特区以来,深圳市红树林的面积变化情况并分析原因。

③ 评价深圳市红树林固体垃圾污染现状、问题及可采取的对策,在下面空白处记录小组成员主要观点(提示:除了污染等角度,也可以从人类活动、海平面变化、外来物种入侵、病虫害等方面分析红树林面临的问题)。

模块三:深圳市海岸线污染,我们在关注。

(1) 查一查。① 查找资料,罗列深圳市海岸线污染的类型,并用文字描述或绘画展示其中三种海岸线污染类型的特征。② 在无法实现全海岸线垃圾调查的情况下,通过查找数学相关资料,讨论海岸线垃圾调查方法,并写出采样点设置、采样、记录数据这三个调查过程中需注意的事项。以6人小组为单位绘制采样区域示意图。

(2) 议一议。① 以小组为单位商议并设计垃圾分类数据收集表格。② 表格要求:能记录地点、日期、参与人员、天气等基本情况,且能够将海岸线垃圾按照塑料、泡沫塑料、纺织品、玻璃陶瓷、金属、纸类、橡胶、木制品和其他等方面对垃圾进行分类,表格应该能够满足登记数量或质量的要求,能够按照长度进行分类登记。

(3) 试一试。① 在校园内用皮卷尺量取长50米、宽30米的区域。收集大小大于2.5厘米的垃圾并按照塑料、泡沫塑料、纺织、玻璃陶瓷、金属、纸类、橡胶、木制品和其他垃圾分类,将数据填在垃圾分类表中,计算垃圾总数量和总质量,计算垃圾的单位面积数量和单位面积质量,分析小组设计的垃圾分类数据收集表格是否适用,并根据遇到的困难作出调整。② 将收集到的数据进行分析处理,制作校园垃圾分类扇形统计图,并依据数据描述校园垃圾的特点。

模块四:清洁深圳市海岸线,我们在行动。

各小组交流本组的前置任务作业成果:野外考察需关注的安全事项、小组行动守则,完善本组安全注意事项、小组行动守则并在海岸线清洁行动中严格遵守。小组按前置任务中罗列的必备物资清单准备齐全物资,并指定专人保管。各个小组认领负责的小片海岸,根据小组商定的抽样方案划定抽样范围,分析和计算采样数据,完成下列任务。按照塑料、泡沫塑料、纺织、玻璃陶瓷、金属、纸类、橡胶、木制品和其他垃圾分类,将数据填在垃圾分类表中,垃圾类型及质量用扇形统计图展示。计算垃圾总数量和总质量,计算垃圾的单位面积数量和单位面积质量。

实施建议:进行户外实践活动,安全保障、物资准备等工作需落实到位。各小组安排专人负责,教师需全程关注学生安全。(1)画一画:将各个小组的监测数据汇总,绘制某处海岸线的垃圾监测地图。(2)写一写:① 分析数据,制作海岸线垃圾分类扇形统计图,归纳海岸线垃圾种类、来源,找到治理海岸线污染的方法。② 以小组为单位,撰写调查报告。要求小组内部分工明确。调查报告需包含调查背景、目的、方法、数据处理、结论、建议等方面。

围绕实践育人、跨学科育人目标,除了海岸线清洁行动这样的实践作业,还需要设计基于该实践活动而产生的如撰写调查报告等长周期作业。实践作业是学生核心素养培养的重要环节和载体,学生在跨学科学习作业中运用知识解决实际问题,并开展实践活动解决生活中的问题。

模块五:建设全球海洋中心城市与国际红树林中心,我们来献策。

(1)说一说。① 观看深圳市建设海洋中心城市及国际红树林中心的相关视频,请说出深圳市将重点从哪些方面着手建设?建设的过程中,对深圳市市民的生产生活可能有哪些方面的影响?② 对于深圳市海岸线污染,深圳市目前有哪些应对措施?

(2)炫一炫。① 分小组展示本组调查报告。小组活动成果展示,由小组组员轮流上台将成果投影出来,从实践目的和意义、实践时间和地点、实践过程、实践结果及分析几个方面进行展示。② 要求:小组内部分工明确,展示内容翔实,图文并茂,语言简洁,声音洪亮。记录本小组展示过程的优缺点。

(3)评一评。① 认真倾听同学展示,记录各组的优缺点,小组内部整理组员的评价,以书面形式向展示小组提出修改建议,并对展示小组给予评价。② 以小组为单位,分享本次调查活动的体会。总结作为中学生,我们可以为深圳市海岸线环境保护做些什么。将我们能够做的整理成清单,并在日常生活和学习中付诸行动。③ 根据提出的相关修改意见,各小组进一步修改本组的调查报告,优秀作品在学校科技节或相关活动周进行全校展示。

(4) 写一写。综合作业成果,各组从政府、海洋环保部门、海洋环保公益组织、公众选择一项,写一份保护海洋环境的建议书或保护海洋倡议书,并通过适合渠道将建议书或倡议书送达相关对象。

(5) 做一做(选做)。① 以小组为单位,整理净滩过程中收集到的贝壳或者海沙,并讨论可以用贝壳及海沙制作什么类型的创意作品。请将小组讨论的创意作品简单画出来,并讨论需要用到哪些材料和工具并将其列在创意作品简图旁边。以小组为单位,领取所需材料,制作属于本小组的海洋主题创意作品。② 展示本组作品并进行设计理念等方面的说明。③ 各小组投票,选出优秀作品,在学校科技节或相关活动周进行全校展示。

四 课程实施

本课程实施共安排 20 课时,其中前置任务 4 课时,任务一 4 课时,任务二 4 课时,任务三 4 课时,任务四 4 课时。教师需要在实践活动前与各校外实践活动基地联系,准备的教学资源包括校本教材《深圳中学生海洋实践活动指南》及各任务具体实施方案。学生需要准备的学习资源包括校本教材《深圳中学生海洋实践活动指南》。课程实施将按前置任务、任务一到任务四的顺序进行,具体实施如下。

前置任务,引导学生关注考察类作业的安全事项,并以此指导学生后续的活动。同时,通过查阅资料等任务,引导学生关注到核心问题:海岸线环境问题及相关应对措施,帮助学生建立本次跨学科主题学习作业需要的相关知识储备。

任务一模块培养学生的区域认知、人地协调观以及生命学科的科学探究素养。注重地理与生物学的跨学科作业的设计要以各学科核心素养为导向,以课标要求为依据。进行深圳市海岸线考察,需要教师提前做好各个考察点的考察作业设计与学科核心素养之间的联系,设计符合学生发展需要的作业。内容要求需详细、具体,指向性明确,重视对学生思维的引导。

任务二模块培养数学学科的数据观念、地理学科的区域认知等学科核心素养。地理学科教师与数学学科教师共同合作，可利用校本课程时间进行相关作业的布置与实施。指导学生利用网络平台查找资料的方法。学生设计的方案大多数需要改进，可通过在学校进行相关的校园垃圾调查活动，让学生发现问题，改进方案，在后续的核心任务海岸线清洁行动中，学生才会围绕中心任务进行活动。

任务三模块培养数学学科的数据观念、生物学科科学探究、地理学科的区域认知等学科核心素养。进行户外实践活动，安全保障、物资准备等工作需落实到位。各小组安排专人负责，教师需全程关注学生安全。围绕实践育人、跨学科育人目标，除了海岸线清洁行动这样的实践作业，还需设计基于该实践活动而产生的如撰写调查报告等长周期作业。实践作业是学生核心素养培养的重要环节和载体，学生在跨学科学习作业中运用知识解决实际问题，并开展实践活动解决生活中的问题。

任务四模块培养地理学科的人地协调观、生物学科的科学探究等学科核心素养。本任务主要是引导学生将作业成果通过调查报告、建议、倡议书、创意作品等形式呈现出来，需要重视此项作业成果展示、交流、评价环节。设计一定比例的选做作业，注重作业的弹性化设计，允许一定程度的自主选择，突出能力性作业。

五　课程评价

（一）形成性评价

1. 数据观念、科学探究、区域认知素养评价等级描述（10分）

等级A（8—10分）：能够说出深圳市海岸线的类型，海岸线垃圾与陆地垃圾异同，能够准确指出总体、个体、样本，体会不同的抽样可能得到不同的结果。

等级B（5—7分）：能够说出深圳市海岸线的类型，知道海岸线垃圾与陆地垃圾有差异，能够知道不同的抽样可能得到不同的结果。

等级C（1—4分）：不能说出深圳市海岸线的类型，不知道海岸线垃圾与陆地垃圾有差异，不知道不同的抽样可能得到不同的结果。

2. 数据观念、科学探究、人地协调观素养评价等级描述（10分）

等级A（8—10分）：能够通过抽样收集海洋垃圾的数据，根据净滩抽样的需要选用合适的测量工具确定取样范围,提出海洋固体废物污染的治理措施,有合理利用资源保护环境的意识,能够在个人力所能及范围内对社会的可持续发展有所作为。

等级 B(5—7 分):能够通过抽样收集海洋垃圾的部分数据,根据净滩抽样的需要选用合适的测量工具确定合理的取样范围,提出海洋固体废物污染的治理措施但可行性不大,有合理利用资源保护环境的意识,但没有表现在行动上。

等级 C(1—4 分):不会通过抽样收集海洋垃圾的数据,不能根据净滩抽样的需要选用合适的测量工具确定合理的取样范围,不能提出海洋固体废物污染的治理措施,无合理利用资源保护环境的意识,没有表现在行动上。

3. 调查报告的文本撰写评价等级描述(15 分)

等级 A(11—15 分):关键问题明确,且能够开展探究,报告文本格式正确,文字简洁,表达精准,探究方法合理,佐证材料丰富,实验数据精准,论证过程思路清晰,论证结果可靠具有创新性,合理引用文献。

等级 B(6—10 分):关键问题基本明确,且能够开展探究,报告文本大部分格式正确,文字简洁,表达比较规范,探究方法合理,有佐证材料但不丰富,有实验数据论证过程有思路,论证结果基本可靠,会引用文献。

等级 C(1—5 分):关键问题不明确,报告文本大部分格式不正确,语言不规范,探究方法不合理,无佐证材料,无实验数据,论证过程无逻辑无思路,论证结果不合理,不会引用文献。

4. 作品评价等级描述(15 分)

等级 A(11—15 分):作品美观,内容积极向上,有正面导向,关注海洋生态环境或展示海洋科技进步,体现人与海洋协调发展理念,具有创新性。

等级 B(6—10 分):作品完整有主题,与海洋生态环境有联系,具有一定创新性。

等级 C(1—5 分):作品不完整,无主题,与海洋环境无联系,无创新。

5. 交流汇报评价等级描述(10 分)

等级 A(8—10 分):小组有明确分工,自信大方,声音洪亮,展示方式合理,充分体现研究过程,答辩思路清晰,能够接受合理建议。

等级 B(5—7 分):小组有分工,能够完整展示调查过程,答辩过程能回答问题。

等级 C(1—4 分):小组无分工,不能完整展示调查过程,答辩不会回答问题。

（二）过程性评价

1. 劳动意识评价等级描述（20分）

等级 A（14—20分）：劳动积极，动手操作能力强，掌握一定的劳动技能，具有改进和创新劳动方式、提高劳动效率的意识。

等级 B（7—13分）：能够参与劳动，但不主动，动手操作能力一般，没有改进和创新劳动方式、提高劳动效率的意识。

等级 C（1—6分）：不愿参与劳动，动手操作能力差，没有改进和创新劳动方式、提高劳动效率的意识。

2. 问题解决评价等级描述（20分）

等级 A（14—20分）：善于发现和提出问题，有解决问题的兴趣和热情，能够依据特定情境和具体条件，选择制订合理的解决方案，具有在复杂环境中行动的能力。

等级 B（7—13分）：能够提出问题，但没有解决问题的意识，能够依据特定情境和具体条件，制订方案，但方案不合理，不具有可行性，在复杂环境中行动能力一般。

等级 C（1—6分）：不善于发现和提出问题，无解决问题的兴趣和热情，不能制订合理的解决方案，无在复杂环境中行动的能力。

总成绩＝自评×30％＋小组评×30％＋教师评×40％。该成绩计入学生所修校本课程成绩。

依据课程目标及上述评价标准，每一个任务均须设计评价表格，评价表格附在作业后，可让学生通过阅读评价表，清晰知道每一项作业做到什么程度，具有明确的指向性，帮助学生进行目标明确的学习，体现"教-学-评"的一致性。

（撰稿人：深圳市坪山区中山中学　程忠娣）

未来智慧:绿色课程与生态文明教育

生态文明,这似乎是一个最能体现人类命运共同体的概念。"五位一体"的科学发展观,把"绿色"作为首要的概念。和平与发展,是当今世界的主流,离开了生态文明,则无从谈起。

一、生态文明是包含时空哲学的理想状态

中国自古以来就有"天人合一"的文明和谐观,天道与人道对应,"人法地,地法天,天法道,道法自然"。其中蕴含着无尽的智慧。一是阐明了人、天地和自然和谐相处的关系。二是人通过天地自然学习道,掌握生存和发展能力,把握生命规律。三是体现了人类对自然万物的平等价值和大爱。庄子的"天地与我并生,万物与我同一",与万物同在、视众生平等,伦理道德的主体不应再局限于人类主体,而应将非人类存在也涵摄为"共同存在"(co-being, mitsein)。四是变化的生态是文明的生态,《易经》细分阴阳六十四卦,以此破解自然更替和人生社会命运的密码,在生态和谐的基础上增加了一个"变"的元素,也就是说,生态的和谐不是静止的,只有生生不息时刻变化着的生态,才是富有生机的永恒的生态。

同样西方哲学思想也对生态文明有着深刻的认识,首先是马克思主义唯物辩证法关于对立与统一、发展与变化的观点,在矛盾和运动中达到平衡,在斗争和冲突中求得发展。其次,西方哲学提出了以主体生态觉知(ecological awareness)、生态意识(ecological)、生态观点(ecological view)、生态观照(ecological mindfulness)为目的,"哲学"(philosophy)一词的来源即"生态智慧"(ecosophy)与"生态爱"(ecophilia)的核心概念。

二、生态课程是一种关乎未来的课程

教育是国之大计、党之大计,把生态文明教育融入育人全过程,是教育服务中华民族伟大复兴的重要使命。教育部原部长陈宝生在两会上回应政协教育界别委员建议时提到,在课程设置、社会实践、校园活动等环节,加强了生态文明教育内容的融入。在现有的国民教育体系中,生态文明教育虽然也是重要内容,但从新时代加强生态文明建设的战略高度出发,生态文明教育无论在内容还是形式上都需要不断创新,这样才能更好地适应以生态优先、绿色发展为导向的高质量发展的未来。

"批判生态教育学"阵营最重要的代表人物是巴西保罗·弗莱雷研究中心会长莫西尔·加多蒂(Moacir Gadotti),主张以弗莱雷批判教育学为基础,推动"永续教育"与"永续发展教育",建构"全球公民资质"(planetary citizenship),将全世界建构为具有生态文明的全球公民社会。加多蒂称此教育观点为生态教育学,也称"地球教育学"(pedagogy of the Earth)。[①]

从教育到课程,生态文明建设是其不可或缺的基础,是构建未来社会和人类理想的蓝图和根本保障,学校通过课程建设,唤醒教育者对非人类世界的观照,也提醒教育者重新反思人类自身在生态世界而不仅止于在人类社会中的存在价值与意义、道德责任与义务,培养具有"生态智慧""生态爱""生态正义"的未来地球公民,培育适应未来发展、具备高素质的文明社会人才。历史的重任、使命的召唤,教育工作者责无旁贷。

三、阴阳五行说与生态课程建设

《黄帝内经》的有机论世界观或生态整体观是建立在"气"一元论、阴阳五行说、天人相应等中国古代哲学理论基础之上的。古人认为,"气"乃天地万物之本源,包括人在内的世界万物都由气化生而来,由此奠定了天人相通、万物一体的本体论依据。而气又生成阴气和阳气,阴阳交感,相磨相荡,产生出木、火、土、金、水的五行结构,五行

---

① 洪如玉.生态教育学:回顾与前瞻[J].华东师范大学学报(教育科学版),2023(12):26-33.

之气顺次变化,春、夏、秋、冬四时依次运行,阴阳相推和四时更迭推动万物生、长、化、收、藏。所以说,整个世界就是以气为内在本质,以阴阳五行为外部形态的动态的统一系统。

绿色生态课程系列,是学校未来课程的一部分。绿色,既是课程的内容,包括生物、地理、劳动等学科知识,也指学校生态环境,包括树种花木、园林植物、绿化美化净化等,还寓意生态文明意识教育和精神培育,包含环保、健康和生命理念;生态,即万物生长,生生不息,文明和谐。我校以易学为依据,构建出五行绿色生态课程,主要包括劳动教育课程(金)、自然森林课程(木)、蓝色海洋课程(水)、中医药课程(火)、绿园课程(土)。

劳动教育课程,作为国家必修的教育课程,属于"金"的五行范畴。学校建设有专门的劳动教育基地、劳动教室,配备专职劳动教师和劳动教材,采购了大批的劳动工具。分年级劳动教学内容,包括金工、木工、电工、泥工、缝纫等日常生活中的基本劳动技术技能。学生通过掌握锄、锹、耙、犁、刀、锤、锯、斧等工具的使用,学习农耕园艺、家具翻新,通过电路知识学习水电接驳网络维护,金铁在手,汗流浃背,真正的体力劳动体验觉醒了生活生存的思想意识,实现了以劳育德,以劳启智,以劳健体,以劳审美。

自然森林课程,是我校作为区自然森林试点学校的校本课程,该课程以校长为组长(区自然森林校长),组织师生开发、承担课程教学任务,属于"木"的五行范畴。一是建设楼顶3 000平方米的生态绿园、《诗经》植物廊,种植80余种植物;二是组建一个园丁分队,43个护苗分队,将全校160余种树木,全部挂牌包干养护,从种苗、翻土、浇灌,到除草、施肥、除害虫;三是组织开展周边社会实践,走遍马峦山、红树林,拍照片,做笔记,采样本,做叶脉书签、植物版画,学习森林保护、防火知识和节能环保知识;每年的植树节,都要组织参加坪山植树活动,用实际行动培育自然胸襟、环保之心和树人育德理念。

蓝色海洋课程,是我校坚持10年的校本课程,属于"水"的五行范畴。深圳市是典型的海洋城市,具有全国最长的海岸线。我校开设的海洋课程,通过蓝色课堂学习海洋知识,通过净滩活动开展海洋环保,通过增殖放流,了解海洋生物;同时在校园设置珊瑚保育站,学生每天观测、养护珊瑚,编制出版《深圳中学生海洋实践活动指南》,指导学生开展海洋实践活动和做小课题。海洋课程的实施先后结晶了近百项成果,如广东省海洋意识教育基地、深圳市首届科普活动月一等奖、深圳市科技创新大赛一等奖等。

中医药课程,是我校普及中医药文化进校园的精品课程,属于"火"的五行范畴。学校建设有中草药园、中医趣味馆、药膳坊、中医义诊台等场地,通过教学让学生体验和学习中医基础理论《黄帝内经》《本草纲目》,辨识中草药,了解阴阳五行、八纲辨证、人体经络,体验拔火罐、针灸艾灸手法,每逢清明、端午、中秋、冬至,亲手做艾粑、青团、粽子,在药膳坊里煲药膳汤、煮凉茶,品味"药食同源、四气为性、五谷为养、五菜为充"的养生道理,培育学生体会仁心仁术、救死扶伤的医道情怀。

绿园课程,是我校依托楼顶生态园基地建设开发的融合课程,属于"土"的五行范畴。学校生态绿园包括一堂五园:生态学堂、百草园(中草药)、百花园、百蔬园、多肉植物园、《诗经》植物园。科组和社团指导教师带领学生生产劳动,学习生物、地理等学科知识,翻土耕作,播种栽苗,依托土层的持续优化,分季节气候,分类种植和养护,真正落实了"做中学"。同时建设苗苗屋,引入人工智能技术,远距离观测湿度、温度和植物生长情况,开展学科探究活动,学生通过实践获得深圳市小课题立项10余个,学校生物科组获得广东省优秀科组。

五行课程的构建和实施,深悟中华优秀传统文化精髓,将传统文化与现代生态文明相结合,因地制宜,因时制宜,因材施教,将文明的种子带进未来的土地播撒、生根、发芽。劳动教育代表了未来的生产能力必需,自然森林是生活环境的必需,蓝色海洋是人类探索的必需,中医药是生命保存的必需,绿园课程是万物生长(土能生万物)的必需,金、木、水、火、土五行生态教育,分别包含着生产、生存、生动、生命、生长的元素,共同构建、昭示着人类未来世界生生不息的生态图景。

(撰稿人:深圳市坪山区中山中学　梅越平)

第四章
未来课程的内容：符号性与经验性

未来课程的符号性与经验性在教育领域中扮演着重要的角色。符号性课程的设计不仅关注知识的传授，更强调课程所传达的文化、社会和道德层面的信息，以及对学生思维方式和行为的潜在影响。通过设计符号性课程，可以帮助学生建立更广阔的视野，更深刻地理解社会现象和问题，并积极参与解决挑战，成为未来社会的积极建设者和改变者。另外，未来课程的经验性对学生的学习效果也至关重要。经验性强调未来课程的实践和实际应用，通过实践活动和案例研究来帮助学生将所学的知识与实际生活中的问题联系起来。这种经验性的学习方式可以增强学生的理解能力和应用能力，使他们更好地将所学的知识应用于实际情境中。

教育是社会发展的关键因素之一,而课程作为教育的核心组成部分,对学生的成长和发展起着至关重要的作用。课程的符号性与经验性成为当代教育领域的热门话题,学者对于如何设计和实施符合学生需要的课程以及如何提供丰富的经验性学习机会进行了广泛的探讨。本文将从课程的符号性与经验性两个方面进行讨论,旨在探索培养学生综合能力的有效途径。

未来课程具有符号性。付晶在《"形势与政策"课如何借"事"明"理"——"符号—叙事"课程模式的建构》一文中表示:"符号是一种承载关联性的可视化载体,在日常生活中符号代指一种关联性,我们通过对符号的解读可以理解其所代表的内涵,而符号的有效性直接取决于受众是否能够对其进行有效的解读。"[1]黄忠敬在《我们应当确立什么样的课程知识观?》中表示:"把课程知识作为制度化知识,作为文化资本,作为法定文化等等。制度化的教育必然要求一种制度化知识与之相适应,课程作为一种象征符号性资源和文化资本,成为人们增强支配性地位和获得权威的途径。"[2]

我们认为,未来课程的符号性在教育领域中扮演着重要角色,它超越了传统教学的范畴,更注重课程所代表的更深层次的意义和象征性。符号性课程的设计不仅关注知识的传授,更强调课程所传达的文化、社会和道德层面的信息,以及对学生思维方式和行为的潜在影响。通过设计符号性课程,可以帮助学生建立更广阔的视野,更深刻地理解社会现象和问题,并积极参与解决挑战,成为未来社会的积极建设者和改变者。因此,符号性课程不仅是一种教学手段,更是一种社会责任和使命的体现。它将为未来教育的发展指明方向,促进学生全面发展,为社会的进步和发展作出贡献。

未来课程具有经验性。王庆在《打磨经验性课程 演绎"综合"与"实践"的精彩》中指出:"学生获得的数学基本活动经验要能在实际应用中不断接受挑战,学会根据不同情况合理选择,才是实用的、稳定的、全面的,教师要通过有效的教学活动增强学生的策略意识,培养他们的判断经验、推理经验等。"[3]

---

[1] 付晶."形势与政策"课如何借"事"明"理"——"符号—叙事"课程模式的建构[J].现代教育科学,2023(5):143-148.
[2] 黄忠敬.我们应当确立什么样的课程知识观?[J].南京师大学报(社会科学版),2002(6):66-72.
[3] 王庆.打磨经验性课程 演绎"综合"与"实践"的精彩[J].吉林教育,2017(46):84.

我们认为,课程的经验性是通过实践和亲身经历来获取知识和技能的学习方式。经验性的课程具有参与性、情景性、反思性的特点。让学生通过亲身参与和实践,主动探索和构建知识,培养批判性思维和解决问题的能力。提供真实的学习场景和情境,使学生能够将知识应用到实际生活中,增强学习的实用性。通过反思和总结,帮助学生认识到自己的学习成果和不足之处,促进学习的持续改进。

我校的STEAM课程、小发明思维课程、珊瑚保育课程很好地体现了未来课程的符号性与经验性。STEAM课程通过跨学科的课程设计,将不同学科的知识和技能有机地结合起来,提供综合性的学习体验。小发明思维课程通过项目学习的方式,让学生在实际问题中进行合作和解决,培养解决问题的能力和团队合作精神。珊瑚保育课程组织学生参与实践活动,比如实地考察、实验研究和社会实践等,让学生亲身体验和探索知识。所有课程的设计能够因材施教,与学生需求和背景相匹配,通过学生自我的体验获得经验,达到学习的效果。

总之,课程的符号性与经验性是培养学生综合能力的有效途径。符号性的课程能够满足学生的学习需求和发展目标,经验性的学习能够培养学生的实践能力和解决问题的能力。为了实现课程的符号性与经验性,教育者应关注学生的个性化需求,充分利用各种教学资源和技术手段,创造丰富多样的学习机会和情境,提高学生的学习积极性和创造力。只有通过不断改进和创新课程设计和教学方法,才能更好地培养学生的综合能力,为他们的未来发展奠定坚实的基础。

(撰稿人:深圳市坪山区中山中学　易珊)

课程场景一　走向课程的学科融合

一　课程背景

根据《深圳市中小学科技创新教育三年行动计划(2015—2017 年)》文件精神,为提升坪山中小学生创新素养,加快培养创新型人才,深圳坪山教育部门遴选出四所公立中小学,与以色列的集思堂教育机构签订了 STEAM 教育项目,在公办中小学试点开展 STEAM 教育。坪山区教育局领导为我校 STEAM 教学搭建平台,并提供多方面的支持,我校作为坪山区 STEAM 项目最早落地的学校之一,积极参与课程的开发、实践与研究,大力推动 STEAM 课程的开展。

STEAM 是科学(Science)、技术(Technology)、工程(Engineering)、艺术(Art)、数学(Mathematics)英文首字母的缩写,集科学、技术、工程、艺术、数学于一体的综合教育,起源于美国,旨在培养一批未来的工程师人才。而我国为了提高学生的实践能力、创新能力,培养能够自主解决实际问题的复合型人才,从而引入 STEAM 教育。STEAM 教育遵循科学探究的流程或工程实践的流程,是一个项目化的课程设置,带着学生去探究或实践,在这个过程中让学生自己建构知识和技能。

二　课程目标

结合中学生各学科课程标准,紧贴初中教材,与现行学科教材同步推进。探寻融合课程体系的打造。以培养学生跨学科运用知识、解决问题的能力,学生的阅读写作能力为目标,设计形成 STEAM 融合教学课程,并用于实际教学当中,在此过程中不断完善课程,在帮助学生巩固各学科知识的基础上,进一步深化知识在不同场景中的运用,从而为把学生培养成创新性复合型人才打下基础。

主要从以下三方面进行开发建设。

(1) 课程融合模式的研究。探究课程融合的方式,包括纵向的融合和横向的融合。纵向的融合是学科内的融合,根据各学科单元知识为轴,设置单元探究任务,通过 STEAM 思维训练和技术培养,展开问题解决式的实践活动;横向的融合是学科间的融合,开设综合性融合课程,设置主题性项目,探究学科间的有机融合方式。

(2) 课程结构形态的研究。研究国内外 STEAM 课程形式,分析课程设计目标、课程框架、教学内容、教学模式、课堂文化和评价模式等方面,设计出我校 STEAM 融合课程实施计划方案,从而指导实际工作的开展。

(3) 课程教学模式的研究。探究课程教学构建模式,探究课程课堂教学的环节、活动方式、评价方式,符合学生的学习习惯,顺应学生的学习需求。

三　课程内容

(一) 普适常规课程

从外方引进的课程为 STEAM 常规课程,采用两年学制,即一个年级的学生从七年级学到八年级,每周一节课(40 分钟),采用小班授课模式,充分保证每个学生都有充足的辅导。授课模式为"1+2",即一名外文教师进行授课,一位中文教负责翻译,另一位教师进行课堂协助,记录学生表现。

目前这个阶段的学生已能理解一般的抽象概念,掌握一定的定理,并进行运用假设的逻辑推导,能够对许多现象进行概括和抽象。但是初中学生的逻辑思维在很大程度上还属于经验型,其逻辑思维还有赖于感性经验和具体形象的直接支持。针对于不同阶段学生的学情和能力,形成三阶段课程体系:思维基础课程、实践发展课程、创造提升课程。课程实现多学科融合,在培养学生思维的同时,教授学生使用现代化仪器。培养学生在这个过程中能像工程师一样思考问题,得出解决方案。

(二) 双语融合课程

考虑到国外与国内的学情差异,我校自主开发 STEAM 双语融合课程,培养一批各方面发展优异的学生。教授对象为八年级英语水平较好的学生,对科学学习具有一定的兴趣,有 STEAM 课程学习基础,试点教学约 30 人。

双语融合课程是基于 STEAM 课程理念、项目式学习方法,结合中学生理科学科课程标准,探寻跨学科课程融合的形式,以培养学生跨学科运用知识、解决问题、在实际场景中应用英语的能力为目标,设计形成嵌入式双语融合教学课程,用于实际教学当中,并在此过程中不断完善课程。这批学生通过教师的综合性训练,使得不论是从英语能力、知识掌握能力、问题解决能力等方面都能够得到质的提升,成为综合性人才。

(三) 项目式融合课程

为了更好地让 STEAM 教育在我国初中阶段落地,结合我国实际教学情况,对比课程标准,紧贴初中阶段实际学习内容,打造专属于初中学生的 STEAM 融合课程。通过解决课程项目中的问题,学生运用现阶段所学知识内容,活学活用。融合课程涉及五大板块,为 STEAM 融合课程、国学融合课程、绿园课程、蓝色海洋课程、艺术融合课程。每个板块精心考量设计,充分利用学校资源,创设情境教学,给学生沉浸式学习体验。每个项目采取 5E 系统学习法,让学生学会学习。

(四) STEAM 社团课程

乐高机器人社团是开发编程思维、接触人工智能的 STEAM 特色社团。学生通过测量、计算,拟定机器人的整套动作并编写程序,从而控制机器人的前进距离或速度,也能够让它做特定的动作。在编程、测试、优化编程、再测试的过程中,学生能够更好地体验工业流程。

四 课程实施

我校的 STEAM 教育不只是以一门常规课程的形式存在,而是以课程体系的形式形成整体,既包含对全体学生的普及课,能够让每一个学生都有机会接触到 STEAM 课程,提升学生的 STEAM 素养,培养学生的综合能力;也有针对综合能力较强的学生开发的双语融合课程,双语融合课程在普适课的基础上增大了难度,对学生的综合能力要求较高,需要学生具有良好的英语水平、一定的科学素养和动手能力。另外,也有针对学生兴趣开设的社团课程,这类课程偏向于编程方面,随着人工智能的发展,更需要相关的人才创造出智能产品满足人们的生活需要。

结合学校资源和特色,形成两融合(多学科项目式融合、单元探究式融合)、三课型(普及课、双语课、社团课)、五步法(思维训练、技能训练、创造训练、社会实践、写作评价反思)课程体系,满足每一个学生的需求。基于以上设计理念,我们所打造的STEAM课程体系如图1所示。

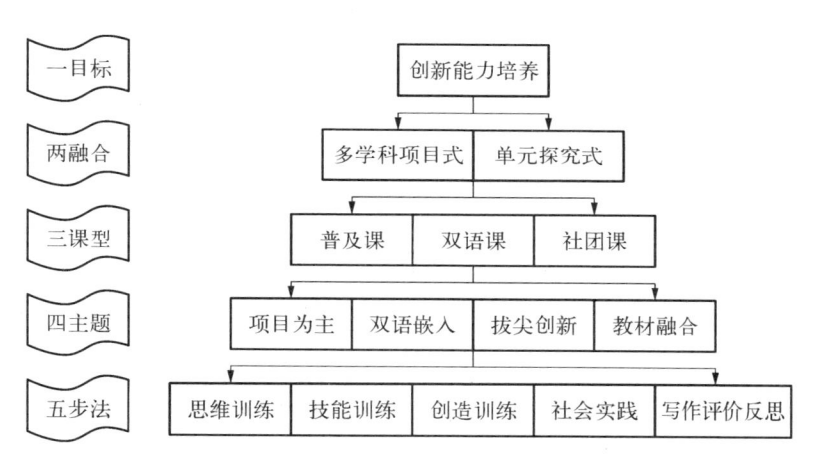

图 1 中山中学 STEAM 课程体系

STEAM融合课程在最开始为引入课程,在以色列教师的指导下进行课程开发,偏向于工程设计,充分发挥学生的动手能力和解决任务的能力,奠定了我校融合课程开发的基础。由于我校地处深圳,利用临海这一得天独厚的条件,设计开发蓝色海洋课程,主要通过净滩、增殖放流等海洋环保、蓝色课堂教学、珊瑚保育探究等综合实践项目,全面提升学生的海洋意识。科幻融合课程主要通过科幻作品阅读、科幻画、科幻作品制作等,提升学生的想象力和科学素养,让学生在脚踏实地的同时也能发挥天马行空的想象力,打造更具创造力的校园。国学融合课程主要通过《论语》《诗经》等典籍的学习,历史、人文、科技、生态、革命传统等作品的分类阅读,提高学生自主阅读能力和传统文化的学习传承。情境教学,让学生对传统文化更加感兴趣,做到主动学习,也能够达到弘扬传统文化的目的。绿园课程,主要依托学校楼顶"四园一廊"(百花园、百草园、百蔬园、多肉园、《诗经》植物廊),开展知识学习、植物养护种植实践、小课题探究和社团活动等。此类课程运用了横向融合模式,因此,这一类课程为跨学科项目式融合课程。通过解决课程项目中的问题,学生运用现阶段所学知识内容,活学活用。融合课程涉及五大板块,为 STEAM 融合课程、国学融合课程、绿园课程、蓝色海洋课程、艺术融合课程。每个板块精心考量设计,充分利用学校资源,创设情境教学,给学生沉浸式学习体验。每个项目采取 5E 系统学习法,让学生学会学习。

对于一般课堂,同样引入了融合思想,所有学科按照一单元一探究的步调,形成了九大探究课程。学生在每个单元都有一个与学科内容相匹配的探究活动,让学生活学活用,从学习知识转变为运用知识。依据各学科的课程标准,结合教材内容,组织各学科教师列出初中阶段所有单元探究主题,然后以科组为单位集体研讨设计适合教材各单元学习和学生核心素养发展的单元探究项目名称、开展的时间、项目要求及展示形式等。

五　课程评价

教学评价是教学环境中重要的一环,能够有效地评定教学环节的有效性、学生对知识掌握的程度,从而更好地指导课程的设计与改进。在评价环节不仅是要对学生进行评价,还需要对课程设计本身、教师等方面进行全方位的评价。

对于我们这门课程来说,对于学生的评价不局限于试卷、做题的方式,评价方式应多样化,注重过程性评价。考核方式多样,在学期结束,教师可以给出相似的场景,让学生拟定解决方案,从而检测学生对知识的掌握情况。除此之外,还可以结合问卷调查的云数据等智能化学习分析技术,获得更加全面的监测信息。

在整个项目完成以后,还需要对项目进行评价,是否达到预期目标。主要从以下四点进行评价。

(1) 背景评价是确定课程计划实施机构背景,检测课程目标是否满足了评价对象的需求。例如有多少学生对融合课程感兴趣、在所有中学教育中科学教育所占的课程比例、从事 STEAM 教师数量有多少、政府部门为学校提供的硬件设施的具体情况等。

(2) 输入评价是决策者通过找到最佳的解决方式或手段从而达到一定的目标,而在这个过程中对可选择的方式手段进行的评估。

（3）过程评价是在实际实施过程中，设计者所遇到的实际问题，通过对这些问题的推敲，让设计者能够进一步修改优化课程。

（4）成果评价，即测量课程的成绩，测试是否达成预期目标。

（撰稿人：深圳市坪山区中山中学　易珊、梅越平）

课程场景二　让学生成为研究者

一　课程背景

珊瑚礁是大量海洋生物的栖息地,被誉为海洋中的热带雨林,是维系海洋生态系统的基石。珊瑚礁生态系统是海洋中最重要的生态系统之一。同时珊瑚礁是天然的防波堤,大大降低了海浪到达海岸的高度,保护海岸线。近些年来,由于海洋酸化、海水变暖、台风和水体沉积物增多等原因,深圳市的珊瑚礁正受到严重的破坏,深圳市海岸保护的严峻形势日益突出,人们尝试使用建造堤坝,投放人工礁体等各种方法保护海岸。但人工礁体易被海水侵蚀,需要定期维护,耗费大量人力、物力且成本较高。

基础教育需要培养能够在真实生活中适应快速发展的人才。然而,面对人类发展的资源短缺、环境恶化等重大问题,无法只依靠单一学科知识解决问题,需要多学科融合的指向问题解决学生小课题研究。深圳市拥有广阔的海域,在全球海洋中心城市定位的大背景下,学校是广东省海洋意识教育基地,也是中国珊瑚保护联盟成员单位。学校的海洋文化氛围非常浓厚,如何保护珊瑚修复珊瑚礁是师生非常关心的问题。在组织校外实践活动过程中,教师发现校外实践活动次数有限,学生探究、收集记录数据的时间有限,在如此有限的时间内深入探究某一问题是不实际的,如果学生活动停留在浅层,就难以实现培养学生深度学习提升学生核心素养等目标。2019年9月,海洋社依托中国科学院南海海洋研究所研究生讲师等科研力量,建立校园珊瑚保育站,学生可长期、频繁观测珊瑚,监测珊瑚水质,探究如何促进珊瑚生长等课题,促进学生跨学科学习、深度学习,从而有效提升学生综合思维。学校建立了校园珊瑚保育站,为师生围绕珊瑚进行长期小课题研究,构建学生小课题探究模式提供了便利。

二 课程目标

本课程以深圳市海域为立足点,聚焦海洋科技创新,结合我校独具特色的校园珊瑚保育站,开展海洋环境实地调查和实践体验活动。

以研究性和体验式的小课题研究方式为主,撰写调查报告或研究论文,培养学生海洋创新意识,转变学生的学习方式,培养综合思维和人地协调观。

三 课程内容

"珊瑚保育"内容标准:通过图文资料,了解珊瑚的生长环境,分辨珊瑚礁、珊瑚虫,知道珊瑚的分类方法。

通过图文资料,了解珊瑚在海洋生态系统中的重要地位,知道珊瑚所面临的问题及目前的救治措施。

通过参观珊瑚保育中心或校园珊瑚保育站,知道珊瑚是如何繁殖与保育的。

建设校园珊瑚保育站,设计实验探究影响珊瑚生长的因素等项目。

四 课程实施

本课程主要围绕珊瑚保育相关问题开展小课题研究。总课时为32课时,每周三下午观察记录珊瑚保育站水质状况及珊瑚生长状况,也可利用室内课程时间完成此项活动。

1. 确定调查目的

通过室内课程,学生初步了解了珊瑚在整个海洋生态系统中的地位、珊瑚保育的内涵,以及意义、保育方法、珊瑚现状等问题。调查小组根据本组组员兴趣确定调查目标,并在教师指导下细化调查任务。

2. 开展实践活动

(1) 收集资料

通过查找网络和文献资料,了解深圳市大鹏珊瑚保育中心的信息。

(2) 实地调查

围绕调查目的进行实地调查,调查内容包括大鹏珊瑚保育中心的概况,珊瑚保育设备、技术、人员、维护与运营情况。

珊瑚调查小组自行设计、发放、回收问卷,分析数据,了解市民对珊瑚保育的认知情况。根据实地调查和问卷调查得到的相关结论,了解珊瑚保育现状,并针对发现的珊瑚礁遭受破坏等问题提出建议,形成调查报告,并制作课件,在全校范围内汇报交流,形成最终报告提交给相关部门。

3. 活动成果

完成珊瑚保育基地的调查报告,并为当地珊瑚保育提出建议。

学会珊瑚保育的方法并参与保育珊瑚,记录珊瑚生长状态。

4. 活动评价

能够说出珊瑚在海洋生态系统中的重要地位,能够列举珊瑚生存面临的问题及目前的救治措施。

根据所掌握的珊瑚保育相关知识,设计影响珊瑚生长因素的实验方案并撰写实验报告。

以深圳市珊瑚保育基地现状调查为例,展示"珊瑚保育"校本课程实施过程中学生进行小课题研究模式。在学生小课题研究中,教师是参与者和引导者,学生是实施小课题研究的主体,在此过程中,学生发展"地理实践力""区域认知""综合思维""人地协调观"等维度的核心素养。

五 课程评价

本课程评价方式为终结性评价与过程性评价相结合。

终结性评价方式为每学年校本课程结束,开展一次研究性学习成果分享会,学生以小组为单位展示本学年的小课题研究报告并进行答辩。根据报告的规范性、对关键问题的探究、研究方法是否适切、实验过程是否详细、结论是否合理等方面进行评价,具体评价量表如表1所示。

表1　研究报告展示交流评价表

		自我评价	小组互评	教师评价
研究报告	关键问题明确,且能开展探究			
	报告文本格式正确,文字简洁,表达精准			
	探究方法合理,佐证材料丰富,实验数据精准			
	论证过程思路清晰,论证结果可靠,合理引用文献			
	结论合理,具有创新性			
展示交流	展示过程中小组内部有明确分工			
	展示过程自信大方,声音洪亮			
	展示方式合理,充分体现研究过程			
	答辩思路清晰,能接受合理建议			

过程性评价主要评价学生在海洋实践活动过程中的表现,分为自我评价、小组互评和教师评价,以自我评价、小组成员互评为主,教师评价以鼓励性评价引导性评价为主。

结合终结性评价和过程性评价,给予各小组"优秀""良好""合格""不合格"四个等级,同时推荐获"优秀"的实践报告参加区级、市级中小学生科技创新大赛。

六　参考案例

珊瑚生态模拟缸的制作

（一）背景分析

依托我校是中国珊瑚保护联盟成员单位的平台,充分发挥专业优势,设计室内珊瑚保育探究项目。通过珊瑚生态模拟缸的制作项目,让学生动手设计珊瑚生态模拟缸，了解生物生存所需要的环境条件，了解净化水的常用方法，知道水质的营养盐、酸碱度的检测方法。

（二）项目任务

设计制作一个珊瑚生态模拟缸，满足实验条件下养殖珊瑚的需求。

（三）课前准备

亚克力板生态缸（空）、阳光模拟灯、电线、海盐、盐度计、pH试纸、氨氮测试盒子、过滤棉和微型水泵。

1. 原理探究

你是否也想自己制作一个珊瑚生态模拟缸？引发学生兴趣后，提出问题：

（1）珊瑚生活在海水中，海水的pH值、盐度是多少？盐度如何计算？

（2）海水是流动的，本身有较强的净化能力。如何确保配制好的人工海水也具有流动性和良好的水质？有哪些净化水的方法？有哪些检测水质的方法？

（3）珊瑚在海里的生存环境是一个复杂的、完整的生态系统，我们又该如何维持珊瑚生态模拟缸中微型生态系统的平衡？

（4）在海里，太阳光促进藻类进行光合作用，我们制作的珊瑚生态模拟缸需要放在室内，用什么方式模拟太阳光？

教师通过以上问题引发学生思考，学生在探究的过程中调取相关的学科知识之后，为接下来自行设计制作珊瑚生态模拟缸打下基础。

2. 技术探究

（1）如何用海盐配制与海水的盐度一致的人工海水？

（2）参照水族缸的水循环系统，你该如何设计珊瑚生态模拟缸的水循环系统？

（3）根据已有材料，你采用的净化水的方法是什么？如何检测水质是否达标？

（4）阳光模拟灯应该如何安装？

（5）你设计的珊瑚生态模拟缸是什么样子的？请画出设计图。

3. 解释交流

学生在有了自己的设计图后以小组为单位进行展示，分享自己的方案，教师对学生的方案作出分析指导,最终采用大家公认的最优方案。

4. 项目设计

在经过教师对需要解决的关键问题进行讲解后,学生设计具体的方案,形成工程项目书(见表2),让学生根据项目书进行珊瑚生态缸的制作。

表2 珊瑚生态模拟缸工程项目书

项目名称:
进行时间:
小组成员及分工:
所需材料:
珊瑚生态模拟缸总体框架制作方案(画出模式图):
制作方案(怎样配制海水、怎样保持海水流动、检测水质达标):
设计方案(检测海水的盐度,并进行人工配制):
珊瑚生态模拟缸外形设计方案(让生态缸内外景观更加美观):

学生在制作过程中教师用引导的方式给予学生提示,不直接给出答案,从而更好地锻炼学生解决问题的能力。

(四) 展示评价

学生展示交流他们所做的珊瑚生态模拟缸,讲述制作过程和制作心得。

通过项目,学生将课堂所学的相关知识和技能按照自己的理解运用到实践中,深刻体会到维持珊瑚生态模拟缸及现实海洋生态系统平衡的重要性,掌握了净化水的方法和水质监测的方法,并在此过程中提高实践能力,表现出一定的理性思维和勇于探究的科学精神,具有一定的创新能力。

(撰稿人:深圳市坪山区中山中学 程忠娣)

课程场景三　创新思维面向未来

随着社会的快速发展和进步，信息化、知识经济和全球化不断推进，培养能够面向未来，具有创新思维和实践能力的学生成为学校教育的迫切任务。我校"小发明思维"课程通过课程实施和学生实践，旨在开阔学生视野，训练学生观察能力、发散思维，培养创新意识，在学生的成长之路上注入创新的血液。

一　课程背景

思维训练课程作为创新教育的一种重要形式，是随着社会的发展和进步，在信息化、知识经济和全球化不断推进的大背景下产生的，是在国家大力推崇创新教育的背景下应运而生的，该课程符合了国家政策导向需求、社会时代发展需求、教育改革推进需求、课程标准改革需求、学生自身发展需求。教育的职能之一是为国家培养大批面向未来、有创新思维的人才。从国家到地方政府各级政策文件中多次明确提出了要培养学生的创新精神和实践能力，随着国家对创新型人才的不断重视，学校"小发明思维"课程应运而生，该课程是一种基于训练创新思维模式和培养动手能力的课程，它具有以下四个性质。

（1）创新性。课程以创新发明思维和动手能力为核心，注重培养学生的创新意识、创新思维和创新能力。

（2）实践性。课程注重实践操作，要求学生通过动手实践来解决问题和实现创新。

（3）游戏化。课程通常采用游戏化的教学方式，将知识点和游戏相结合，让学生在轻松愉快的氛围中学习。

（4）群体性。课程注重团队合作，鼓励学生之间的合作与分享，通过集体智慧和力量共同完成创新项目。

二 课程目标

"小发明思维"课程以创新思维方法和培养动手能力为主要目标,通过一系列创新性的活动和游戏,引导学生深入观察和发现问题,激发他们的好奇心和求知欲,丰富他们的想象力,培养其解决问题的能力。课程具体培养目标如下。

（1）激发创新意识。通过创新思维游戏等活动,引导学生进行深入思考、发散思维、头脑风暴,培养他们的创新意识和想象力。

（2）培养观察和解决问题的能力。通过引导学生观察身边的事物和现象,培养他们的观察能力和发现问题能力,通过引导学生分析问题、提出解决方案并实施,培养他们的问题解决能力。

（3）培养动手能力。课程中需要学生动手操作,让学生能够将想法转化为现实作品,培养学生的动手实践能力。

（4）鼓励深入实践。鼓励学生深入实践,鼓励提出创造性解决方案,将创新的想法付诸实践,从实践中得到反馈和指导,不断改进和创新,提高他们的探索实践能力。

（5）团队合作与分享。鼓励学生之间的合作与分享,通过集体智慧和力量共同完成创新项目,培养学生的团队合作和沟通能力。

（6）增强学生的科技素养和自我价值。通过学习基本的科学原理和技术应用,了解不同的发明创造和创意案例,拓展他们的知识视野和思维方式,使他们能够理解和应用科技知识解决实际问题,增强科技素养。通过鼓励和肯定学生的创意和成果,培养他们的自信心和自我价值感。

三 课程内容

"小发明思维"课程教学内容上主要包含以下六个模块。

模块一：发明家和世界进步。这个模块主要介绍发明和发明家的故事。通过故事介绍,让学生了解典型发明创造及其历程,认识发明创造的意义和价值、发明家对人类世界的推动作用。

模块二：发明创造基础。这个模块主要让学生了解发明创造的基本概念、基础知识，包括专利知识、创新方法和知识产权保护等，帮助他们建立正确的创新观念和意识。

模块三：创新思维训练。这个模块主要通过具体案例，学习小发明的诸多技巧方法。通过一系列创新思维训练活动，比如头脑风暴、思维导图和逆向思维等，培养学生的创新思维能力，激发他们的创新意识和创造力。

模块四：科学原理应用。这个模块主要让学生了解一些基本的科学原理和技术应用，比如物理、化学、生物等方面的知识，帮助他们更好地理解和应用科学知识，提高他们的科学素养。

模块五：技术制作实践。这个模块主要让学生通过动手实践，将创意转化为实际的作品，提高他们的动手能力和实践能力。在这个模块中，学生可以学习一些基本的制作技能和方法，如材料选择、加工制作和装配调试等。

模块六：团队协作能力培养。这个模块主要通过小组合作，让学生学会团队合作和沟通，培养他们的团队协作能力和领导能力。在这个模块中，学生可以学习如何进行有效的团队合作和沟通，如何协调和管理团队成员之间的关系，如何认识和发挥自己的优势，如何建立自信心和自我价值感。

每个模块都包含了相应的案例分析和实践操作环节，让学生能够更好地理解和掌握所学的知识和技能。

四　课程实施

本课程的实施共安排 20 课时，每周 1 课时。

（1）认识发明创造。介绍身边各种发明创造具体实例，让学生了解什么是发明和创造，认识到发明创造无处不在；介绍发明家和他们的发明故事，了解发明的来源和产生的经过，认识到发明并不神秘。

（2）贴近生活，积累素材。引导学生观察日常生活，去发现生活中和身边的事物中的不足之处，如地铁、高铁进站出站时间问题、城市道路单向拥挤问题、教室黑板反光问题、雨天走路鞋子进水问题,通过发现身边的不完美,发现问题,培养学生的观察能力。进行充分交流,并思考如何用创新的思维和方法解决问题。思维碰撞,奇思妙想。通过小组讨论活动,开展头脑风暴,进行思维发散游戏,激发学生灵感,开展各种创意活动,培养学生创新思维。

(3)掌握方法,提高能力。通过实例,介绍发明创造的一些方法:组合法、增减法,让学生动手实践制作。进行小发明创造活动,将他们的创意转化为实际的作品,增强动手实践能力。学习发明创新的一些常用思维和方法:整合思维、求异思维、类比思维、逆向思维、归纳思维和联想法、增减法、组合法、迁移法等。

(4)学习原理懂得技术。通过学习相关科学技术知识,了解一些基本的科学原理和技术应用,帮助学生更好地理解和应用科学知识。

(5)团队合作和沟通,进行项目式学习,完成数个集体任务,学会团队合作和沟通,培养团队协作能力。

五 课程评价

(一)评价方式

1. 对"小发明思维"课程的评价

评估"小发明思维"课程的效果和质量,以便进一步完善课程内容和教学方法。案例分析和实践活动的数量和质量,让学生更好地理解和掌握创新思维的方法和技巧。提供学习资源和参考资料,让学生更好地扩展自己的知识面和视野。课程在内容、方式、效果等方面得到了学生的认可和好评。

2. 学生创新思维训练效果评价

了解学生在创新思维训练课程中的表现,以便更好地完善课程,进一步指导学生提高创新思维能力。

(二)评价内容

(1)是否能够理解和掌握创新思维的基本概念和方法;(2)是否能够灵活运用创新思维方法,提出新颖、独特的创意和解决方案;(3)是否能够积极参与课堂活动和讨论,与他人合作解决问题;(4)是否能够在课堂外自主学习和探索创新思维相关的知识和技能;(5)是否能够将所学创新思维方法联系实际生活和学习,解决问题和提高能力。

六　参考案例

小制作

(一)活动目的

通过现有材料,完成自主制作,培养学生的发散思维、想象力以及敢于创新善于探究的能力;培养学生的团队协作能力、设计能力,注重学生的动手实践,让学生在实际操作中学会解决问题,提高动手能力和实践能力。

(二)活动要求

(1)参与对象:全班同学,5人一组,分成9个发明小组。

(2)活动要求:根据现场提供的一些器材,各小组独立开展头脑风暴,设计发明,制作自己的作品。器材包括电池、导线、电动机、KT板、塑料瓶、小轮子、小木片、桨叶、滑轮、磁体,以及胶带、剪刀、胶水等。

(3)交流分享:完成作品后,每组均上台展示,介绍本组作品的制作思路、过程和创新点,说明在设计和制作过程中的感受与经验。

(三)活动流程

第一阶段:准备阶段。

问题引入:在课堂上,教师首先提出了一个问题:"生活中哪些地方会用到电呢?从提供的物品中我们可以制作出什么有用好玩的东西呢?"学生开始思考。

知识链接:教师介绍了一些有关电学的基本知识,包括电池、电动机和风车等部件的作用和工作原理。

第二阶段：实施阶段。

头脑风暴：各个小组开展组内头脑风暴，怎么利用所提供的材料进行创造。

制定方案：学生分组讨论并制订一个计划。他们需要明确创造方向和每个步骤的制作要点和注意事项。

实施制作：学生按照计划准备材料，并动手制作。在制作过程中，他们遇到了许多问题，例如如何固定马达和小木片、如何让风车产生足够的动力等。通过小组讨论和教师的指导，逐渐解决这些问题。制作一个个适合初中学生的小发明——小风扇、电动小轮船、小型吸尘器、电动小汽车和自动开关等。

测试与改进：各组小发明制作完成后，学生进行测试并观察效果，根据测试结果再进行改进。发现自己的小制作不能成功后，进行讨论反思，推倒重来。

交流和展示：各个小组上台展示作品和讲解作品技术特点。通过实践研究，学生不仅了解了一些发明创造的方法，同时也学习了电学和机械的基本知识和工作原理，更重要的是，通过设计和改进，学生学会了如何解决问题、如何合作和创新，在实践中不断尝试、调整和优化，最终制作出符合要求的作品。

第三阶段：活动总结。

教师进行总结评价，对学生在活动中的表现和成果进行评价和反馈，鼓励他们发扬优点、改进不足之处，培养他们的自信心和创造力。这种实践经验对于培养初中学生的创新思维和创造力具有重要的意义。

（四）活动反思

本节小发明小制作实践取得了一定的成果，各小组都能够开动脑筋，开展头脑风暴，联系生活开展创新活动，通过讨论确定方案，通过分工合作进行制作，达到本节课预期目标。存在一些不足之处，如在制作过程中，有些学生过于依赖教师的指导和帮助，而缺乏自主探索和创新的精神。因此在未来的课程中，将设置更多的挑战性问题和实践任务，鼓励学生自己思考和解决问题，培养他们的独立思考能力和创新精神。另外，由于每个学生的兴趣和能力不同，课程会引入更多的主题和项目，让学生根据自己的兴趣选择适合自己的主题和项目，这样可以更好地发挥他们的优势和潜力。

（撰稿人：深圳市坪山区中山中学　从立海）

课程场景四 触摸未来的脉搏

人工智能（Artificial Intelligence，简称 AI）是一门涉及多个学科的交叉学科，主要研究如何通过计算机程序和算法模拟人类的智能行为和思维过程。自 20 世纪 50 年代以来，人工智能技术得到了快速的发展和应用，已经成为当今世界最为炙手可热的新兴产业之一。

在高等教育领域，人工智能课程已经成为一门备受瞩目的新兴课程。随着人工智能技术的不断进步和应用范围的逐渐扩大，人工智能课程的内容和形式也在不断演进和优化。随着人工智能技术的飞速发展，人工智能课程已经成为国内外高校和科研机构竞相关注的热点领域。本文以人工智能课程的未来发展为研究对象，从多个方面探讨了人工智能课程的未来脉搏，以期为相关领域的研究提供参考和借鉴。

一 课程背景

人工智能课程起源于 20 世纪 50 年代，当时旨在研究、开发能够模拟、延伸和扩展人类智能的理论、方法、技术及应用系统。随着计算机技术的快速发展，人工智能在各个领域得到了广泛应用，包括自然语言处理、计算机视觉、机器学习等领域。

人工智能课程旨在培养学生对人工智能原理和技术有深入理解，并能够掌握相关技能，从而可以有效地应用人工智能技术，推动人工智能技术的发展和应用。主要学习的课程包括机器学习、深度学习、自然语言处理和计算机视觉等，此外还有进阶课程以及与其他学科的交叉学科课程，比如数据挖掘、统计学和计算机科学等。

人工智能课程是一门多学科交叉融合的交叉学科、新兴学科，以计算机科学为基础，涉及计算机、心理学、哲学等多学科。它是研究、开发用于模拟、延伸和扩展人的智能的理论、方法、技术及应用系统的一门新的技术科学。

人工智能课程的目标是了解智能的实质,并生产出一种新的能以人类智能相似的方式作出反应的智能机器。其研究领域包括机器人、语言识别、图像识别、自然语言处理和专家系统等。人工智能课程具有理论和实践相结合的特点,学生通过学习该课程可以深入理解人工智能的基本原理和技术,同时也可以掌握相关的应用技能。

此外,人工智能课程还具有跨学科性和创新性的特点。它不仅涉及计算机科学、数学、心理学和哲学等多个学科领域,而且也涉及许多技术的前沿领域,比如机器学习、深度学习和自然语言处理等。因此,人工智能课程不仅需要学生掌握基本的知识和技能,还需要学生具备创新思维和解决问题的能力。

人工智能课程理念主要基于计算机科学和心理学理论,旨在通过研究人工智能的基本原理、技术和应用,实现机器智能的模拟和应用。具体来说,人工智能课程应致力于以下五个方面。

(1) 研究和发展新的智能理论和技术,以模拟和扩展人类的智能活动。这包括机器学习、深度学习、自然语言处理等技术,以及如何利用这些技术提高机器的自主性、适应性和解决问题的能力。

(2) 将人工智能技术应用于各个领域,以解决实际问题。这需要学生掌握人工智能技术在不同领域的应用技巧,比如智能机器人、智能家居和自动驾驶等。

(3) 培养学生具备创新思维和解决问题的能力。人工智能课程不仅需要学生掌握基本的知识和技能,还需要学生具备创新思维和解决问题的能力,以应对不断变化的实际应用场景。

(4) 促进跨学科合作。人工智能技术涉及多个学科领域,比如计算机科学、数学、心理学和哲学等。因此,人工智能课程应注重跨学科的合作和交流,以促进学科的发展和创新。

(5) 注重实践和应用。人工智能课程应将理论与实践相结合,使学生通过实践掌握人工智能技术的应用技巧,同时也为未来的研究和应用打下坚实的基础。

总之,人工智能课程理念是以计算机科学和心理学理论为基础,注重研究和发展新的智能理论和技术,并将这些技术应用于各个领域,以培养具备创新思维和解决问题能力的人才,促进跨学科合作和发展。

二 课程目标

人工智能课程的教学目标主要包括以下三个方面。

(1) 知识技能目标：学生应了解人工智能的基本概念、发展历史、研究内容和应用场景，掌握人工智能的基本思想方法、重要算法和典型系统，并具备初步解决实际问题的能力。

(2) 过程方法目标：学生应能通过学习掌握人工智能的基本概念、基本思想方法和重要算法，了解人工智能研究与应用的新进展和新方向，从而拓展知识视野，为进一步学习和运用人工智能相关理论方法解决实际问题奠定初步基础。

(3) 科学研究发展目标：学生应了解人工智能领域的最新研究动态和发展趋势，掌握相关的科学研究方法，并能对相关的应用场景进行初步的分析和设计，为将来从事相关领域的研究和工作打下坚实的基础。

同时，通过课程学习，学生应能对人工智能从整体上形成较清晰全面的了解，更重要的是培养学生积极思考、严谨创新的科学态度和解决实际问题的能力。

三 课程内容

随着人工智能技术的不断进步和应用范围的逐渐扩大，人工智能课程的教学内容也在不断更新和优化。未来的人工智能课程将更加注重理论与实践相结合，强化学生的实践能力和创新思维的培养。教学内容将更加注重与实际应用场景的结合，更加注重对新技术、新算法的引入和介绍，以帮助学生更好地了解和掌握人工智能技术的最新进展和应用前景。本课程内容主要采用腾讯平台来教学，具体课程内容如下：

模块一："人工智能时代之'AI＋X'"。教材的主要内容是介绍人工智能时代下人工智能的行业应用，学习人工智能在各行各业的实际应用案例。通过本课的学习，学生开始深入了解人工智能的行业应用情况，为后续人工智能技术的学习做铺垫。

为了充分调动学生学习的积极性、创造性，本课以智能家居、智慧校园两个与学生日常生活紧密相关的情境导入，引出人工智能在家居和教育的应用案例。以"AI＋X"

为任务导向,引导学生探究人工智能在各行各业的应用场景及其应用价值,建构新知。

模块二:"智能小车之机器学习"。教材以识别水果和走迷宫为例,学习机器学习的定义、应用和过程。通过本课的学习,学生开始深入研究人工智能的核心原理,为后续人工智能技术的学习做铺垫。

为了充分调动学生学习的积极性、创造性,本课以自动驾驶汽车为真实情境,引出机器学习的定义和在生活中的应用案例,以学生提出的问题为导向,以个性化的机器学习应用作品为主线,将机器学习的过程与应用贯穿整节课,在解决实际问题中理解机器学习的定义,建构新知。

模块三:"机器学习的数据采集"。教材的主要内容是了解机器学习的数据采集流程方法,能够判断采集到的数据的质量,理解数据标注的概念与类别,领会数据集中的训练集、验证集和测试集的具体内涵及作用,为后续人工智能技术的学习做铺垫。

为了充分调动学生学习的积极性、创造性,本课运用思维导图介绍常见的三种数据采集方法,通过视频案例生动讲解数据标注的概念与类别,同时鼓励学生体验 AI 训练馆中的"推箱子"小实验,并在此过程中了解数据集中的训练集、验证集和测试集的具体内涵与作用,体会数据和数据集在机器学习过程中发挥着重要的作用。

模块四:"数据准备与模型初始化"。教材的主要内容是介绍机器学习中的数据准备过程以及模型的选择和初始化,首先通过智能衣物分类案例引导学生讨论数据准备过程,接着介绍模型的定义与作用,以及模型的选择和初始化相关知识,组织学生通过体验 AI 训练馆中的"推箱子"实验进一步感受和理解模型初始化过程,最后通过视频拓展相关内容,帮助学生初步了解模型训练的过程和应用场景。这一节课的内容是前面内容的延伸,为学生后续学习机器学习中的模型训练做铺垫。

模块五:"人工智能的三大核心要素"。教材是以人工智能的核心要素为主线,学习云计算与数据挖掘的概念与应用价值。通过本课的学习,学生开始深入研究人工智能的核心原理,为后续人工智能技术的学习做铺垫。

为了充分调动学生学习的积极性、创造性,本课从实际案例出发,引出云计算与数据挖掘的定义和在生活中的应用,引导学生在解决实际问题过程中理解云计算与数据挖掘的原理,从而建构新知。

模块六:"监督学习与无监督学习"。教材的主要内容是介绍监督学习与无监督学习,了解监督学习和无监督学习的定义、区别、在生活中的应用。通过本课的学习,学生开始深入研究人工智能的核心原理,为后续人工智能技术的学习做铺垫。

为了充分调动学生学习的积极性、创造性,本课以监督学习与无监督学习的应用案例为情境导入,通过鼓励学生间讨论监督学习与无监督学习的定义及其区别,体验 AI 体验馆"AI 围棋"和"膳食搭配小助手"的无监督学习,探索监督学习与无监督学习在学习和生活中的应用。

模块七:"机器学习中的模型训练"。教材的主要内容是介绍机器学习模型的训练过程,基于真实场景体验感悟模型的测试、评估和迭代过程。通过本课的学习,学生开始深入理解机器学习中"学习"的核心过程,为后续人工智能技术的学习做铺垫。

为了充分调动学生学习的积极性、创造性,本课以判断草莓甜度的机器人模型训练为情境导入,讲解机器学习中的模型训练过程,体验 AI 训练馆"是人还是 AI"和"AI 识花君"的模型训练、测试、评估与迭代,探索机器学习中模型的主要实现过程。

模块八:"机器学习中的模型应用"。教材的主要内容是介绍机器学习模型的应用,体会模型在机器学习中的作用。通过本课的学习,学生开始深入理解机器学习模型的应用,为后续人工智能技术的学习做铺垫。

为了让学生深度感受机器学习模型的作用与应用,本课以体验探究为主,在学生的体验活动中引导学生提炼、感知,通过场景化的探究活动让学生在讨论的过程中巩固新知。

四 课程实施

采用线上线下相结合的教学模式,鼓励学生自主学习和小组讨论,实行小组学习制。分别设立组长、副组长和组员等不同角色协助学习人工智能课程。课程包括人工智能基础知识、机器学习、深度学习、自然语言处理和计算机视觉等方面的内容。主要通过腾讯平台上机操作编程来学习人工智能课程。

授课教师:4 位信息教师承担七年级以及八年级的人工智能课程教学任务,积极学习前沿的人工智能课程内容,成为人工智能专项教师,并邀请行业专家和学者举办讲座和辅导。课时:本课程一年共 8 课时,其中理论授课 2 课时,实践环节 6 课时。计划在信息课上完成每学期 4 节人工智能课,具体课时安排看信息课程进度需要来安排人工智能课程。

五 课程评价

总体评价方式为两种,过程性评价和总结性评价相结合。

评价方式:采用平时成绩和期末作品相结合的评价方式。平时成绩包括学生参与课堂讨论、实验和项目的完成情况等,占总评分的 30%;期末作品采用实践创作分组打分,考查学生对人工智能理论知识的掌握程度和应用能力,占总评分的 70%。

(撰稿人:深圳市坪山区中山中学 丘溢鸿)

课程场景五　打开想象的翅膀

《义务教育物理课程标准(2022年版)》明确指出要"遵循初中生身心发展规律,贴近学生生活,关注学习生长点,以具体事实、鲜活案例、生活经验和基础概念等引导学生进行理性思考。注重时代性,加强与生产生活、社会发展及科技进步的联系,凸显我国科技成就,引导学生增强文化自信,树立科技强国的远大理想"[①]。2022年9月,中共中央办公厅、国务院办公厅印发的《关于新时代进一步加强科学技术普及工作的意见》指出:"科学技术普及是国家和社会普及科学技术知识、弘扬科学精神、传播科学思想、倡导科学方法的活动,是实现创新发展的重要基础性工作。"

基于《义务教育物理课程标准(2022年版)》和《关于新时代进一步加强科学技术普及工作的意见》提出的新背景、新要求,我校开发了科幻科普课程。本文从五个方面对科幻科普校本课程进行介绍。

一　课程背景

在当今社会,随着科技的不断进步和普及,科幻科普课程也正在变得越来越重要。人们越来越认识到,科学知识是推动社会进步和发展的重要力量,而科幻科普课程则是传递科学知识、推广科学思维的重要途径之一。

在科幻科普课程中,通常会涵盖各种科学领域,比如物化学、理学、天文学、生物学和地球科学等。课程内容不仅包括科学知识的讲解,还包括科幻小说的分析和解读,以帮助学生更好地理解和掌握科学知识。此外,科幻科普课程还会涉及科学方法论、

---

① 中华人民共和国教育部.义务教育物理课程标准(2022年版)[S].北京:北京师范大学出版社,2022:2.

科学精神等方面的内容，旨在培养学生的科学素养和科学思维。

本课程具有以下五个性质。

（1）科学性：科幻科普课程以科学为基础，通过介绍科学技术的发展和应用，帮助学生了解科学知识的本质和科学方法的应用。

（2）文学性：科幻科普课程中的作品具有文学性，通过学习和欣赏科幻作品，可以帮助学生提高文学素养和审美能力。

（3）创新性：科幻科普课程鼓励学生发挥想象力和创新思维，通过学习和分析科幻作品，可以帮助学生培养创新意识和创新能力。

（4）社会性：科幻科普课程涉及科技对社会和文化的影响，通过学习可以帮助学生了解科技发展与人类福祉之间的关系，培养学生的社会责任感和科技意识。

（5）教育性：科幻科普课程旨在提高学生的科学素养和综合素质，通过学习可以帮助学生拓宽视野，提高阅读能力和批判性思维。

综上所述，科幻科普课程是一种综合性、跨学科的课程，具有科学性、文学性、创新性、社会性和教育性的特点。通过科幻科普课程学习，学生可以提高自身的科学素养和创新能力，培养出更具有创造力和创新精神的人才，同时也可以促进文化交流和人文关怀。因此，我校很重视科幻科普课程的发展和推广工作，希望更多的人受益于这些课程。

二 课程目标

（1）通过科幻科普课程提高学生的科技素养和科技认知。科技是第一生产力，本课程通过科普讲座、科普探究活动，引导学生关注生活中的科学技术，通过比亚迪工厂的参观、概念车的实践探究活动，社区垃圾处理厂的参观，科学馆的游学活动，科普基地的实践等活动，不仅对学生进行科学教育，还要对学生进行技术教育，在两种教育辅助下，逐步提升学生的科学技术水平。

（2）通过科幻科普课程培养学生的发散思维。初中学生正是思维抽象发展的关键期，发散思维的培养尤为重要，也是开展科幻科普课程的重要目标。本课程通过科幻电影的观看、科幻小说的解读，学生通过科幻画的绘画、科幻小说的谱写等实践活动不断发散思维，幻想未来科技的发展。

(3) 通过实践创新培养学生的创新意识。创新能力是科技发展的推动力,也是时代前进的动力,本课程通过创新发明社团的开展让学生学习到有关创新的方法,通过创新方法在生活中的实践培养学生的创新意识。

(4) 通过活动培养学生的实践能力。实践能力是将一切所想所思付诸行动,它是推动科技发展的必备能力,本课程通过小制作小发明,科普基地的实践,探究调查等活动,使学生通过合作、探究、解决问题的形式不断提升实践能力。

三 课程内容

以《关于新时代进一步加强科学技术普及工作的意见》和《义务教育物理课程标准》(2022年版)为指导,学校通过课堂、校园、社会三大主场领域,将科幻科普课程设计为科幻课程和科普课程两大板块的课程类别,在两大板块的基础上开发了六大科普主题课程和四大科幻主题课程,以此来开展科技教育,增强学生的创新意识,提高学生的实践能力,培养学生的科学素养。

板块一:科普课程。本板块中包括六大科普主题课程,它们分别是:

(1) 科普大讲堂。本课程按照每月一主题进行专题深度学习,采取教师讲座、学生制作模型、比赛等形式,对相关科幻科普知识进行专项学习。科普大讲堂年度主题目录:1月"中国5G技术",2月"中国芯片之路",3月"为什么说我们是基建狂魔",4月"纳米技术",5月"中国生命科学",6月"中国重器:中国航空航天",7月"中国重器:中国无人机",8月"中国量子科学",9月"中国重器:中国舰船",10月"中国重器:中国高铁",11月"走近海洋科技",12月"人工智能离我们有多远"。

(2) 虚拟现实(VR)体验课程。本课程内容包括:① 通过虚拟现实体验多种惊险运动和模拟太空景象;② 学习VR技术在教育、影视、游戏、工业、航空、体育等领域的应用;③ 学习虚拟现实技术,了解虚拟现实技术产业发展趋势;④ 学习声光电科学技术,增加学习科学知识的兴趣。

(3) 航模课程。本课程内容包括:① 进行三模科普,了解我国航空航天航海事业发展,培养学生热爱航空航天航海事业,树立长大报效国家的志愿;② 学生动手制作模型,操作模型,在活动过程中学生了解航模的基础结构,以及提升动手能力;③ 参加各级航模赛事,培养学生的团队合作精神、竞争意识以及面对困难勇于拼搏的精神。

(4) 脑波赛车、四驱车课程。本课程内容包括:① 了解人脑电波控制表达科技知识等前沿科技发展;② 体验脑波控制赛车运动,感受科学的神奇;③ 动手组装、调试车辆,学习四驱车各种理论知识;④ 学习赛事规则,了解各种赛事,实操训练。

(5) 机甲大师课程。本课程内容包括:① 学习编程控制、图像识别技术、巡线技术、机械臂等原理及应用;② 学习简单工业基础知识,动手组装;③ 组织学生参加竞赛活动,通过赛事提高实操能力。

(6) 无人机课程。本课程内容包括:① 学习编程系统、实现无人机编队控制;② 学习简单工业基础知识,进行无人机组装;③ 实控训练,掌握飞行技能。

板块二:科幻课程。本板块中包括四大科幻主题课程,具体如下。

(1) 科幻阅读课程。本课程通过阅读科幻书籍来激发学生的好奇心和想象力。科幻作品往往涉及未来科技、外星生命、时间旅行等概念,这些内容可以很好地引导学生思考人类未来的可能性,以及科技对社会和个人的影响。本课程可以培养学生的批判性思维和想象力,同时提高他们的阅读理解能力。

(2) 科幻绘画课程。本课程让学生通过科幻画作来表达他们的想象力和创造力。绘画是一种视觉语言,它能够直观地展示学生的内心世界和对未来的设想。此外,绘画还可以培养学生的审美观和精细动作能力。

(3) 科幻创作课程。本课程让学生有机会进行科幻小说创作。写作是一种创造性的表达方式,它能够帮助学生深入探索他们的想法和情感。此外,写作还可以提高学生的语言组织和表达能力。

(4) 科幻电影影评课程。本课程通过分析和评论科幻电影来提高学生的批判性思维能力。通过电影的视听艺术,展示多个科幻元素和概念。通过分析和评论电影,学生可以更深入地理解科幻作品的主题和意义,同时提高他们的分析和评价能力。

四 课程实施

积极完善"组织严密、管理细致、内容多元、教学严谨、科学评价"的课程实施机制,促使科幻科普课程得以有效实施。

1. 课程保障机制

学校将科幻科普课程纳入常规课中，以社团为立足点每周定期开展，以科技节为实践、展示、宣传平台每年定期开展。开发科幻科普课程中，注重在生物、地理、物理、化学等学科中渗透科幻科普教育。

2. 基地保障机制

深挖社会科普实践场所，满足学生多样化、个性化的科技实践需求。例如，比亚迪工厂、污水处理厂、垃圾处理厂和科技馆等。

3. 家校社合作机制

建立以学校为主体，家庭为基础，社会为辅助的相互协助的实施机制，让学生通过教室、校园、家庭、社会四大领域，接受科学技术的教育，提高科学素养，锻炼创新实践能力。例如，利用社区资源，开展生活垃圾处理调查报告、利用企业进行现代科技的教育实践等。

4. 教师教研机制

学校以社团、科技节、讲座等方式聚集生物、地理、物理、化学老师，以赛促教，以教促研的方式不断创新改进科幻科普课程。

五 课程评价

课程评价是一种互动式、参与性、过程性及成果性评价，具体有以下五点。

（1）科学知识理解。评价学生对科幻主题相关的科学知识的理解程度，包括物理、生物、计算机和天文等，可以通过测试、问答、讨论等方式来评估。

（2）科幻作品分析。评价学生分析科幻作品的能力，包括电影、小说、游戏等。可以让学生分析作品中的科学元素、情节发展、角色设定等，通过论文、讨论、报告等方式来评估。

（3）创意和想象力。评价学生的创意和想象力，可以让学生创作自己的科幻故事、设计未来科技产品、撰写科学幻想小说等，通过作品展示、PPT演示、报告等方式来评估。

（4）批判性思维。评价学生的批判性思维能力，包括问题解决、推理分析、论证评价等。可以让学生分析复杂的科学问题或科幻作品中的逻辑漏洞等,通过讨论、辩论、报告等方式来评估。

(5) 学习态度和参与度。评价学生的学习态度和参与度,包括课堂参与、小组讨论、活动参与等。可以通过观察、问卷调查等方式来评估。

评价体系应该多样化,根据不同的教学目标和学习需求,使用不同的评价方法来评价学生的学习成果。同时,评价体系应该具有可操作性和可持续性,评价标准应该清晰明确,评价结果应该及时反馈给学生和教师,以帮助学生进一步提高学习效果。

六 参考案例

"变一变"发明法

(一) 教学目标

(1) 通过创新小故事和科技创新案例的分析,学生能够了解到科技创新对生活与经济带来的影响。

(2) 通过对案例进行详细的分析,学生能够总结出这些案例中创新发明的重要方法"变一变"。

(3) 通过创新对对碰的方式,学生能基本掌握"变一变"的创新方法。

(4) 通过创新大发散的方式,发散学生的思维,学生能够独立创作。

(二) 教学重难点

(1) 学生能够通过案例分析掌握"变一变"的创新方法。

(2) 学生能够发散思维,利用"变一变"的创新方法独立完成创新发明的过程。

(三) 教学过程

1. 创新发明小故事

碰倒纺车的启示

"珍妮纺织机"的发明者詹姆斯·哈格里沃斯(英国发明家)是一个普通工人。他既能织布，又会做木工。妻子珍妮是一个善良勤勉的纺织能手，她起早贪黑，一天忙到晚，可纺纱总是不多。哈格里沃斯每次看到妻子既紧张又劳累的样子，总想把这老掉牙的纺车改进一下。

一天，他无意中把家里的纺车碰翻了，他看到原来水平放置的纺锤变成了垂直竖立，仍在不停地转动。这一偶然事件，使他得到启示：既然纺锤竖立时仍能转动，要是并排使用几个竖立的纺锤，不就可以同时纺出好几根纱了吗？他说干就干，终于试制成装有8个纺锤的新式纺织机，并给它命名为"珍妮纺织机"。这项发明比旧纺织机提高效率几十倍，被恩格斯作为"使英国工人的状况发生根本变化的第一个发明"。

其他案例分享。

2. 创新发明方法归纳

"变一变"发明法

形态变一变：将物体改变成另一种形态，例如将水变成冰，或将固体变成液体。这种形态的改变可能会带来新的用途和功能。

用途变一变：将一个物体的用途改变成另一种用途。例如，将鞋子改变成容器，或将笔改变成刀。这种用途的改变可以带来新的创意和解决问题的思路。

组合变一变：将两个或多个物体组合在一起，以产生新的功能。例如，将手机和相机组合在一起，或将笔和尺子组合在一起。这种组合可以带来新的方便性和高效性。

"变一变"发明法在生活中非常常见，如1952年日本东芝电气公司积压了大量黑色电扇卖不出去，通过将电扇的颜色变成浅蓝色的，几个月内就卖出几十万台，这是一种典型的颜色变一变；如把眼镜的镜框和镜腿去掉，使眼镜变小，变到可以放到眼睛里面，就成了今天的隐形眼镜，这是一种大小变一变。

常见的"变一变"发明法有变大小、变高度、变厚度、变颜色等。

3. 创新发明碰一碰

孙悟空有七十二变，猪八戒有三十六变，身边的许多事物通过变一变就会有更好的性能，根据提供的原有事物，先自己尝试通过看一看、想一想、贴一贴的方式进行变一变发明，然后小组交流下你的小创意吧。

4. 创新发散

在刚才的变一变中你发现了什么小技巧？请你展开想象的翅膀，参照给出的小案例,利用"变一变"发明法进行独立创新吧!

(四)学生作品展示

学生展示创作作品以及对作品进行解说。

(五)活动评价

以成果性评价统计结果为例进行分析。

表3　成果性评价统计表

学生	潘某某	肖某某	贠某某	刘某某	詹某某	李某某	曾某某	庄某某	雷某某
作品科学性	A	A	B	A	A	A	A	A	A
作品创新性	C	C	B	B	C	B	B	B	C
作品美观性	B	A	A	A	B	A	A	B	B

从表中可以看出,大部分小组都能保证作品的科学性,但是在创新方面还有待提高,因此在后面的教学过程中,教师应该多培养学生的创新方法技巧,提高创新能力。

(撰稿人:深圳市坪山区中山中学　王莉)

未来智慧：创新课程与创造力培养

随着全球化、信息化和人工智能时代的到来，创新能力已经成为 21 世纪人才的核心素质，学校作为人才培养的重要基地，开展创新教育、开设创新课程，承担起创新教育的重任是必然之举，显得尤为重要。校本创新课程作为学校创新教育的重要组成部分，为学生提供了更广阔的探索空间和更丰富的学习资源，促进了学生创新思维和创新能力的发展。

一、创新教育理念

创新教育的理念提出由来已久，指的是以培养人的创新精神、创新思维和创新能力为基本价值取向的教育，旨在培养具有独立思考、批判性思维和解决问题能力的学生，以适应未来社会的挑战。创新教育的作用集中体现在以下三个方面：（1）培养创新人才。创新教育注重培养学生的创新思维和实践能力，有助于培养出更多具有创新精神和实践能力的人才，为我国的发展提供强有力的人才支持。（2）推动教育改革。创新教育的实施，需要对现有的教育模式和教学方式进行改革，从而推动我国教育的整体改革进程，使教育更加适应时代发展的需要。（3）提高教育质量。创新教育注重培养学生的创新精神和实践能力，这就要求教师不断更新教学内容和方法，提高自身的教学水平，从而提升整体的教育质量。创新教育的重要性不言而喻，通过开展创新教育，学校可以帮助学生掌握创新思维的方法，激发学生的创新潜能，培养他们成为具备创新精神和实践能力的优秀人才。

在学校教育教学实践中，校本创新课程是实现创新教育的重要途径。学校根据自身的办学理念、教学资源和学生需求，开发具有特色的校本创新课程。这些课程包括科技制作、科技小发明、科幻教育和 STEAM 教育等内容。

二、我校校本创新课程的特点

校本创新课程是以学校为本位,基于我校实际情况而开发的创新性课程,主要有以下五个特点。

(1) 多元化。创新课程的内容和形式多元化,以满足不同学生的兴趣和需求。涉及科学、技术、工程、艺术和社会科学等多个领域,以培养学生的综合素质和创新能力。

(2) 个性化。更加注重学生的个性化发展。创新课程更加注重学生的需求和兴趣,提供更多个性化的学习体验和机会。

(3) 实践性。创新课程注重实践操作和亲身体验,通过引导学生参与实践活动,培养学生的动手能力和创新能力。

(4) 跨学科性。创新课程注重跨学科的融合,以实际问题为出发点,鼓励学生参与跨学科、跨领域的学习和合作,培养学生的综合能力和跨学科思维。

(5) 智能化。借助现代信息技术手段,实现创新课程的智能化教学和管理。

三、校本创新课程的开发与实施

(一) 创新课程实施条件

面对日新月异的科技变革,我校深刻认识到创新教育的重要性,从学校教育理念出发,结合自身特点,不断深挖潜能,全方位为创新课程的实施创造条件。

1. 营造创新教育环境

学校拥有先进的实验室、工作室和教学设施,能够满足各种创新课程的需求,为学生提供良好的学习环境。学校围绕传统和未来全力打造学校的环境空间:"一水(初心池)、两厅(国学厅、科幻厅)"打通校园传统与未来;"三堂(孔子学堂、科普学堂、生态学堂)、四坊(好客坊、陶艺坊、管乐坊、药膳坊)"建构庭院式特色课程场景;"五廊(仁、义、礼、智、信玉德五廊)、六园(大先生园、百草园、百蔬园、百果园、多肉园、气象园)"打造玉德劳动实践基地;"七馆(图书四馆、广播电视馆、室内体育馆、中医药馆)、八室(智慧教室、远距未来教室、STEAM室、创客室、VR体验室、科技竞赛室、天文地理室、劳动教室)"通过环境重构，为学生创设多功能、实用、开放的学习空间，完善各种教育教学设施、用具、材料的投放，促进学生主动参与、动手实践，创造做中学、用中学、创中学的条件，提供丰富的学习资源、建立开放的学习空间、鼓励师生互动交流等。通过营造良好的创新教育环境，激发学生的创新热情和创造力。

2. 强化教师队伍建设

教师是实施创新教育的实施者。我校师资力量雄厚，拥有一支年轻的高素质、专业化的教师团队，学校加强对教师的培训和引导，提高教师的创新意识和创新能力，能够为学生提供优质的教育服务。同时，鼓励教师开展创新教学实践，探索适合学生的教学方法和策略。各科教师将创新教育作为工作重点，学校全力打造"慧眼匠心、精益求精、专业师承、艺术创新、大师风范"的玉匠之师。

3. 注重实践教学

我校要充分利用校内外资源，开展多种形式的实践活动，比如科学实验、生态走读、海洋净滩、社会调查和创意设计等。通过实践活动，让学生亲身体验创新的乐趣，培养他们的实践能力和创新能力。

4. 建立多元化评价体系

我校建立多元化的评价体系，注重过程评价和学生个体差异评价，突出考查学生的实践创新能力，同时鼓励学生参与评价，促进他们的自我反思和自我完善。

(二) 创新课程特点

1. 多元化课程设计

我校注重学生的多元化发展，提供多种类型的创新课程，包括科学、技术、工程、艺术和数学等各个领域。这些课程旨在培养学生的创新思维和跨学科合作能力。

2. 实践性强

我校的创新课程注重实践操作，通过项目式学习、动手实验等方式，让学生在实际操作中学习和掌握知识，提高解决问题的能力。

3. 以学生为中心

我校强调学生在课程中的主体地位，鼓励他们主动参与、独立思考，发挥个人的创造力和想象力。

4. 校企合作

我校与多家企业合作,共同开发创新课程,引进最新的技术和理念,为学生提供更广阔的发展空间。

(三)创新课程的内容

我校通过开设各类校本创新课程,旨在营造一个开放、多元的教育环境,激发学生的创新热情,培养他们的实践能力和创新思维。同时,这些课程也体现了我校的教育理念和办学特色,是我校创新教育的充分体现。创新课程内容丰富多样,涵盖了从理论到实践的多个方面。

(1)科幻教育课程,目标是培养学生的想象力、创新思维和科学素养。内容主要包括科幻文学作品的阅读和赏析、科幻故事的创作和实践、科幻作品中的科学元素探究等。在阅读和赏析部分,学生可以学习到经典的科幻文学作品,了解科幻文学的发展历程和特点;在创作和实践部分,学生可以通过写作和想象,创作出属于自己的科幻故事;在科学元素探究部分,学生可以学习到与科幻作品相关的科学知识,加深对科学原理和方法的理解。科幻创新课程,让学生拓宽了视野,锻炼了想象力和创新思维,通过探究科幻作品中的科学元素,学生可以加深对科学知识的理解。学生通过参与创作研讨会等活动,培养想象力和创新思维。

(2)小发明小制作课程,注重实际操作和创新思维训练,学生在教师指导下完成科技小项目,通过举办创意大赛、创客空间等活动激发学生的创新意识,鼓励他们勇于尝试和创新。对于学生的新颖想法和创意,教师将给予充分的肯定和支持并为其提供必要的资源和指导。同时注重培养学生的批判性思维,鼓励他们对问题进行深入思考并提出独特的见解,紧密结合现实问题,开展科技创新实践活动。

(3)艺术创新课程,陶艺坊、好客坊课程可以帮助学生发掘自己的艺术潜能,培养他们的审美能力和创造力。

(4)体育创新课程,学校除了开设足球、篮球课程还引入传统武术课程,打造咏春拳特色,不仅可以锻炼学生的身体,还可以培养他们的团队协作精神和竞争意识。

(5)阅读创新课程,开设《论语》素读、国学讲堂等课程,引导学生深入阅读经典文学作品，培养他们的阅读习惯和文学素养，组织文学创作等活动，激发学生的阅读兴趣和创作灵感。

（6）趣味中医药创新课程，通过聘请平乐骨伤科医院医生和社区医生到校讲课，带领学生种植中草药，学习中医药知识，了解中医药国粹等。

（7）海洋创新课程，通过海洋科普学习、校园珊瑚保育实践、参与海洋环保活动等，学生可以更好地了解人与自然如何和谐相处，关注深圳海洋城市的绿色发展。

（8）信息科技创新课程，涵盖机器人制作、编程、3D打印等内容，通过这些课程，学生可以接触到最新的科技知识，提高他们的创新能力和动手能力。利用信息技术手段如虚拟现实、增强现实（AR）、人工智能等为学生提供沉浸式的学习体验以激发他们的学习兴趣和创新潜力。例如利用虚拟实验室进行模拟实验或利用AI技术进行数据分析等。同时借助在线学习平台为学生提供丰富的学习资源和学习支持以促进自主学习和创新能力的培养。

四、创新课程评价体系与实施效果

为评估创新课程的实施效果，我校建立了多元化的评价体系：过程评价与结果评价相结合、定性评价与定量评价相结合。教师通过观察学生在课堂上的表现、创新作品、项目成果以及与学生交流等方式，及时了解学生的学习状况并给予反馈；教师评价和学生的反馈评价相结合，在评价过程中倾听学生对课程的看法和建议，了解他们对课程内容的掌握情况、对教学方法的适应程度以及对课程价值的认同度，可以对课程进行及时调整和改进，提高课程的质量和效果。同时，我校还定期组织学生进行自我评价和同伴互评，以促进学生的自我反思和相互学习。

经过几年深入实践，我校创新课程的实施取得了一定的效果：

（1）学生创新能力得到提高。通过参与创新课程，学生的创新思维和实践能力得到了明显提升。许多学生在课程中提出新颖的想法和解决方案，学生能够从多个学科角度分析和解决问题，提高了综合运用知识的能力。

（2）实践操作能力增强。学生在创新课程中获得了丰富的实践经验，通过跨学科整合，促进了知识的综合运用，提高了解决实际问题的能力，并在实际项目中得到了应用,他们在实验、项目实施等方面表现出色,取得了显著的成果。

(3)团队协作精神提升。通过团队合作完成项目和活动,学生的团队协作精神和沟通能力得到了提高,他们学会了分工合作、互相支持,取得了良好的团队成果。

(4)学生参与度提高。通过优化课程结构、改进教学方式等措施,学生的参与度得到了提高。学生对创新课程的兴趣和满意度有所增加,他们更加积极地参与课堂讨论和项目实施,学校的创新氛围日益浓厚。

(5)创新成果丰硕。通过实施创新课程,我校取得了一系列丰硕的成果,包括学生参加各种科技、艺术、体育各类创新性竞赛中屡获佳绩,充分证明了我校创新课程的实施是富有成效的。

总体而言,我校的创新课程自开设以来取得了良好的效果。学生的创新思维和实践能力得到了有效提升,学校的创新氛围日益浓厚。展望未来,我校将继续深化创新教育改革,努力构建更加完善的创新课程体系,加强师资队伍建设,提高教师的创新意识,拓展实践教学资源,关注学生的个性化发展需求,加强交流合作。我校将沿着创新教育的道路不断探索、努力耕耘,撒播创新的种子,静待花开。

(撰稿人:深圳市坪山区中山中学　从立海、梅越平)

第五章
未来课程的实施：权宜性与变通性

未来是充满变化和挑战的，教育也顺应潮流，与时俱进。从教育发展的方向来看，未来课程具有权宜性与变通性，权宜性与变通性是区别于传统课堂的新的课程特点；从内容上来讲，未来课程的权宜性主要体现在提供学生更加丰富、多样化的学习资源和教学方式，能够适应不同环境及各种突发状况，未来课程的变通性体现在课程设置、教学方式、跨学科学习、技术与教育融合，以及实践与创新的结合上。权宜性与变通性是未来课程理念中至关重要的两个部分，权宜性是课程设置的基本要求，变通性是课程实施的基本条件。

从教育发展史来看,每一次教育变革都与世界大变革密切相关。在新的信息革命时代,新的教育变革正在悄然发生。课程是现代教育的核心载体,伴随着信息时代的到来,传统课程已不再是学生获取知识的主阵地,尤其在疫情期间网络授课的方式得到推广。未来课程需要根据实际情况和需要灵活采取适当的策略和措施,以最大限度地满足学生的需求和实现教育目标。权宜性和变通性强调在课程实施中应根据特定情境和条件,灵活调整和优化策略,以适应不断变化的教育环境。

未来课程具有权宜性。大规模线上课程是代替性的结构性课程,具有临时性、权宜性和强制性。杨志成在《面向未来:课程与教学的挑战与变革》一文中明确指出:"伴随 20 世纪后半叶信息时代的到来,基于知识本位的'泛智教育'面临一次史无前例的颠覆性挑战。互联网、大数据、云计算、人工智能的出现,带来了知识信息的迅猛扩张,人类面临一系列关于知识学习的挑战。"[1]"在互联网技术的引领下,'翻转课堂''混合式教学''泛在学习'等全新的教学方式也在教学实践中逐步推广。"[2]王振存、张清宇认为未来课程具有五个特征,即丰富化、多样化、校本化、定制化和智慧化,"智能时代,科技变革引发教育变革,人工智能与教育关系更加紧密,科技对于课程的影响也更加广泛"[3]。

因此,未来课程应根据未来社会的发展和需求,在设置上更加灵活,能够适应不同学生的需求和兴趣,也能够及时更新和调整课程内容,以适应时代的发展和变化。当今世界处于百年未有之大变局,人类面临一系列关于知识学习的挑战,信息大爆炸意味着传统课程与教学范式已经无法适应信息时代的学习需要,这意味着未来课程需要具有权宜性。课程与信息技术的融合使得课堂提供给学生更加丰富、多样化的学习资源和教学方式,能够适应不同环境及各种突发状况,帮助学生更好地应对复杂多变的现实问题。

未来课程具有变通性。马小燕指出,传统教学模式中存在缺乏灵活性、变通性和趣味性的问题,教师无法在教学过程中吸引学生的注意力,教学内容抽象且空洞,严重

---

[1] 杨志成.面向未来:课程与教学的挑战与变革[J].课程.教材.教法,2021(2):24.
[2] 杨志成.面向未来:课程与教学的挑战与变革[J].课程.教材.教法,2021(2):20.
[3] 王振存,张清宇.未来课程变革的内涵、样态及实施路径[J].课程.教材.教法,2022(1):5-6.

影响了最终的教学成果。① 陶西平认为,未来课程发展的五个主要趋势是培养能力成为改革的主题,教与学应当齐头并进,课程框架应当走向整体,重视教育的多样性与包容性,推进教育的信息化。② 姬国君、宋丽芹则表示,中小学课堂变革进入了一个新的历史时期——提质与深化期:"在世界翻转课堂改革热潮中,我国重庆和南京等地率先加入了翻转课堂的课堂教学改革实验行列。……教育部出台的《教育信息化'十三五'规划》中明确指出要探索STEAM教育和创客教育等新教育模式,至此,课堂教学受到了前所未有的挑战。发展至今我国中小学课堂教学变革总体呈现出多元创新和超越的特点,具体表现为以理论借鉴和创新引领课堂教学实践变革,以改善教育品质、提高教育质量为诉求,以五育融合撬动当前课堂教学变革,进而助推教育政策'落地'。"③

我们认为,未来课程的变通性与智慧教育是分不开的,在日新月异的科技支持下,学校课程的未来发展正朝着一个崭新的方向前进。此外,学校课程也应在关注常规的狭义课程育人过程中,更加关注课程体系的建构和课程文化的整体育人作用。学校课程文化的建构超越了现代教育狭义课程理念的束缚,学校管理者与教师开始关注全过程育人、全方位育人和全员育人。

基于未来课程的权宜性与变通性,我校在现代科技的支持下积极探索新的教学模式,在课程设置上更加现代化与多样化。疫情期间,综合利用诸如深圳市云资源教育平台等网络资源与教师用腾讯会议、钉钉等平台线上授课相结合,力保学生的正常学习。同时与全国各地的优秀学校开展远距智慧课堂教学活动,天南地北共上一堂课。经过一段时间的教学实践,我校与成都新川外国语学校、海伦中泽学校、西宁一中、广州培新学校等建立了长期友好的远距离教学合作关系。

未来课程的变通性应体现在课程设置、教学方式、跨学科学习、技术与教育融合,以及实践与创新结合上,包括更加注重学生的需求和兴趣,采用项目式学习、探究式学习等,以激发学生的学习兴趣和主动性。通过跨学科学习比如开展语文与历史课本剧培养学生综合素质和能力,运用技术提供更加丰富、多样化的学习资源和教学方式。

---

① 马小燕.小学语文趣味化教学的构建策略分析[J].山西教育(教学),2022(11):58-59.
② 陶西平.未来课程发展的5个主要趋势[J].教学管理与教育研究,2017(20):127.
③ 姬国君,宋丽芹.中小学课堂教学变革的历程、反思与展望[J].河南大学学报(社会科学版),2023(5):121.

同时更加注重实践和创新,通过引导学生进行探究、实践和创新,培养学生的创新意识和实践能力。基于此学校还设置了独具特色的中草药种植课,学生不但学习了有关中草药的知识,也亲自动手制作中草药香囊,定时到校园中草药基地劳动,培养动手实践能力。

综上所述,未来课程具有权宜性与变通性。权宜性与变通性是未来课程理念中至关重要的两个部分,权宜性是课程设置的基本要求,变通性是课程实施的基本条件。从内容上来讲,我校未来课程的权宜性和变通性主要体现在利用本校与外校教师资源,在课程设置上,对学生进行德、智、体、美、劳全方位的培养;从方式上来讲,未来课程的权宜性和变通性体现在综合利用智慧教育平台,以线上线下的方式开展诸如远距教学、科技大讲堂等,培养学生对科学技术的兴趣。

本章中,"力行三旅"课程带领学生追求古今价值脉流,在活动过程性的学习中,培养正确的世界观、人生观、价值观。红色思政课程以坪山区周边红色文化资源为平台,基于问卷调查等统计数据,了解坪山区周边红色文化普及情况,以培养学生主动学习、弘扬红色文化。青春三礼课程基于学生三年不同成长阶段特点,通过"梦想慢递"活动,在不同特点的活动中进行学生的生涯规划,培养向上成长的意识。心理健康课程旨在运用心理健康教育的知识理论和方法技能,培养学生良好的心理素质,完善青春,健全人格。

(撰稿人:深圳市坪山区中山中学　罗伊悦)

课程场景一　追寻古今价值脉流

为适应未来社会对人才的需求,顺应新课程改革趋势,落实立德树人根本任务,《义务教育课程方案(2022年版)》提出,"全面落实习近平新时代中国特色社会主义思想,将社会主义先进文化、革命文化、中华优秀传统文化、国家安全、生命安全与健康等重大主题教育有机融入课程,增强课程思想性"[①]。在课程内容方面,强调要"设立跨学科主题学习活动,加强学科间相互关联,带动课程综合化实施,强化实践性要求"[②]。《义务教育语文课程标准(2022年版)》将社会主义先进文化、革命文化、中华优秀传统文化确立为课程内容的三大主题,在呈现方式上设置了"跨学科学习"的拓展型学习任务,旨在引导学生通过语文实践活动提高语言文字运用能力,凸显学科育人价值。

近年来,笔者结合统编初中语文教材的使用,以"社会主义先进文化、革命文化、中华优秀传统文化"主题为指引,积极开发坪山区地方课程资源,开展语文立德树人的跨学科主题学习活动研究,形成了七年级"家风之旅"、八年级"红色之旅"、九年级"追梦之旅"的初中语文跨学科学习主题课程群(以下简称"家风·红色·追梦"校本课程)。

"家风·红色·追梦"校本课程立足"社会主义先进文化、革命文化、中华优秀传统文化"主题,从顶层设计初中三年语文跨学科主题学习活动框架,立项活动小课题,整体规划活动主题群,逐年对应开发地方优秀文化课程资源,一学年一主题,一主题一主线,一线贯穿听说读写活动任务群,按活动设计、实施、展示三个阶段多元评价,从而建构起一种旨在整体落实立德树人根本任务、提升语文核心素养的跨学科主题学习实践原型。这一校本课程,既是对我国语文教育优良传统的传承探索,也是具体落实课程

---

① 中华人民共和国教育部.义务教育课程方案(2022年版)[S].北京:北京师范大学出版社,2022:2.
② 中华人民共和国教育部.义务教育课程方案(2022年版)[S].北京:北京师范大学出版社,2022:4.

标准的现实需要,更是新时代语文教育通过跨学科主题学习整合开发地方课程资源,整体融入立德树人理念的创新实践。

下面,本文就课程纲要做一下介绍。

一　课程背景

"家风·红色·追梦"校本课程是基于坪山区地方优秀文化资源而开发的课程群,具有以下课程特点。

(1) 真实性。"家风·红色·追梦"校本课程以坪山区地方优秀文化课程资源为真实情境,通过探究坪山区大万世居家风、坪山区为什么这样"红"、坪山区追梦人的动力源等,从真实的问题情境出发,引导学生关注家乡身边优秀的课程资源,让学习真实发生,让素养真实变化。

(2) 拓展性。"家风·红色·追梦"校本课程打破学科壁垒,围绕探究主题,开展"语文+"跨学科主题教学活动,以此联结课堂内外、学校内外,不断拓宽语文学习和运用的领域,综合运用多学科知识发现问题、分析问题、解决问题。

(3) 整合性。"家风·红色·追梦"校本课程就课程内容而言,围绕社会主义先进文化、革命文化、中华优秀传统文化,统筹开展七年级"家风之旅",八年级"红色之旅",九年级"追梦之旅",整合程度不断提升,形成有内在关联的语文跨学科实践活动。

(4) 探究性。就学习方式而言,"家风·红色·追梦"校本课程以跨学科的项目式学习为主,通过主问题引领和任务群学习,探寻核心素养语境下,以地方优秀文化为课程资源的跨学科主题学习的设计逻辑和实践原型。

本课程的理念,一是立足语文课程,充分发挥跨学科学习育人功能。语文课程具有独特的育人功能和奠基作用,在发展学生语文核心素养的前提下,以"问题-解决""体验-表达""活动-探究"等跨学科实践活动方式为主线,面向全体学生,围绕"社会主义先进文化、革命文化、中华优秀传统文化"主题,初中三年开展跨学科学习,从中提升思想文化修养,建立文化自信,德、智、体、美、劳得到全面发展。二是构建活动主题群,注重跨学科课程的阶段性与连贯性。遵循跨学科学习活动的阶段性,初中三年构建以"家风之旅""红色之旅""追梦之旅"的活动主题群,逐年对应开发地方课程资源,一学年一主题,一主题一主线,一线贯穿跨学科活动任务群,按照活动设计、实施、展示三个阶段设计多元评价,体现跨学科课程在学段与实施中的阶段性与连贯性。三是突出课程内容的内在关联,加强跨学科内容整合。课程内容的主要载体,以坪山区大万世居曾氏家风调查、坪山区红色文化之旅、坪山区追梦人的动力源探究为活动内容,七年级从家庭走向中华优秀传统文化,八年级从家乡走向革命文化,九年级从社会生活走向社会主义先进文化,在时间与空间的纵横维度,体现课程内容的内在关联,推进语文课程与其他学科课程、学生生活之间的协调和融通。四是创设课程实施的真实情境,学习运用跨学科的学习方式。开发坪山区地方优秀文化为跨学科课程资源,将坪山区大万世居、坪山区红色旧址、坪山区追梦人等作为课程的学习情境,课程实施贴近学生经验,加强与社会生活的联系,促进学生自主合作探究学习,培养学生在真实情境中综合运用跨学科知识解决问题的能力。五是运用恰当的课程评价方式,建构跨学科评价体系。基于课程标准对语文跨学科学习评价的要求,从阶段性特点出发,以活动设计、自主实施、成果展示三个阶段为基点,构建整体性和综合性突出、形成性和终结性并举、定性评价和定量评价结合、自评互评师评等多元评价共存的以核心素养为观察基点的"三段多向"评价体系。

二 课程目标

新时代语文教育必须高度重视语文跨学科主题学习活动在整合开发地方课程资源,整体融入立德树人理念方面所具有的不可替代的育人功能。以课程标准提出"跨学科主题学习"的教育理念,结合校本实际,从顶层设计初中三年语文跨学科主题学习活动框架,提出活动课程的总目标:通过将社会主义先进文化、革命文化、中华优秀传统文化,与地方课程资源对应开发,初中阶段每一学年每个年级,立项小课题,运用活动任务群,开展一个主题实践,以实现立德树人教育与核心素养发展的深度融合,全面提升育人效果。

本课程具体目标如下。

(1)配合统编语文七年级教材,开展坪山区大万世居曾氏家风调查,通过文献、参观、访谈等七个小专题,以"问题-解决"的活动方式,探究大万家风,训练口语交际及分析等综合能力,渗透中华优秀传统文化教育。

(2)配合统编语文八年级教材,通过走访坪山区红色文化,在一条活动主线贯穿下,开展"查、观、唱、说"等八个小专题活动,以"体验-表达"的活动方式,探究坪山区为什么这样"红",夯实听、说、读、写等综合能力,渗透革命文化教育。

(3)配合统编语文九年级教材,以"追梦"为活动主题,开展寻梦、读梦、听梦等六个小专题活动,以"活动-探究"的方式,探寻坪山区追梦人的动力源,亲身体会社会主义先进文化,树立为中国梦而奋斗的时代精神。

三 课程内容

制订跨学科课程校本实施的总体规划,提出总体目标;按照"顶层设计、整体规划、分段衔接、系统推进"的总体原则,立足"社会主义先进文化、革命文化、中华优秀传统文化",规划活动主题群,以学生小课题研究为实施平台,对应开发坪山区优秀课程资源,重构语文跨学科学习活动课程内容。

模块一:"家风之旅"(七年级)。学习常见的调查方法,掌握开展不同调查的一般技能,通过实地调查,了解坪山区传统民居建筑中,中华优秀家风文化的一般表现形式,加深对家乡优秀传统文化的认知。

模块二:"红色之旅"(八年级)。通过问卷调查、实地寻访、探访东纵老战士等,从坪山区重要红色旧址与老战士访谈等活动中,结合历史知识,梳理出百年坪山的红色历程,探究坪山区为什么这样"红"。

模块三:"追梦之旅"(九年级)。探究"坪山追梦人的动力源",设计寻梦、读梦、听梦等活动小专题,深入社会生活,探访学长、家长、快递小哥、创业企业家等不同人群的追梦历程。

四 课程实施

根据初中语文跨学科课程校本实施的总体规划,按照"顶层设计、整体规划、分段衔接、系统推进"的总体原则,立足"社会主义先进文化、革命文化、中华优秀传统文化",整体规划"家风·红色·追梦"活动主题群,以学生小课题研究为实施平台,对应开发坪山区优秀课程资源,重构语文跨学科学习活动课程内容,实现跨学科课程校本化。

在课时安排上,以学年为单位,以"校内活动课+校外实践课"为课时组合形式,主要以校外实践课为主。在资源准备上,以坪山区大万世居、坪山区东纵纪念馆、坪山区追梦人为课程资源开发主体,提前做好摸底了解等准备工作。

七年级"家风之旅"课程实施:通过设立一条贯穿始终的活动主线:调查大万曾氏家风→传承中华优秀传统文化,开展问卷星调查、街采调查、参观调查和访谈调查等小专题式活动,以"问题-探究"的活动方式,多维度了解家风现状,探讨大万世居曾氏家风的核心内涵,提出现代传承的建议,形成调查报告,在亲历真实问题的解决过程中,提升核心素养与综合能力;培养校本研究意识,在生动活泼的跨学科实践活动中,热爱和传承家乡优秀的家风传统文化,加强社会主义核心价值观教育。

活动建议:到坪山区图书馆等开展文献调查,认识家风内涵,观看《家风》专题片,在校园及地铁口等开展家风街采;实地参观大万世居,调查大万建筑、匾联和习俗等;访谈大万曾氏族人、社区"移民"和大万游客对家风的理解与看法;汇总调查成果,进行总结梳理,提炼大万世居曾氏家风核心内涵。

八年级"红色之旅"课程实施:制订具体的活动方案,围绕"坪山红"的成因问题,设计"我是东纵小记者""我是东纵小战士""我是东纵传承人"等多个小专题组成活动任务群,开展形式多样的探究活动,从中提升核心素养与实践能力,争当"坪山红"传承人。总结实践活动,提出传承"坪山红"的合理建议,树立红色文化自信,自觉传承红色基因,赓续红色血脉,提升思想境界,从小坚定永远跟党走的信念。

活动建议:制作"坪山红色文化知多少"问卷,开展街采及文献调查等活动,了解坪山区近代史及红色旧址分布现状,调查各校红色教育基本方式;采访东纵老战士,调查庚子首义、北伐、抗日及解放历史与坪山红色旧址的联系;了解学生喜爱的红色教育方式,开展红色景点解说、红歌赛、红色微电影摄制等活动,提出传承"坪山红"的合理建议。

九年级"追梦之旅"课程实施:围绕"探寻梦之义——共享梦之圆"的活动主线,通过搜集、阅读、书信、演讲、辩论、创业和共享等小专题,理解坪山区追梦人的动力内核。

能够认识个人梦与集体梦的精神内涵，树立为中国梦而奋斗的时代精神。

活动建议：根据活动小专题，对应组织搜集会、书信会、读书会、演讲辩论会、创业会、毕业会等跨学科主题活动，掌握读写书信、阅读名著、演讲辩论、应聘创业等跨学科活动技能。在活动过程中注重开发课程资源，将学长、家长，以及快递小哥、青年模范、优秀企业家等社会人士请进活动中来，跨越不同行业，探究其追梦动力，从中获得自强奋斗的传统美德滋养。

课程实施方法如下。

（1）校内模拟教学。在校内课堂教学中，主要由外请专家或专业教师讲授一些专业技能知识，然后进行角色模拟训练，从中获取初步的技能体验，例如人物采访、问卷星调查、微电影制作等，为校外实践开展必要的技能培训。

（2）校外实践教学。通过开展坪山区大万世居家风调查、坪山区为什么这样"红"、坪山区追梦人的动力源等主题实践活动，在问题-解决、体验-表达、活动-探究等活动方式中，学生直面真实的问题情境，重新贯通学科学习与真实世界的有机联系，促进知识的融合与深化。

（3）校外课程实践建议。教师按课程实践需要，通过开展小组团建，提前设计跨学科学习任务单，提前预判活动难点，让学生在校外实践中有固定的活动小组，有明确的活动目标，有针对性的及时指导；组织热心家长义工参与，适当承担组织联系及安全护送等工作，确保活动顺利进行。

五　课程评价

基于课程标准对跨学科学习评价的要求，从阶段性特点出发，以活动设计、自主实施、成果展示三个阶段为基点，构建整体性和综合性突出、形成性和终结性并举、定性评价和定量评价结合、自评互评师评多元评价共存的以三维目标为观察基点的"三段多向"评价体系。

活动设计阶段评价要点：关注目标定位是否符合课程标准及课题要求；学科知识融合是否有助于问题解决，实施环节与资源开发是否考虑周全；方案拟定过程参与程度，是否具有探究性与创新性。

活动实施阶段评价要点：能否及时纠正研究方向，纠偏与抗干扰能力如何；小组自主合作表现情况，问题意识与信息处理能力表现如何，实施过程是否把握好时间、是否有序推进；实施主体意识上，是否视教师为积极旁观者、支持者与监督者。

活动展示阶段评价要点：成果是否体现跨学科知识融合特色，具有一定价值与创新性；呈现形式是否灵活多样，能够得到大家认可与表扬，是否自信展示、表达流畅、生动准确；成果反思既有个人意识，也能反映小组团队意识。

六 参考案例

坪山区大万世居曾氏家风调查

（一）活动目的

通过校内模拟教学，初步获得文献调查、参观调查和网络调查等技能体验；在大万世居现场调查中，通过实地调查，综合运用文学、国学、建筑学、地理学和伦理学等跨学科知识，综合探讨大万世居曾氏家风的核心内涵，形成调查报告。

（二）活动实施

问卷星调查。学习使用互联网软件"问卷星"，发动全校各班的家长参与调查，并对结果进行分析，提出反馈结果。

街采调查。观摩《家风》专题片，校园体验街采，了解学生对家风的认识；改进街采问题，深入社区进行家风街采，整理结果。

参观调查。到大万世居就屋场坐向、围屋布局、造型艺术和模型建造等建筑角度调查其体现的家风文化，归类整理大万世居各种牌匾、对联、楹联等，从中探究其家风内涵；了解大万民风习俗，体会其家风内蕴。

（三）活动成果

形成大万世居曾氏家风调查报告，提炼出对大万曾氏家风核心内涵的深层理解；

并提出建立家风教育主题馆的建议,以保护大万文物,纪念大万优秀人物,传承大万优秀家风,及时将这些建议向社区及有关主管部门反馈。

(四)活动评价

重点评价是否能运用跨学科知识,学习和运用多种调查技能,解释与解决家风调查中遇到的问题。

能够从多维度了解家风现状,探讨大万世居曾氏家风的核心内涵,提出现代传承的建议,并形成调查报告;能够在亲历真实问题的解决过程中,提升核心素养与综合能力,热爱和传承家乡优秀的家风传统文化。

[本文系 2022 年深圳市教育规划项目"立德树人理念融入初中语文综合实践活动的范式探索"(项目主持人:徐日纯,项目批准号:cgpy22016)阶段性研究成果]

(撰稿人:深圳市坪山区中山中学　徐日纯)

课程场景二　探索特区先锋文化

"坪山红色之旅"是一门基于坪山区红色文化主题的语文跨学科学习课程,是广东省"十二五"课题"语文综合实践活动'一线多题'范式研究"成果之一。课程内容主要包括"查、观、唱、说、读、访、悟"七项小专题综合性学习,由一条活动主线贯穿始终:走近红色文化——走进坪山区红色文化,由浅入深、层层推进,在一个学年中实施,收到一线串珠的最佳活动效果。课程活动始终围绕听、说、读、写等语文基本能力,有机融入跨学科知识,开展小专题式综合性学习,成果有调查报告、观后感、唱后感、解说词、读后感、访后感、微电影、手抄报和剪报辑等,丰富的个性化作品,提升了学生核心素养,同时,有效落实立德树人根本任务的要求,对树立学生社会主义核心价值观具有独特而重要的作用。

一　课程背景

为充分挖掘地方优秀课程资源在革命传统教育中的重要作用,融合语文实践,植入红色基因,培育家国情怀,是落实新时代立德树人根本任务的重要内容。

深圳市坪山区是东江纵队的策源地,是一片著名的红色热土。旧民主主义革命时期,孙中山领导的打响辛亥革命第一枪的庚子首义地,就在坪山马峦山的罗氏大屋;抗日战争中,在坪山诞生的东江纵队,在中国华南地区起了举足轻重的作用,被誉为中国抗战的中流砥柱之一。

坪山新一代"小移民",其实并不了解坪山红色文化。以笔者调查的八(6)班为例,全班42人中,祖辈至今在坪山生活的只有5人,占比不到12%;小学阶段均在坪山读书的只有19人,占比不到一半。全班户籍为深圳市户籍的只有10人,占比23%,非深圳市户籍超过七成。转学到坪山就读的学生占八成以上。

我校地处马峦山下,为纪念孙中山而命名,离东江纵队纪念馆不到3千米。因此,依托语文综合实践活动课程,以坪山红色文化为载体,开展爱国爱党的革命传统教育,培育社会主义核心价值观是完全可行的。

二 课程目标

(1) 学习多种调查方式,深入体验坪山区红色文化,在分工合作中提高分析解决问题的能力。

(2) 通过调查、观影、唱歌、解说、阅读、采访和编辑等多项体验活动,采用一条主线贯穿活动任务群的方式,深入开展红色文化教育。

(3) 提出开展坪山区红色文化教育行之有效的合理建议,加深了解党史与革命史,让学生从中受到生动、深刻的革命传统教育。

三 课程内容

课程内容以"红色之旅"为主题,围绕听、说、读、写等语文关键能力,以"坪山区为什么这样红"为总问题,通过设计一条活动主线,开展"查、观、唱、说、读、访、悟"七个小专题组成活动任务群,组织八年级学生开展为期一学年的"坪山红色之旅"语文综合实践活动。

模块一:查——我是东纵小记者。学生化身东纵小记者,制作"坪山区红色文化知多少"问卷,面向全校师生及家长做问卷调查,对调查结果进行数据分析,得出结论。

模块二:观——我是东纵小观众。学生前往东纵纪念馆,观看《东江纵队》《东纵英雄刘黑仔》等红色影片,撰写观后感,分享交流感受。

模块三:唱——我是东纵小歌手。搜集红色歌曲,分类整理;学唱《东纵之歌》等红色歌曲,开展小组合唱、个人演唱等活动,撰写红歌唱后感。

模块四:说——我是东纵小解说。在东纵纪念馆公众号报名,参与东纵小小解说员培训,参考相关资料,撰写解说词,自主承担某一展区解说,向游客介绍。

模块五:读——我是东纵小读者。阅读《红星照耀中国》等红色名著,阅读《东纵英雄刘黑仔》等书,联系历史史实,撰写读后感,编写课本剧,制作红色微电影。

模块六:访——我是东纵小战士。提前向有关部门报告活动目的,争取上级部门支持,获得在坪山区生活的东纵老战士的联系方式,并开展走访东纵老战士活动,注意记录老战士的口述历史,整理采访记录;规划走访红色旧址路线,从学校出发,经庚子首义地旧址、光祖中学、坑梓与坪山革命烈士纪念碑、东纵纪念馆、坪山党群服务中心,沿路深入探究坪山为什么这样"红"。

模块七:悟——我是东纵传承人。整理活动成果,梳理活动小专题,从中理出坪山百年历史足迹,感悟"坪山红"的成因;就坪山区开展革命传统教育,提出合理化建议。

四 课程实施

课程组织原则:采取集中-分散-集中的形式进行。实施对象为八年级学生。全班学生分8个小组开展,每一个小组都有一个小专题任务,角色分工,准备资源;实施时间一般为周末,每2—3周完成一个小专题,每完成一个小专题,安排一节语文课上进行成果分享,同时下一个小组要拿出实践方案或计划,筹备实施。以此类推。

课程指导原则:教师全程指导参与,必要时,让家长志愿者参与其中。充分发挥学生小组活动的优势,以任务驱动为实施策略,分小专题分小组完成,集中分享成果。

课程具体实施如下:

(1)问卷调查。小专题:查——我是东纵小记者。制作"坪山区红色文化知多少"调查问卷,开展坪山区红色问卷调查、红色图书调查、红色旧址调查、红色教育调查,初步了解坪山区红色文化教育现状。

任务一:问卷调查与分析。成立小课题组,设计"坪山区红色文化知多少"问卷调查。从学段、接触红色文化的时间、了解红色文化的方式、对坪山区红色文化了解的程度及态度等,采用匿名的方式进行。调查结果显示:一是学生对红色文化内涵的认同度还是比较高;二是对红色文化的了解程度较低;三是对东纵历史、坪山区革命史不熟悉。

任务二:东纵图书分类整理。前往东纵纪念馆,进行图书分类。纪念馆二楼馆藏图书200余本,其中文学类图书65本、地方史图书60本、其他类41本、回忆录类22本、文集类21本。

东纵纪念馆图书分析:在东纵纪念馆馆藏图书中,文学类及地方史类别的图书占60%,也就是一半之多,而真正涉及东纵历史文化知识的书籍非常少。

任务三:坪山区红色旧址调查。坪山区红色文化旧址的分布调查。我校附近红色旧址有庚子首义地罗氏大屋、东纵纪念馆、坪山革命烈士纵碑、坑梓革命烈士纪念碑、光祖中学五处;据此规划三条坐公交可以前往参观的"坪山区红色之旅"线路。

任务四:红色文化教育采访。采访学校红色文化教育的开展情况。一是了解中小学生比较喜欢的教育方式;二是了解学校开展红色文化教育的主要方式。

活动结论:在坪山区的中小学中,学生比较喜欢的教育方式是看红色电影、唱红歌等;学校开展红色教育的主要方式是开主题班会。采访表明,各校红色文化教育与学生的主观需求不匹配,红色教育普及不均匀,教育形式比较单一。

(2)参观体验。小专题:观——我是东纵小观众。通过组织观看红色电影,撰写分享观后感,培育对坪山区红色文化的兴趣。

任务一:观看红色影片。结合坪山区红色文化的著名影视作品——《东江纵队》和《东江英雄刘黑仔》两部影片,组织学生一起观看。

任务二:撰写分享观后感。观看完毕,进行观后感的写作和对这种传播方式的建议收集。活动结果显示,学生更喜欢这种很直观的电影式的教育方式,没有那么枯燥,看完影片也更有趣,至少更爱讨论影片,写起观后感也更觉得有东西可写。

(3)学唱抒怀。小专题:唱——我是东纵小歌手。通过学唱红色歌曲,撰写唱后感,在强化对坪山区红色文化的兴趣的基础上,提高思想认识。

任务一:学唱红色歌曲。观看红色影片后,开展"唱红歌,怀东纵"的活动。先上网络广泛查找红色歌曲,然后选其中喜欢的来学唱,请来音乐教师教唱,小组举行合唱红歌比赛,评选优秀小小红歌手。

任务二:撰写唱后感征文。红歌赛结束,组织学生拿起手中的笔,开始书写心中澎湃的激情,从这些唱后感中,能充分感受当代学生对红色文化之根的向往。

(4)实践研习。小专题:说——我是东纵小解说。通过观摩东纵纪念馆的讲解员解说,回来后请教历史教师,查找近代资料,独立撰写解说词,并开展纪念馆现场解说比赛,深入体验坪山区红色文化魅力。

任务一：观摩解说员讲解。组织学生到访东纵纪念馆,一遍一遍地观看,一遍一遍地听解说员的讲解,组织学生也来当一当东纵的小解说员,看谁解说得好。

任务二：了解东纵发展史实。查阅历史课本,了解抗日战争与解放战争时期,东纵在华南地区坚持抗战的史实,抗战结束后,又北上开赴解放战争前线,为中国的全面解放而浴血奋战。这一段历史被朱德总司令誉为"中国抗战的中流砥柱"。

任务三：分组开展解说体验。学生以小组为单位,认领了东纵纪念馆的十三个展区,开始撰写讲解词。全班分为13个小组,每小组3—4人,负责一块展区,一次5分钟左右的解说,带上解说打分的评价表,主动带一群观众做讲解,活动结束,结合观众游客的评价,评选最佳小小讲解员。

（5）阅读体会。小专题：读——我是东纵小读者。通过开展"同读一本红书"的活动,开展创编红色读剧活动,从中提高综合素养。

任务一：同读一本红书。开展"同读一本红书"的主题阅读分享活动,阅读《红星照耀中国》等,要求结合1936—1937年以毛泽东同志为首的中国工农红军在陕甘宁边区的革命历史,从文史结合的角度,撰写读书体会,开展一次读红书专场分享会。

任务二：创作红色读剧。查阅资料了解东江英雄刘黑仔的故事,了解刘黑仔1939—1946年参与的重要革命活动,包括领导港九大队活捉日本特务、参与历史文化名人大营救、拯救美国空军中尉克尔等。结合阅读《东江英雄刘黑仔》一书中的重要情节,着手编创读剧,剧本名字确定为《拯救美国中尉克尔》,并参加学校语文周活动。

（6）走访探究。小专题：访——我是东纵小战士。通过探访东纵老战士,自主规划坪山红色之旅路线,确定踏访的五处旧址,开展实地调研,在亲身体验中深化对坪山区红色文化的认识。

任务一：开展红色之旅。根据之前对坪山区红色文化旧址的分布调查,规划一条以学校为起点的红色之旅的路线：中山中学-东纵纪念馆-坪山革命烈士纪念碑-坑梓革命烈士纪念碑-光祖中学-庚子首义地马峦山罗氏大屋,组织学生利用周末一天的时间进行实地踏访。

任务二：编写文旅手册。为配合这次活动,组织各小组编写一份坪山区红色文化之旅小手册。编写结束,进行小手册的评选,推选出"红旅最佳小手册"。

任务三:走访老战士。为深入了解坪山区革命历史,提前联系还在坪山区生活的几位东纵老战士,做好充足准备工作,对坪山区的东纵老战士展开探访活动,探访结束要整理采访记录,完善采访成果。

(7)梳理感悟。小专题:悟——我是东纵传承人。通过整理活动过程,结合访后感、摄影、讲故事、绘画等形式汇总实地调查成果,从中梳理出坪山区"红"的成因,并以不同作品表达传承坪山区红色文化的决心。

任务一:探究坪山区"红"的成因。第一,清末庚子首义,打响了反帝反封建第一枪,给坪山从此播下革命的种子。第二,百年光祖中学传承了"家国之光",清末维新运动,以及大革命时期周恩来同志领导国民革命军到了坪山,进一步传播了革命思想。第三,坑梓、坪山革命烈士纪念碑彰显了早期革命与抗日战争中,东江抗日游击队的大无畏的牺牲精神。第四,东江纵队纪念馆、曾生将军故居见证了抗日战争与解放战争以来,坪山人民忠贞报国的东纵精神。第五,坪山区党群服务中心体现了改革开放以来,新时代共产党人的初心与使命。

结论:从庚子首义地马峦山罗氏大屋,到历经百年的光祖中学,再到坑梓与坪山革命烈士纪念碑;从东江纵队纪念馆,到走访曾生将军故居及东纵老战士,再到新时代坪山区党群服务中心,这一路的红色之旅,见证了坪山儿女百年走来的红色足迹,她鲜活地告诉学生:坪山之所以这样"红",是因为坪山儿女百年以来,抛头颅,洒热血,前仆后继,始终跟着中国共产党的方向走!这一结论震撼了坪山新一代"小移民",学生对于脚下这片红色热土油然而生敬意,也坚定了"永远跟党走"的信念,树立了"强国有我、请党放心"的志向,努力争当祖国未来建设者与接班人。

任务二:编辑活动成果。编一本书记录活动成果。活动课接近尾声,可将此次多种形式的活动成果编辑成书。为此,要成立东纵编辑部,任务就是将这次活动研究的全过程资料进行整理。编辑部主编、编委竞选上岗,主编负责全书最后审稿。活动成果定名为《坪山红色文化之旅》,安排好目录与篇章,联系印刷厂付印成书。

任务三:提出革命传统教育建议。结合坪山红色文化教育,提出了以下几点建议:一是建议不断完善和充分利用东纵纪念馆的教育资源;二是建议红色文化教育要与有关学科结合并有创新有系列地开展;三是建议学校开展形式多样的红色文化教育活动时,多将红色文化教育与学生的少先队团队活动相结合;四是建议重视红色文化传播的形式要多样化。

五　课程评价

"坪山区红色之旅"校本课程是基于问题的主题式、项目式、开放性的跨学科学习课程。因此,以动态评价理论为基石,按照"过程导向、评教整合、多元互动"的评价理念,以语文核心素养为核心评价目标,观照跨学科知识与能力的培养,调动多元主体参与评价,设计多个维度的观察基点,在评价反馈中持续改进。

本课程相关成果先后荣获广东省教育厅"品读红色气质"微电影一等奖、广东省第四届校本课程成果二等奖、广东省教育评价改革征文二等奖、深圳市中小学德育主题案例一等奖、深圳市首届研学活动方案一等奖等。

[本文系 2022 年深圳市教育规划项目"立德树人理念融入初中语文综合实践活动的范式探索"(项目主持人:徐日纯,项目批准号:cgpy22016)阶段性研究成果]

(撰稿人:深圳市坪山区中山中学　徐日纯)

课程场景三　少年养志,玉汝于成

我校注重培养学生的个性发展、综合素质,为了让学生更深度了解自己的优势、培养正确的价值观等,我们结合本校实际,开设了"青春三礼"校本课程,旨在引导学生完善自我认知、培养生涯规划意识、形成终身发展观,从而掌握一定的生涯规划方法。

一　课程背景

"青春三礼"课程立足核心素养,贯彻社会主义核心价值观教育,落实少年先锋队、共产主义青年团的组织定位和根本任务,教育引导少年先锋队队员、共产主义青年团团员为实现中国梦做好全面准备;体现时代要求、彰显中国特色,以体验性、实践性学习为主,旨在帮助学生正确认识自我,客观了解社会,形成正确的理想信念和价值观,为未来的人生发展做准备。

二　课程目标

"青春三礼"课程旨在增进学生对少年先锋队、共产主义青年团等的了解与热爱,培养学生发展的核心素养。通过参与活动,学生培养对中国共产党、共产主义青年团的荣誉感、使命感,具有生涯规划意识,掌握学习与生活规划方法,提升生涯发展能力,塑造学习与生活向上发展的信念,在主动成长中成就精彩人生。

(一) 培养对中国共产党、共产主义青年团的荣誉感、使命感,具有生涯规划意识

了解少年先锋队队史、共产主义青年团团史,熟知少年先锋队队章、共产主义青年团团章;增强组织意识,增进对中国共产党、共产主义青年团组织的认知和向往;明确中学阶段的特点和任务,具有自我发展意识;正确认识自我和外部世界;树立人生理想和发展志向,形成终身学习发展的观念。

(二) 掌握学习与生活规划方法,提升生涯发展能力

掌握生涯规划的方法,学会设立生涯发展目标和计划;学会利用相关信息和科学方法选择未来学习与生活发展方向;具有生涯适应能力,能够评估自身的进步和不足,主动适应周围环境的变化发展。

(三) 塑造学习与生活向上发展信念

培养积极乐观的生涯发展态度,形成坚定的生涯发展信念;形成爱岗敬业、奉献社会等社会主义职业道德品质;增强创造人生、服务社会的使命担当。

三 课程内容

本课程共分为三个模块,各模块具体内容体现有序进阶、有所侧重的特点。

模块一:每年10月13日少年先锋队建队日,举行青春奠基礼暨七年级建队仪式。七年级学生在本次活动中做好初中三年规划并填写"梦想慢递"信。

模块二:每年5月4日五四青年节,举行青春先锋礼暨八年级学生离队入团仪式。八年级少年先锋队员集体举行离队仪式,优秀的少年先锋队员举行入共产主义青年团仪式,树立共产主义青年团员先锋模范作用。

模块三:每年6月毕业季,举行青春感恩礼暨九年级学生毕业典礼。九年级学生回顾三年学习与生活的成长时光,增强对周围人际关系、党团队的感恩。

四 课程实施

"青春三礼"以活动课程为主,包括三次活动前的一次班级集体班会和三次年级活动。本课程强调活动内容与社会生活、职业发展的内在联系,充分利用跨学科主题学习、学科实践等综合学习形式,加强德育教育、生涯规划在校园生活的有机融入。

本课程在开展时,具体的实施办法如下:

(1) 资料梳理:通过资料收集、阅读,学生了解建队日、离队入团、生涯规划的内容,完善对当下学习阶段的全面认识。

(2) 集体活动:参加年级集体活动,学生培养集体意识、纪律意识和凝聚荣誉感。

(3) 分享交流。在年级集体的活动实践后,通过心得交流、故事分享、师生讨论等形式,举办丰富多彩的班级、师生交流活动。

五 课程评价

本课程的评价原则是:关注学生三年的学习过程和进步,遵循发展性、科学性和个性化原则。要以促进学生对中国共产党、共产主义青年团、少年先锋队集体的荣誉感为价值导向,重视对评价结果的应用,发挥评价的诊断和改进功能;要以科学的方法为基础,重视表现性评价、质性评价、自我评价与他人评价相结合;要以服务学生个性发展为宗旨,实现学生多样化、个性化发展。

课程评价的具体方法如下。

(1) 表现性评价。收集、积累能够反映学生学习与发展的资料,记录学生在过程中的表现情况,及时评价;观察学生在不同活动中的参与、投入情况,了解学生生涯发展意识、方法和关键能力等方面的表现。

(2) 真实性评价。考查学生在三次活动中的综合运用能力、探究精神与合作态度,如是否能积极参与活动、是否能主动提出问题等;尊重和保护学生学习的自主性和积极性,鼓励学生运用多种方法,进行职业生涯规划的探究学习。

(撰稿人:深圳市坪山区中山中学 缪晶)

课程场景四　学生生涯成长导航

中小学心理健康教育是提高中小学生心理素质、促进其身心健康和谐发展的教育，是中小学素质教育的重要组成部分。初中学生正处在身心发展的重要时期，随着生理、心理的发育和发展、竞争压力的增大、社会阅历的扩展和思维方式的变化，在学习、人际交往、情绪调适、人格发展和升学就业等方面可能会遇到或产生各种心理困扰或问题。为深入贯彻中国共产党的十八大精神，落实《中共中央国务院关于进一步加强和改进未成年人思想道德建设的若干意见》和《国家中长期教育改革和发展规划纲要（2010—2020年）》要求，我校坚持育人为本，在教育部《中小学心理健康教育指导纲要（2012年修订）》精神的引领和指导下，根据初中各年级学生的生理、心理发展特点和规律，我校开设了"积极心理"校本课程，课程分为五个模块："积极适应，高效学习""悦纳自我，阳光成长""管理情绪，积极复原""有效沟通，融洽关系""规划生涯，选择未来"。课程旨在提升学生的心理品质，促进他们的身心全面和谐发展，完善青春健全人格。

一　课程背景

本课程旨在根据中小学生生理、心理发展特点和规律，运用心理健康教育的知识理论和方法技能，培养学生良好的心理素质，完善青春，健全人格。课程以学生发展为根本，遵循学生身心发展规律，具有以下性质。

（1）科学性与实效性相结合。根据学生身心发展的规律、特点和心理健康教育的规律，科学开展心理健康教育，实时调整教育教学内容，适时开展适合学生需要的心理课程。

（2）发展性与个体性相结合。立足培养学生积极的心理品质，挖掘和激发他们的心理潜能,关注个别差异,根据不同学生的特点和需要开展心理健康教育和辅导。

(3)全面性与生长性相结合。全体教师树立心理健康教育意识,关注全体学生的成长过程和发展潜力,充分发挥和调动学生的主体性,引导学生积极主动关注自身心理健康,促进学生个性化发展和全面成长。

二 课程目标

通过多种教育途径和方法,在遵循中小学生身心发展规律的基础上,提高全体学生的心理素质,培养学生积极乐观、自尊自信、坚韧顽强的心理品质,促进学生人格健全发展,充分开发学生的心理潜能,为学生健康成长和幸福生活奠定基础。本课程具体目标如下。

(1)帮助学生适应初中阶段的学习环境和学习要求,培养正确的学习观念,发展学习能力,改善学习方法,提高抵制诱惑的自控力,提高学习效率,促进学生有效学习。

(2)帮助学生加强自我认识,客观地评价自己,帮助学生认识青春期的生理和心理特征,把握与异性交往的尺度,顺利度过青春期。

(3)帮助学生进行积极情绪的体验与表达,对自己的情绪进行有效管理,抑制冲动行为,提高自控能力,培养坚强的意志力,以及应对失败和挫折的能力。

(4)帮助学生学习人际交往技巧,积极与教师和父母进行沟通,提高人际交往的能力,改善同伴关系和提升班级凝聚力。

(5)唤醒学生的生涯规划意识,在认识自我和生涯方向的基础上,帮助学生把握升学选择方向,初步确立自己的生涯志向,并为实现生涯志向而努力准备。

三 课程内容

本课程旨在提升学生的心理品质,完善青春,健全人格,根据初中学生的身心发展特点和规律,课程共分为五个模块,具体内容如下:

模块一:积极适应,高效学习。小学升入初中,新环境、新身份、新的学习任务要求对于初中学生来说,既是挑战也是机遇。积极引导他们快速适应新的初中学习生活非常重要,为之后的学习打下良好的心理基础。这部分课程主题包括"如何顺利渡过开学'适应'关""加油!记忆打工人""专注力大考验""考前聚焦静心""我的时间规划局""像玩手机一样爱上学习"。

模块二:悦纳自我,阳光成长。初中学生身体和心理的发育发展迎来高峰,自主性和独立性增强,开始关注自己的身体容貌特征和内心情绪体验,在意他人对自己的评价,尤其是开始关注与异性同学的关系。但由于身心还不够成熟,呈现出独立和依赖、成熟和幼稚、闭锁和开放,以及勇敢和怯懦的矛盾心理发展特点,使得他们陷入一种矛盾状态,需要给予其适时的支持和引导。这部分课程主题包括"我是谁""接纳'小黑点',独一无二的我""人各有所长""唤醒强大的自己""青春不迷茫""当青春遇上 ta"。

模块三:管理情绪,积极复原。初中学生的情绪情感体验丰富多彩且深刻,但由于大脑前额叶发育不够成熟,呈现出不稳定、情绪控制能力弱的特点,在外界刺激下表现出强烈的情绪体验很容易产生冲动性行为。帮助学生进行积极情绪的体验与表达,对自己的情绪进行有效管理,抑制冲动行为,提高自控能力,培养坚强的意志力,以及应对失败和挫折的能力,对于他们显得尤为重要。这部分课程主题包括"做情绪的主人""如何聪明地表达愤怒""我的能量瓶""曼陀罗绘画心理课""换个角度看问题""积极的自我暗示""发现生活中的小确幸""走出思维牢笼——成长型思维"。

模块四:有效沟通,融洽关系。初中学生与父母、教师和同伴的关系发生了变化,在心理上逐渐与父母脱离,对教师有了新的认识,并有了更高的要求,同伴在他们心目中占据越来越重要的地位。为了让初中学生学习人际交往技巧,积极与教师和父母进行沟通,提高人际交往的能力,这部分课程主题包括"我的交友雷区""人际交往专题——我能更懂你""亲子'慧'沟通""不让玩笑变嘲笑""双向奔赴的友谊""积极言语暖人心"。

模块五:规划生涯,选择未来。初中学生必然要面临第一个重要的学业生涯抉择,为了唤醒初中学生的生涯规划意识,在认识自我的基础上帮助学生把握升学选择方向,并为实现生涯志向而努力准备。这部分课程主题包括"认识生涯规划,画出生命彩虹""人(气质+性格)职匹配""探索职业兴趣""非常拍卖""我的家族职业树"。

四　课程实施

学校在开展心理健康专题教育的同时，将心理健康教育贯穿教育教学全过程，加强学科融合和渗透，多途径、多形式开展心理健康教育。

心理健康教育。学校开设专门的心理健康教育课，并列入课程表，每班每两周至少安排1课时。心理健康教育课以活动为主，包括情境设计、问题辨析、角色扮演、游戏辅导和心理情景剧等，融知识性、趣味性、参与性和操作性于一体。校级学科教研活动每周一次，区级教研活动每月一次，校级的公开课每学年一次。

心理健康教育学科渗透。我校全体教师在各学科教学中遵循心理健康教育的规律，将适合学生特点的心理健康教育内容渗透到日常教育教学活动中。并将心理健康教育与班主任工作、班团队活动、校园文体活动、社会实践活动等有机结合，多种途径开展心理健康教育。

五　课程评价

课堂教学评价。在教学目标中要包含学生的心理成长目标，教学环境要营造和谐的课堂心理氛围，教学过程要关注学生的思维、情感、态度等心理因素的发展，教学内容要挖掘学科体系中蕴含的心理要素，教学评价要体现发展性、多元化评价的理念。

学生心理健康状况。学校每学年都会对学生开展心理健康测评，评估学生心理健康水平，筛选不同等级的心理危机学生，可从测评结果侧面反映心理健康教育教学的效果。

（撰稿人：深圳市坪山区中山中学　彭丽娟、彭婷婷）

课程场景五 齐心琢玉联盟护航

一 课程背景

中山中学创办于2015年,是坪山区委区政府高标准建设、高起点定位的一所现代化公办初级中学。学校本着"立德树人,办人民满意中国教育;匠心独运,创深圳特色未来学校"的基本思路,以"匠心独运,返璞归真"为核心办学理念,以"玉德之学,未来之门"为办学定位,以"少年养志,玉汝于成"为培养目标,弘扬教师"玉匠精神"、学生"玉德精神",以生为玉,琢玉成器。学校在搭建多样化育人平台、促进学生人格成长的同时,联合家长、社区、街道办等多方育人力量,构建更加合理、全面、高效的协同育人体系。

深圳市坪山区中山中学自2018年9月起成立"齐心琢玉联盟"——基于学生身心全面发展理念的家校共育模式,构建了"一主三辅"家校共育课程,以"理论学习与实践探索并举"的家校课程组织形态,高效汇聚学校、家长、社会的教育力量,创建新时代家校联盟体。

二 课程目标

家长学校的建设、发展基于协同教育理论。协同教育理论指的是学校、家庭、社会上的各种教育资源、教育力量之间通过积极主动的协调合作,形成合力,共同教育孩子。其核心观念是家庭、学校和社会之间互相交流,实现资源共享,给予学生全面关怀,从而促进学生和谐健康发展。

建设家校合作协同共育机制是落实立德树人根本任务、促进基础教育高质量发展的现实要求和有效举措。2022年1月1日,《中华人民共和国家庭教育促进法》提出

"建立健全家庭学校社会协同育人机制",确立了家校合作的法律保障与目标定位,凸显了家校合作的重要性。《全国家庭教育指导大纲(修订)》在"13—15 岁儿童家庭教育指导内容要点"中也提到"与学校、社会形成合力,净化家庭和社会文化环境"。

家长学校在建设、实践中,立足于协同教育理念,结合新时代家庭教育法规条例,对于应对当下的家校合作、家庭教育、学生成长问题,摸索出了一条行之有效的途径与策略。

(一)学生层面意义:促进身心全面健康发展

中学生正处于告别幼稚、走向成熟的过渡时期,面临着生理和心理上的"巨变":各项身体指标接近于成年人,感知觉能力不断提高,能够有意识地调节和控制自己的注意力,但情绪还不稳定、易冲动。这就非常需要家庭教育、学校教育在关键的时候给予恰当的引导。当学校和家庭进行合作时,需要充分的交流和沟通,使教师和家长都能够充分了解学生的性格、行为习惯和在校表现,为学生制定最有效的教育方法,关注学生的身心健康。良好的家校合作同样也能够提高中学生的身心健康水平和学习成绩,使中学生养成良好的社会道德品质,预防不良情绪和心理问题的发生,促进学生全面、健康成长。

(二)家长层面意义:提高家庭教育水平与能力

家长学校使家长有机会走进学校、走进孩子各类学习环境。通过参加学校举办的教育讲座,家长们可以学习科学、先进的教学理念和方法;也可以通过教育研讨沙龙,与其他家长交流经验、取长补短;还可以参加亲子实践课程,家长与孩子之间增进了解,孩子也感受到父母的关心,体谅父母的不易,增强亲子关系与感情。另外,家长参加课程学习,也是热爱学习、终身学习等学习态度的外显,这更会为孩子树立起一个无言的优秀榜样,激发孩子向上、向善的学习动力。和谐有爱的家庭氛围会让家长获得教育成功的自豪感和孩子的正向反馈,家长的教育水平也会逐步提升。

(三)学校层面意义:优化家校合作方式与关系

为保证让学生享受到更加充分的优质教育,学校不仅要致力于提升教育水平和质量,还要深入开展管理体制改革,协同多边力量。家长学校是在学校统一组织下的家校沟通形式,在此形式下,家长与学生进行有效互动、沟通,并逐渐形成一致的教育目标,双方形成教育合力。这样不仅有效消除不和谐因素、避免了家校矛盾,也有利于开拓教师教育教学方式,营造良好和谐的家校合作氛围。

(四)社会层面意义

家长学校贯彻落实《中华人民共和国家庭教育促进法》《关于进一步加强家庭家教家风建设的实施意见》《全国家庭教育指导大纲(修订)》等法律法规、文件精神,在普及、宣传国家各部门对于家庭教育、家校合作的重要指导精神上具有重大意义。家长学校课程丰富多样,涵盖心理学、教育学、教育法律法规等,在学习过程中,家长可以养成终身学习的良好习惯,这不仅可以提升家长教育素质,还在一定程度上营造了全民学习的氛围、促进了学习型社会的建设。

此外,家长学校改善家校合作关系,减少青少年健康问题,这对于降低青少年犯罪率、营造和谐社会也具有重要意义。

总体而言,家长学校的基于学生身心全面发展理念的家校共育模式契合中学生身心健康发展特点,开展系统、多样、全面的家长课程,以营造良好的家庭、家校关系为切入点,实现"学生全面健康成长"这一协同育人目标。

三 课程内容

齐心琢玉联盟是以"少年养志,玉汝于成"为目标的家校共育实践探索,精准结合学生不同成长阶段的身心发展特点与重心,构建了"一主三辅"家校共育课程,形成了以"理论学习与实践探索并举"的家校课程组织形态,高效汇聚了学校、家长、社会等多方教育力量,优化了家长的教育观念,提升了家长家庭教育技能与教育艺术,更好地履行了教育责任,为学生身心全面发展提供有力支持,推动并打造了我校德育工作高质量发展与德育特色品牌。

"一主三辅"家长共育课程以学习《中华人民共和国家庭教育促进法》为主修课程,以"家庭教育大讲堂""家庭教育沙龙""亲子互动"为三个辅修课程,在积极响应国家提倡的依法育人的大前提下，根据学生在初中三年身心、学业发展特点，按照七年级衔接适应、八年级关键期调整、九年级生涯规划等主题，精准筹划活动主题、开展形式等，体现家长学校课程及活动的阶段性特点。

此外，家长学校还开设了涵盖理论、讨论、活动实践三种课型的家庭教育课程，体现家长学校课程的丰富性，让家长愿意、乐意参与家长学校的课程进行有效学习，使家庭教育指导工作由"学校自发"向"家长自觉"的转变，真正赋予家长学校重要使命。

四 课程实施

为充分发挥学校在家庭教育中的重要作用、满足家长终身学习的需求，我校创办中山中学家长学校，开设"一主三辅"家长课程，向家长传递家庭教育理念、知识和技能，搭建家校互动平台、协调家校关系，整合社会、学校、家长三方资源，促使形成家校合育共同体，培养符合现代教育理念的家庭教育者。

（一）家长学校的组织架构及其职能分工

中山中学家长学校组织架构：以中山中学党总支书记、校长为总指导，德育处为主管部门，教学处、安全办、总务处等为协助部门，各年级德育级长为主要负责人，各班班主任为管理者，各家长班级设置2名家长代表，从中挑选6名家长代表组成校级家长委员会。

（二）以奖促学，以评促教

学生评价是课堂教学形成闭环的重要环节，"一主三辅"课程的课堂教学同样需要评价，但家长学校的评价对象是家长，家长在社会中承担着多种社会角色，因此参加家长学校的学习具有不稳定性，充分考虑到这一点因素，是否参与家长学校的学习对于家长而言是非强制性的。中山中学家长学校结合家长参与课程的学习成果、课堂出勤率、班主任主观评价等多方面因素，对家长进行积分考核评价，每一学年在各年级评选优秀家长学员，对于完成三年学业的家长学员符合结业条件颁发结业证书、择优颁发优秀毕业家长学员，以奖促学，探索家长激励机制，在激发家长学习内驱力上做加法，从而获得大量的评价数据,根据评价中发现的问题对"一主三辅"课程进行修订完善,促进课程的不断优化,成就精品课程。

五 课程案例

我校于 2018 年 5 月筹办家长学校,进行"一主三辅"课程的设计与编写,于 2018 年 9 月初步展开了相关课程。

案例一:家庭教育大讲堂——了解深圳中考形势及初升高生涯指导。

(1)课程目标。了解九年级师生在校日常,增强家长对学校的认同感;通过了解中考严峻形势,使家长理解学生的中考压力,根据孩子状态,让家长作出相应行为,适当在家缓解学生学习压力或协同学校促使学生学业进步;了解中考报考政策,让家长着手准备报考材料;了解多种升学途径,让家长思考孩子的初升高的生涯规划;了解孩子九年级关键期的行为、心态,让家长合理陪伴。

(2)课程内容。

活动环节一:播放《九年级师生十二时辰》,家长观看九年级师生从早晨 7 点至晚上 9 点的日常生活记录。

活动环节二:分析中考形势。

① 中考学科及分值。

② 历年中考录取率及 2023 年新建高中、2022 年各梯度高中录取分数线(据网络预测 2023 年深圳中考考生数 12 万左右,公办普高学位 6.6 万个,预测 2023 年深圳公办普高录取率达 55%)。

活动环节三:正确认知初升高的意义,了解多种初升高途径。

① 高中、职校的区别。

上高中——普通教育给予的是更多的选择,更多的可能性。

上职校——职业教育是国家的政策导向,现代社会的需求。

拒绝包办升学,灌输积极思想——丧失学习兴趣,毁掉孩子。

② 参考 2022 年深圳中考、初升高的多种途径。

活动环节四:家长在孩子九年级关键期能做的五件事。

① 收集中考信息(中考政策、招生学校信息、社会热点)。

② 找出薄弱环节(冷静分析孩子的成绩,找出提升空间,明确合理的目标,和孩子一起制订计划,并协助提升)。

③ 耐心倾听与共情(家长自身不能焦虑,不居高临下、责备、质问;理解与肯定孩子,提建议而不是要求)。

④ 允许体育活动(认可运动能给孩子的学习状态带来促进作用)。

⑤ 科学配餐做好后勤(均衡搭配,适当加餐,慎买保健品)。

案例二：家庭教育大讲堂——小升初学生的思维、行为应如何引导过渡。

(1) 课程目标。让家长了解什么是健康和谐的亲子关系,让他们懂得家庭教育的重要性;了解孩子刚进初中存在的问题和心理状态,用亲情之爱和有效规则帮助孩子度过小升初的关键期;帮助家长与孩子进行有效沟通,促进家校合作,携手共进,为孩子保驾护航。

(2) 课程内容。

活动环节一：课堂导入。

孩子是上天赐予我们最珍贵的礼物,当孩子年幼时,父母需要用充满智慧的教育让孩子健康成长,当孩子长大后,父母又需要及时放手,给孩子更广阔的天空。可是越来越多的父母感觉到他们很难与处于青春期的孩子进行沟通,这是为什么呢？今天就让我和各位家长来探讨一下,如何与孩子进行有效沟,帮助孩子顺利度过小升初这一关键时期。

活动环节二：基于问卷调查的学生分析。

展示学生在问卷调查中体现出来的学习和交友方面存在的问题,让家长了解孩子刚进初中存在的心理问题。

活动环节三：在小升初阶段,应如何引导孩子。

① 建立正确的学习态度：在小升初阶段,很多家长会关注孩子的成绩和分数,但这并不是最重要的。更重要的是要让孩子建立正确的学习态度,尊重老师和课程,养成好的学习习惯和自我管理能力。只有这样,才能真正提升孩子的学习能力和综合素质。

② 关注孩子的兴趣爱好：小升初是一个紧张的阶段,但家长不要完全放弃孩子的

兴趣爱好。因为孩子的兴趣爱好不仅能调节情绪，还能培养孩子的综合能力和创新思维。家长可以和孩子一起研究有趣的话题，或者安排一些适合孩子的兴趣爱好课程，以增强孩子的成就感和自信心。

③ 建立正确的家庭教育氛围：在小升初阶段，家庭教育氛围对孩子的成长影响很大。家长应该创造一个积极、和谐、宽松的家庭教育氛围，给孩子足够的关爱和支持，并且要有耐心和宽容。当孩子遇到挫折或困难时，家长要鼓励孩子，帮助孩子渡过难关。

④ 给孩子足够的时间和空间：家长应该给孩子足够的时间和空间，让他们自由地探索和发现，不要过多地干涉和指导。孩子需要有自己的思考和判断能力，这对他们以后的成长很有帮助。

活动环节四：布置作业。

① 利用假期安排一次家庭出游。

② 定期召开家庭会议，由家庭成员轮流当主持人。主持人要全面、客观地总结近期家庭各个成员的表现，再围绕家庭中的父母和孩子做得好的方面和存在不足进行讨论交流。

案例三：学习《中华人民共和国家庭教育促进法》——有"法"育娃。

（1）课程目的。家长应培养未成年人关于国家和民族的正确认识，即培养未成年人热爱民族团结和拥护祖国统一的积极情感与意识；家长应培养未成年人关于社会的正确认识，培养其良好社会公德和法治意识，对社会热点事件有自己的独立见解；家长应培养未成年人关于家庭的正确认识，培养其形成良好家庭美德，能够思考和辨别在家庭中的不同角色定位下的不同行为表现及其缘由；家长应培养未成年人对自身发展的认识，引导未成年人树立正确的成才观念，完善自我认知，树立自信、自强观念，培养有利于迎接未来挑战的必备品质和关键能力。

（2）课程内容。

《中华人民共和国家庭教育促进法》的出台背景。根据全国妇联家庭教育状况调查显示，约50%的家长不知道用什么方法教育孩子。多数父母存在不同程度的养育焦虑，过于关注学习，缺乏对孩子思想品德、行为习惯的养成和劳动、运动等能力的培养。

内容一：家庭教育的概念和内容。

家庭教育的概念。家庭教育是父母或者其他监护人为促进未成年人健康成长，对其实施的道德品质、身体素质、生活技能、文化修养、行为习惯等方面的培育、引导和影响。

家庭教育的内容。在《中华人民共和国家庭教育促进法》的探讨过程中，国家将上一稿家庭教育概念条款中的"道德品质、知识技能、文化修养、生活习惯"修改为"道德品质、身体素质、生活技能、文化修养、行为习惯"。就是为了进一步厘清家庭教育和学校教育的界限，更充分地体现家庭教育的特点。学校教育是知识技能为主的教育场所，而家庭教育更重身体、品质、生活技能、行为习惯和文化修养。具体如下。

① 家国情怀：教育未成年人爱党、爱国、爱人民、爱集体、爱社会主义，树立维护国家统一的观念，铸牢中华民族共同体意识，培养家国情怀。

② 崇德向善：教育未成年人崇德向善、尊老爱幼、热爱家庭、勤俭节约、团结互助、诚信友爱、遵纪守法，培养其良好社会公德、家庭美德、个人品德意识和法治意识。

③ 不能唯分数论：帮助未成年人树立正确的成才观，引导其培养广泛兴趣爱好、健康审美追求和良好学习习惯，增强科学探索精神、创新意识和能力。

④ 身心健康：保证未成年人营养均衡、科学运动、睡眠充足、身心愉悦，引导其养成良好生活习惯和行为习惯，促进其身心健康发展。

⑤ 自我保护：关注未成年人心理健康，教导其珍爱生命，对其进行交通出行、健康上网和防欺凌、防溺水、防诈骗、防拐卖、防性侵等方面的安全知识教育，帮助其掌握安全知识和技能，增强其自我保护的意识和能力。

⑥ 自立自强：帮助未成年人树立正确的劳动观念，参加力所能及的劳动，提高生活自理能力和独立生活能力，养成吃苦耐劳的优秀品格和热爱劳动的良好习惯。

内容二：家庭教育的方式。

《中华人民共和国家庭教育促进法》重点指明了家庭教育的哪些方式是好的，是必须遵循的。解读如下。

① 身教重于言传。想让孩子爱学习，就让自己首先成为爱读书思考的人。想让孩子有礼貌，首先让自己成为尊重孩子、尊重他人的那个人。想让孩子有良好的生活习惯，周末可以尝试运动等方式让生活丰富起来，不要一到周末就宅在家里刷手机。

潜移默化,身教比言传更重要。

② 陪伴孩子。陪伴就是最好的教育,亲自养育,加强亲子陪伴。爱是一切教育的基础,只有充足的爱才能和孩子产生良性的互动和沟通。爱也是孩子一生安全感的基础。

③ 尊重孩子。爱孩子的前提是尊重,父母把孩子当成孩子,他就会永远长不大。要和孩子平等交流,靠说服而不是靠强压让孩子遵从自己的意见。让孩子独立地面对问题和解决问题,对孩子的思考和行动予以尊重、理解。当孩子遇到困难时予以帮助和鼓励。还要尊重差异,因材施教,根据年龄和个性特点进行科学引导。不能简单粗暴地给孩子下定性的结论,指出孩子错误时要就事论事。

④ 严慈相济。关心爱护与严格要求并重。爱孩子并不是不提要求。提要求不是在孩子写作业时的指指点点,而是帮助孩子树立远大的理想和价值观。不厌其烦地给孩子解释这个世界。让孩子知道哪些是对的,哪些是错的。人只有面对自己熟悉的事物才不会惧怕,才会有信心。对世界规则了解的孩子也会更加自信。

⑤ 要有平稳的心态。孩子在成长过程中会遇到各种各样的问题,而且每个孩子有每个孩子的特质,所以在教育孩子的过程中不可能一帆风顺。所以要有学习的心态,有问题不可怕,关键是你怎么看待这个问题。如果你把每次问题都当成一次学习成长的机会,那么你就能和孩子相互促进、共同成长。

⑥ 父母要合力。理性和感性缺一不可。同时要相机而教,寓教于日常生活之中。孩子感受这个世界的能力很强,但解释这个世界的能力很差,父母要在生活中做好导游,随时为孩子做好解释。

⑦ 不允许的教育方式:《中华人民共和国家庭教育促进法》也明确了教育方式的禁止行为:不得实施家庭暴力,不得歧视孩子,孩子学知识学不会说孩子笨也是语言上的歧视。未成年人的父母或者其他监护人不得因性别、身体状况、智力等歧视未成年人,不得实施家庭暴力,不得胁迫、引诱、教唆、纵容、利用未成年人从事违反法律法规和社会公德的活动。

内容三:学校和家庭如何联动。

学校有教育方面的优势,所以也有帮助家长树立正确教育理念的义务。

① 中小学校、幼儿园应当根据家长的需求,邀请有关人员传授家庭教育理念、知

识和方法,组织开展家庭教育指导服务和实践活动,促进家庭与学校共同教育。

② 孩子如果在学校里犯错误,学校也不能仅仅要求父母严加管教,还要提供专业的指导服务。

③ 中小学校发现未成年学生严重违反校规校纪的,应当及时制止、管教,告知其父母或者其他监护人,并为其父母或者其他监护人提供有针对性的家庭教育指导服务;发现未成年学生有不良行为或者严重不良行为的,按照有关法律规定处理。

案例四:家庭教育沙龙——"双减"政策下,我们应如何培养孩子。

(1)课程目标。家长认识"双减"政策,了解"双减"教育的导向;通过家长互动,学习各家庭教育中行之有效的做法。

(2)课程内容。

课程流程一:学校发出邀请,各班有参与意愿的家长以接龙方式报名,精心制作了问卷调查及反馈表,在阅览室里将沙发摆置成圈,准备了精致的茶歇,参加活动的家长带着对孩子的成长关注、带着对学校各项工作的意见和建议,带着自己对教育的疑惑走进校园,很快进入放松、平等的状态,与学校敞开心扉,进行面对面、心与心的交流。

课程流程二:活动伊始,负责活动的家长委员会主任就抛出话题:你眼中的"双减"是什么?有的家长说,"双减"是一个长期的政策。它其实是对家庭教育有了更高的要求,需要家长转变自己的教育观念,从而更好地引导孩子的成长。有的家长则觉得,"双减"之后,孩子的时间更完整了,有更多的时间安排自己的事情。从学校层面而言,"双减"又意味着什么呢?家长委员会主任表示,学校非常关注和重视"双减"。在"双减"背景下,我们要真正了解孩子需要什么,我们可以为孩子做些什么。我们一定要改变育人的观念,要给孩子一个健康的童年,让他们完整地成长。也从专业的心理角度,给大家提供了思考的方向。"双减"政策是给我们发出的一种信号,我们对孩子的评价和期待应该是多元的,这个过程一定会伴随着焦虑的产生,但这是很正常的。随着延时服务的有序开展,绝大多数孩子都能在学校完成当天的学习任务,随之带来的便是自主时间的延长。自主时间里孩子们都在做些什么?家长们充当的是怎样的角色?家长委员会主任调侃地说:陪运动、陪阅读、陪做家务,这是真正有意义的"三陪"育人理念,能把这三件事做好,有利于亲子关系更融洽,有利于家庭关系更和谐,有利于家长与孩子共同成长。

活动最后,家长们就今天的沙龙活动分享了自己的感受,纷纷表达受益匪浅。"双减"在减去了孩子过重学业负担的同时,其实也在增加,增加的是父母对孩子无条件的爱和真诚的陪伴,增加的是家长和孩子对家庭对社会的责任心。

六 效果评价

家长学校的实施,为家长和教师的沟通交流提供了契机,也为彼此的成长提供了平台,家校关系变得更加融洽,家庭教育的成效也得到了大幅度提升。

(一)家长家庭教育理念得到优化,教育胜任力得到提升

加深了对家庭教育的认识。亲子关系的核心是什么?怎么样才能真正地爱孩子?这些问题一直困扰着不少家长。通过参加家长学校,一些家长在分享学习心得时谈到,"亲子关系的核心是爱,是平等的沟通","真正的爱孩子是尊重孩子的意愿,真正的沟通是用嘴、用耳朵、用心","教育是陪伴而非监督,是关心而非控制"。通过持续性学习不同阶段、不同主题的课程,家长对家庭教育的认识都得到了明显优化。

自我反思意识增强。家长学校课程丰富,通过理论学习、研讨、沙龙型课程进行研讨、交流,家长在学习的基础上进行换位思考,反思交流。在参加"如何看待学生心理问题愈发严重的现象"研讨沙龙后,一位家长就提到,他一直以为孩子出现情绪问题的时候是因为青春叛逆期的来临。后来经过第三讲"学生叛逆阶段易出现的行为及家庭如何预防、处理"课程学习及"如何看待学生心理问题愈发严重的现象"家庭教育沙龙研讨课程后,才明白孩子的各种"反常"的情绪是心智成熟、人生成长的一种正常体现,如果得不到恰当的关注和理解,才会出现所谓的"青春叛逆期",进而让他去反思,在孩子出现各种情绪问题的时候,当时是如何用错误方式解决导致错过了解决契机的,也学会了从更加温和的方面理解孩子的心理波动。

家庭关系更加稳定和谐。通过系列课程的学习,很多家长逐渐意识到,和谐的家庭关系,尤其是夫妻关系,是家庭氛围和谐最重要的因素。例如有些学生性格内向胆小,到了初中后就反映出在人际交往上不自信、学习动力不足等特征,经过学习第四讲

"如何调节家庭关系,营造和谐家庭氛围"后,家长反应过来,夫妻之间因为家庭分工、教育理念导致夫妻关系紧张,也忽视了经营夫妻关系对孩子的影响。在课程后,不少家长表示,在专注于解决夫妻关系之间的问题后,亲子关系也自然而然地和谐了很多,孩子也变得情绪更加稳定、活泼开朗了,学习也更有动力了。

提升了家庭教育的水平和能力。家长学校不仅可以帮助家长掌握家庭教育的理论知识,还可以让家长学到科学的教育方法,帮助家长在家庭教育过程中运用所学理论指导实践。在家长课程"第三讲"中就会给家长们一些教育"工具",例如表扬-批评-期待的"三明治原则"、三句话公式、10/10/10决策工具等。理念的优化、方法的改善,提高了家长在家庭教育上的主动性,提升了家长的胜任力,从而增强了家长家庭教育的信心和幸福感。

(二)学生心理健康、精神面貌明显改善

家长的积极改变,为孩子的成长构建了更加安全、和谐的环境。家长通过学习,会更加注重教育理念、教育行为,他们开始注重孩子真正的内在需求,用适宜的方式引导孩子成长进步,家庭的精神场域更加安全、和谐。不少家长也反映,夫妻双方都意识到家庭和谐氛围的重要性后,孩子在家庭中明显自在了很多,与父母的谈心多了不少,性格也开朗了。

家长的学习行为,促进了孩子学习行为的改善。所谓"身教重于言传",家长在三年中参与持续性、多样化的家长学习的这一行为,为孩子树立了一个学习态度、学习行为的榜样,从而激发、促进学生关注自身学习情况。

不少班主任、科任教师还观察到,学生在作文、周记里的表述也能看出来家长课程的成效。以往学生经常提到父母对自己的不理解、误会,充斥着委屈、无奈甚至是愤怒的情绪,而在家长参加家长课程并进行调整后,孩子反映"父母竟然没有批评我,反而在问我的感受,我太惊讶了","我爸爸好像变得有耐心了,态度也温和了不少"。

(三)家长学校系列课程产生品牌效应

德育实效性增强。以家长学校课程建设为载体,学校各部门、各年级收集、梳理出丰富的家庭教育和学校教育的常见问题、解决策略建议,初步形成了德育系列性成果,

家校合作新模式初步形成，也增强了德育工作的实效性。

学校家校合作指导能力得到提升。在筹备、实施家长学校的过程中，学校通过多渠道汇聚了校内外的家庭教育专家力量，根据家庭教育的热点、难点，进行专题课程设计，促进家校合作教育的发展。

学校教育质量不断提高。家长课程是学校素质教育建设的拓展延伸，是优化未成年人成长环境的有益尝试，是新时期未成年人思想道德建设的创新实践。家长课程的丰富化、常态化，是提升广大家长的教育素养、优化学生成长环境的重要途径。

在2018年9月的全国教育大会上，习近平总书记做出这样的指示："办好教育事业，家庭、学校、政府、社会都有责任。"近几年来，国家陆续颁布了不少与家庭教育相关的法律法规和文件，可以看出，新时代的家校合作已经上升到了国家战略层面。构建良好的家校合作模式，形成良好的家校社合作关系，既是国家层面的要求，更是社会发展、文明进步的关键体现之一。中山中学家长学校在新时代教育理念下产生，正在逐步摸索出一条更加具有区域特色、校本特色的高效家校合作之路。未来，中山中学家长学校将继续秉持为学生身心全方面发展的核心理念，不忘初心，助力学生成长。

（撰稿人：深圳市坪山区中山中学　缪晶、罗晓华、梅越平）

未来智慧：养志课程与现代文明教育

重教尚学是中华民族世代传承的优良传统，是中华民族生生不息的内在动力。如今，教育在推动文化繁荣、建设文化强国、建设中华民族现代文明中被赋予全新的历史和时代使命。加强中华民族现代文明教育建设，是基于中华民族现代文明观教育的必要性、合理性与可行性思考，也是中华民族现代文明观教育实践的自觉性、深刻性与现实性的体现。中山中学在办学主旨、育人目标中深入贯彻中华民族现代文明观教育，以一系列丰富多样的养志课程为主阵地，引导学生树立远大志向，在思想观念、精神情趣、生活方式上向现代化迈进，着力培养担当民族复兴大任的时代新人。

一、现代文明教育与养志教育

中华民族现代文明是基于世界文明多样性的基础上发展的民族文明现代化，在充分依托中华民族自身的文化传统和文明基础上，在文明自觉的意义上充分吸收西方文明乃至其他文明的成果，在平等相待、对话交流、包容互鉴中开辟中华文明的现代化。因此，中华民族现代文明教育也是基于中华民族现代文明的文明底色和文明特性，是对以爱国主义为核心的民族精神、以改革创新为核心的时代精神的弘扬和发展。

"十年树木，百年树人。"从百年大计的教育进路上来看，现代文明教育是实现教育发展的重要角度之一。推动并落实中华民族现代文明教育，是增强中华文明自觉认同、提升文明素养、推动中华民族现代文明更新的重要价值导向。在实践层面上，从学校及周边现有的教育资源出发，把握中华民族现代化文明的关键点，是落实中华民族现代文明教育实践可操作性的要点。例如在生活教育中开展中华民族现代文明教育，让现代文明回归到学生的丰富的生活场域中，我校开展的"力行三旅""红色思政"养志课程，紧紧围绕"家风""坪山红色文化足迹"等与学生密切相关的生活话题、生活场景，培养并加强学生对中华民族现代文明的本质理解;再如,依据文明具有从传统到现代、从历史到未来、从多元到一体的发展特性,我校的"力行三旅"课程通过"坪山大万世居家风""坪山为什么这样'红'"等探究主题设计,引导学生探索、思考城市、社区、家族、个人等的发展脉络、变化经历,充分感受文化的特性;又如文明知识的传播需要树立对文明知识的丰富性、全面性的了解和开放包容的态度,因此我校开展"青春三礼""心理健康"等课程,聚焦中学生可能会面临的生涯成长、生涯规划、身心发展等问题,为学生展示并提供多样化、全方位、接纳度高的人生价值发掘、实现平台,培养学生对自身、周围甚至社会客观、积极、全面的认知。

中山中学自创校以来,为落实中华民族现代文明教育,以"立德树人,办人民满意中国教育;匠心独运,创深圳特色未来学校"为基本思路,以"匠心独运,返璞归真"为核心办学理念,以"玉德之学,未来之门"为办学定位,以"少年养志,玉汝于成"为培养目标,在此基础上,设计、开发一系列具有区域特色、学校特色的养志课程。我校的养志课程包括"力行三旅""红色思政""青春三礼""心理健康"四项主要课程,从生活教育、历史教育、通识教育等角度,以时代新人为培养目标,促进学生全面发展。

二、养志课程体系建设实践

"少年养志,玉汝于成"是中山中学的培养目标。"养志"即培养青年树立正确的、现代化的世界观、人生观、价值观,树立远大的人生志向,并为此脚踏实地、不懈努力。养志课程根植于深圳勇于创新、敢为人先的先锋文化,立足于坪山红色文化、客家文化、生态文化的独特地域文化,彰显实干、奋斗、乐观积极的深圳青年成长劲头,以文化人、以文育人。

"力行三旅"课程以"家风·红色·追梦"三大文化主题为主线,设计初中三年语文跨学科主题学习活动,活动小课题与活动主题群相结合,逐年开发地方优秀文化课程资源,落实立德树人根本任务、提升学生语文核心素养。本课程的主要内容为坪山大万世居曾氏家风调查、坪山红色文化之旅、坪山追梦人的动力源探究,以从家庭走向中华优秀传统文化、从家乡走向革命文化、从社会生活走上社会主义先进文化,在时间与空间的纵深维度上促进语文与其他学科、不同文化之间的激荡与融合。在课程活动上,根据不同年级、不同活动主题,分别开展问卷调查、街头调查、参观调查、书信会、读书会、演讲辩论会等专题式或跨学科活动,锻炼学生在活动中学会和运用多种调查技能,解释和解决问题,以提升学生对个人、团队、社会的认识。

"红色思政"课程立足于坪山深厚的红色文化沃土,在语文实践中植入红色基因,培养学生家国情怀。在课程中,学生通过调查、观影、唱歌、解说、阅读等多项体验活动,了解党史与革命史,具体活动分别为问卷调查与分析、东纵图书分类整理、坪山红色旧址调查、红色文化教育采访等,加深学生对坪山的了解与热爱,增强主人翁意识。

"青春三礼"课程按照全面加强中国共产党、共青团、少先队一体化建设要求,聚焦培养共产主义接班人,聚焦传承红色基因,构建我校生涯规划、生涯成长课程体系。本课程参照《广东省中学生涯规划课程指导纲要(试行)》的指导意见,设置生涯唤醒、自我探索、外部世界探索、生涯决策与管理四个课程模块,学校结合学段、学情等特点,将课程模块内容与实践活动相结合,进行课程设计融合,分别为10月13日,七年级青春奠基礼;5月4日,八年级青春先锋礼;6月底,九年级青春感恩礼。"青春三礼"生涯成长教育课程着力推动党团队育人链条,立足于深圳特区地域特色,结合我校学生学情,体现时代要求,秉持坚持育人导向、突出学生主体、注重素养达成、倡导系统实施等生涯规划的基本课程理念,让学生在课程活动中正确认识自我、客观了解社会、充分发展潜能,形成正确的理想信念与价值观,为未来的职业和人生发展做准备。

"心理健康"课程旨在根据中小学生生理、心理发展特点和规律,通过帮助学生适应学习环境和学习要求,加强自我认识,学会有效情绪管理、树立正确的人际交往观念等方法,培养学生的健全人格。在课程设计上,课程包括"积极适应,高效学习""悦纳自我,阳光成长""管理情绪,积极复原""有效沟通,融洽关系""规划生涯,选择未来"五个模块,多角度、全方面提高学生心理适应、调节能力。

养志课程既是区域、学校、学生发展的需要,更是中国共产党和人民对教育"立德树人"本质要求的实现路径之一。通过养志课程的开发、建设与实践,我们更加清晰地认识到加强中华民族现代文明教育,养志课程要以培育时代新人的民族特色与文明底色为关键要点。

(撰稿人:深圳市坪山区中山中学 缪晶)

第六章
未来课程的评价：数据性与生长性

　　未来课程旨在回归学生真实的学习需求，其培养学生的创新思维、增强学生的学习技能等特点鲜明。从课程评价来看，未来课程依托数据科学、大数据分析等技术，进行学情检测、课程反馈，减轻了师生在课程评价上的压力，提升了课程评价的精准度、个性化水平；同时，基于数据化的课程评价，更侧重教学过程中评价的多维度，真实反映"人"的独特性、生长性。从未来课程的特点来看，数据性、生长性都是评价的重要特征和要求。

未来课程旨在回归学生真实的学习需求，是注重培养学生的创新思维和未来技能的智慧化课程，其核心功能、个性化更加明显。因此，在相关评价技术和评价工具的支撑下，未来课程的评价也需要关注育人的核心与主线，实现数据性与生长性的统一。

未来课程具有数据性。随着移动互联网、人工智能、5G 等新信息技术的发展，数据科学、大数据分析迅速推广并渗透到了教学领域的方方面面，教育评价也不例外。新信息技术促进了教学评价数据采集、处理的丰富化和复杂化，也提高了课程方案制订、教学成果分析的精准性。在新信息技术的辅助下，课堂可以高效、即时统计、处理学生共同疑难题目等结构化数据；在综合素质评价上，可以更加快捷、科学地以结构化方式来处理与分析课堂音频、图片甚至行为记录等半结构化、非结构化数据，助力综合素质评价等育人活动的开展，也为教育管理者、教师、学生进行更加科学、多元化的自评与互评提供帮助。基于信息技术角度的数据化课程评价，依托大量的调查数据，来发现问题、诊断问题，进行教学激励、课程预测，不仅可以减轻教师、学生参与课程评价的专业性压力，也为个性化、精准化的课程评价提供了可能性。

未来课程具有生长性。面对复杂、情况各异的课程与教学现象，未来课程除了要依据实际面对众多的评价方法，还要对话、开放和反思，能够容纳教育、学习和课程三大主体教学过程中的生长、发展。首先，生长性的课程评价要摒弃"唯分数论"倾向，更多指向对课程与教学过程的评价，减少"目标分解"方式的教学设计，允许不同的学习"理想状态"呈现；其次，生长性、多元化的课程评价更加重视"梦想慢递"学生职业生涯规划书、综合素质评价、成长档案袋等发展性评价，在过程中更加重视师生对话、生生沟通，强调人在课程与教学活动中的主体地位，实现一个"有人在场"的评价世界；最后，生长性的课程评价要考虑到人在课程与教学活动中的复杂性、不确定性，并将这种不确定性融入课程的执行与判断的要素中，从而真正促进学生的"五育"全面发展，达成课程与教学评价的育人旨趣。

未来课程评价是数据性与生长性的融合。未来课程的评价中评价技术的变革与评价目的的价值行为互相辅助，围绕育人核心和主线，合理规划评价技术的选择范围和使用限度，以更好地实施针对性教育，培养有个性、有特长的人才，建设有特色、有内涵的校本课程体系。未来课程评价在新的技术条件和课程理念下，"有效处理定性与定量、实证与人文的方法"，从而能够更加充分地提高课程与教学评价的科学性、专业性和精准度。

  基于对《义务教育课程方案（2022年版）》与各学科义务教育课程标准的研究解读，我们积极探索课程"教—学—评"一体化的多种方式。本章的几篇论文以课程评价为抓手，聚焦新课程改革背景下学业质量测评、教学实施模式、教学方式评价等方面，是我校教学理论与实践相结合的典范。其中，"单元探究项目式整合"为单元学习项目式探究的教学模式，以单元教学为理念，主张学生在探究、体验中成长。"英语表现性评价的应用"借助表现性评价理论，结合作业设计案例实践，探讨如何基于单元育人蓝图设计兼具情境性与复杂性的单元跨学科表现性作业。"道德与法治生成性评价探赜"主要探索的是如何通过评价策略、评价语言、评价理念、评价时机、多元评价等方式促进学生在点拨中触发生成、在赞赏中引领生成、在追问中牵引生成、在反思中深化生成。

（撰稿人：深圳市坪山区中山中学 缪晶、钟晓燕）

课程评价一　单元探究项目式整合

随着新课改的不断深入,自主、合作、探究的学习方式已经成为我们课堂学习的主要方式。《义务教育课程方案》(2022年版)明确指出,教育要"聚焦中国学生发展核心素养,培养学生适应未来发展的正确价值观、必备品格和关键能力"。[1] 在核心素养理念的引领下,提出"加强课程内容与学生经验、社会生活的联系,强化学科内知识整合,统筹设计综合课程和跨学科主题学习""加强课程与生产劳动、社会实践的结合,充分发挥实践的独特育人功能"的基本理念。[2] 因此,进行单元探究、探索项目式学习,由此提升学生的学科核心素养,培养实践能力与创新精神,是有效的形式。

我校积极贯彻新课程理念,在单元探究、项目式学习上,进行了各个学科、跨学科的探索实践。下面,重点阐释我校在单元探究项目式整合上的实践经验:

一　课程背景

构建单元教学概念,旨在帮助学生进行有效深度学习,形成完整的知识图景。基于系统论,单元教学作为一个有机整体存在,系统结构中各要素相互作用,活动序列通过一定时间的作用和实施,在体系框架内实现教学目标效益的最优化。为此,开展单元学习项目式探究的教学模式,以单元教学为理念,主张学生在探究、体验中成长。

项目式学习是一种以项目为中心,选择、组织课程内容,并以完成项目为主要学习方式的课程模式。项目式学习是以真实的待解决问题为项目背景,通过驱动性问题的

---

[1] 中华人民共和国教育部.义务教育课程方案(2022年版)[S].北京:北京师范大学出版社,2022:2.
[2] 中华人民共和国教育部.义务教育课程方案(2022年版)[S].北京:北京师范大学出版社,2022:5.

提出,引导和推动学生展开探究并实施项目,培养学生核心素养和高阶思维的有效手段。

单元项目式学习,都注重单元的整体建构,知识的项目化、系统化,要求我们从学科核心素养的大局观、大视野去高屋建瓴地建构课程资源。因此,这是对教师的考验,只有教师具备了学科核心素养,才能培养提升学生的学科核心素养。如何提升学生的核心素养,发挥课堂的主渠道,提升学生的学科素养,需要教师进行自身能力的提升,研读学科素养,吃透教材,进行学期备课、单元整体设计、项目综合实践。

二 课程目标

单元探究项目式整合的教学模式主要解决的问题是:如何设计各学科的单元探究活动项目并付诸实施,以提升学生学科核心素养。由此我们将目标确定如下。
(1)建立适合校情、学情的学科核心素养培养策略与工作举措。
(2)研究设计各学科单元探究项目并给出任务指引。
(3)梳理出各学科单元探究项目并给出探究指南。
(4)给予学生探究课题库及展示平台。

三 课程内容

本课程模式探究的内容主题是:基于学科,探讨单元整合、项目式学习的教学方式。我们根据学科区分模块,每个学科基于新课标学科核心素养,进行了有益的尝试。各学科探究内容见参考案例。

四 课程实施

我们以单元探究项目为例,简要阐释我校单元探究项目的设计流程与设计框架。

(一)单元探究项目的设计流程

单元探究项目主要设计流程包括以下几个基本步骤,各位教师可以参考下面的流程自主设计自己的单元探究案例,不拘泥于下面的形式。以驱动性问题的形式出现,要是真实的问题情境,结合学科教学,根据单元课标要求、教材特点设计切合教学进度、学生学情的研究项目,以教学单元为单位,设计项目,项目的设计有利于研究性学习的系统化、保证教学的完整性。一是结合教学进度,学生易于接受;二是与教学相辅相成,促进教学;三是阶段性探究,有利于学生将所学应用到问题研究中,有利于学生核心素养的养成。

单元教学着眼于"大"字,从"大处"着眼,进而从"大处"着手。单元的结构化,不仅是知识、技能的结构化,更是教学活动的结构化、问题的结构化。单元探究教学立足于课程整体理念和思维,一个单元教学活动就是一个学习事件,一个单元,没有大概念、大情境、大任务的"透视",一个个例题就可能只是浅显地关联,不能深度组织起来,教学的是碎片化的知识,不能深度迁移和运用。如何研究落实新课标,进行单元设计,实现"教—学—评"一致？教育部2022年义务教育语文课程标准修订组核心成员,西南大学教授荣维东在《大单元教学的基本要素与实施路径》中指出教学实施的基本步骤是:确定情境性任务目标、设计统整性教学内容、课程活动和经验设计、课程经验交流和评价四个。在单元项目选定过程中,为了能够更好地符合学习者需求,教师需要对项目情境进行相关设计,找到生活实际中与项目背景、内容、知识等相关的素材,以激发学生的兴趣。项目的设计要具有发散性、真实性、趣味性和目标性等特征。[①]

实施单元教学,制订项目计划是保证项目顺利实施的首要条件,教师指导学生对项目的实施过程做总体安排,对涉及的主题、方法、时间、任务分配等进行合理安排和布局,小组合作共同交流,制订时间安排、活动的计划安排、可能遇见的困难及解决策略。合理的计划安排,能够提高项目实施的效率。在活动探究阶段,学生以自主学习、小组交流、发现学习等多种方式开展探究,完成知识的习得与转化,技能的掌握与应用,小组合作借助有效的方法和工具收集、整理、加工信息,形成一套初步有效的解决方案。

首先,要对教材的单元编排设计有较精准的认识。我们都知道,现在使用的教材,都是以单元为教学单位编排的,教材的单元编排是具有一定的组合特点的。那么就要

[①] 荣维东.大单元教学的基本要素与实施路径[J].语文建设,2021(23):24-28,41.

求教师要熟悉教材、明晰教学目标，了解学生的实际学情，采取多种方式展开单元教学。为此，我校依据国家课程标准，进行课程标准解读、目标分解。

其次，要制订适宜本单元探究的有效教学策略。学习必然要有策略，不同学习任务就要有不同的学习策略。针对一个文本用一两个课时组织学习而制订的课时教学策略，对于很多教师而言，不是一件难事。但如果是一个单元要连续用多个课时才能完成学习任务时，制订一个有效的单元教学策略，可能就不是一件易事。然后依据学生的学习水平和学习需求等学情，对教材的单元目标和课时目标进行分析梳理。

最后，还要明确学生本单元探究完成后的呈现成果。一个单元的探究任务是否完成，评价的标准主要看学生的学习成果。不同的单元，有不同的探究目标，呈现的学生学习成果当然也是不同的。所以要组织科组教师利用各种课程资源进行合理选择，并进行教学内容的统整。即设计教学活动、支架、策略、流程，促使学生形成有效的课程经验。着重思考如何设计富有创意的、学生喜欢参与且切实有效的学习探究活动开启单元教学。根据单元探究项目的探究目标，明确地给出学生的探究任务、探究目标、探究要求（包括指导制订探究计划、自主探究活动的形式、成果如何表达交流、活动评价的形式），指导采用相应探究方法。在教学活动中，教师不再只盯着知识点、考点，而应"左顾右盼、上挂下连"，从课内课外到校内校外，视野从学习领域扩大至生活领域，真正实现陶行知先生"学习即生活"的教育观。

（二）单元教学的设计框架

1. 课型说明

单元教学共分为导学课、正授课、巩固课、培补课、3E课五种课型，覆盖学生学习的全过程，呈现教学的共性和个性化相结合的特点，关注学习的过程性体验与成果的物化性。具体说明如下。

首先各科组结合单元教学的探究目标，设计了五类课型，确定一个学期的单元教学：导学课、正授课、巩固课、培补课、3E课[每单元1节探究（explore）、体验（experience）、展示（exhibition）]。导学课和正授课都是在正课时段，导学课类似于预习课，又不仅仅是每堂课的预习，而是整单元的引学和统帅，指定学习方向和知识脉络，为学生的自主学习作出指导。正授课就是通常按节数开展的课，有了单元的规划，课程的讲解将不拘泥于单独的章节,知识更具延展性。巩固课和培补课都属于巩固复习课,但又各有不同,巩固课每单元安排1—2节,由任课教师设计实施,进行单元复习,主要是针对薄弱知识的分层强化训练和适当提升;而培补课是安排在正常课时之外,利用延时服务和晚修的时间,由各年级备课组统筹组织,针对单元学习目标进行知识专题的分层培补训练。3E课也是正常课时中的一部分,是单元探究课、体验课、展示课的统称,即在每一个单元要有一节3E课,其中每一节课要有教学方案、探究任务单、探究体验式作业,最后进行展示。

2. 操作说明

(1)核定各学科课时数。各备课组根据相应的周课时数,乘以每学期的教学周数,得到本学科的学期总课时数,为测算本学科各单元课时数提供课时量上限。

(2)制订各学科单元课型计划表。通过集体备课,核定本学期所授内容的单元数以及各单元的课时数,按照"单元教学课型说明"分配好各课型的具体课时数,可适当预留机动课时,但总量不能超过学科学期总课时数。

(3)形成3E课程计划。

3E是指探究(explore)、体验(experience)、展示(exhibition)。

探究(explore):在单元主题内容中选择适合探究的课程,设置探究问题,制订调查研究计划,收集证据,得出恰当的结论。

体验(experience):在单元主题内容中选择适合体验的课程,设定体验目标,精选体验内容,强调动手参与,从体验中学习知识,获得技能。

展示(exhibition):在探究或体验过程中,将经历与同伴分享,并向全班展示。

根据学科性质与单元内容的不同,教师选定主题,形成单元探究方案或体验教学方案(二选一),学生在课外以探究或体验形式自主学习,形成展示课方案,以小组为单位在课堂展示与分享。探究课或体验课的内容应与展示课相关联,旨在通过一个单元学习时间的课外探究或体验,在单元结束时以展示课形式呈现学习成果。

五 课程评价

在活动探究中,学生以自主学习、小组交流、发现学习等多种方式开展探究,完成知识的习得与转化、技能的掌握与应用,小组合作借助有效的方法和工具收集、整理、加工信息,形成一套初步有效的解决方案。在对计划的制订及相关知识的探究之后,学习者应用所学知识和技能,联结相关知识,共同合作完成最终的探究成果或作品。制作完成的项目成果(研究报告)或作品供大家共同交流和学习,小组选择代表对制作完成的项目成果或作品从各个方面及采取多种方式相互进行展示和解说,小组之间在展示与交流的环节互相学习。教师组织学生对项目实施的过程和结果相互评价,包括评价项目实施过程中的问题及解决方案,对项目成果进行评价,在评价的过程中不断积累、升华知识。

(撰稿人:深圳市坪山区中山中学　梅越平、张清华、钟晓燕)

课程评价二　素养立意的语文试题命制

《义务教育课程方案(2022年版)》和《义务教育语文课程标准(2022年版)》都将素养立意作为试题命制的方向,强调教学评价应强化素养导向,提升考试质量,坚持依标命题,全面推进基于核心素养的考试评价。笔者有幸参与了坪山区2023—2024学年度第一学期八年级语文学科素养测试题的命制,以此试卷为例,笔者谈一谈对素养立意的语文试题命制的思考。

一　以主题活动创设真实情境

情境,指的是学习发生的语境,是真实的学科知识运用情境,这是语文核心素养形成、发展和表现的载体。重视情境,就是强调回归生活,建立学科与生活之间的关联,培养学生运用语言文字解决实际问题的能力。

《义务教育语文课程标准(2022年版)》指出:"倡导设计基于情境的探究性、开放性、综合性试题……考试命题应以情境为载体,依据学生在真实情境下解决问题的过程和结果评定其素养水平。……命题应贴近学生生活经验和情感体验。"[1]

我们的试题命制以主题活动为主线,在语言基础运用、古诗文阅读、非连续性文本阅读、文学类文本阅读与写作四大板块分别设置了不同形式的主题活动,每一个活动都是在真实情境的创设下进行的。以"网络流行语小研讨"主题活动为例,真实生活中班级举行主题活动时所进行的是以下四个步骤:写主持稿、分组搜集整理材料、讨论交流、总结提升。我们的试题命制便据此设置了活动完成过程中的四个任务:任务

---

[1]　中华人民共和国教育部.义务教育语文课程标准(2022年版)[S].北京:北京师范大学出版社,2022:50.

一,撰写主持稿;任务二,梳理探究;任务三,交流讨论;任务四,总结提升。四个任务循序渐进,学生做题的过程就是参与班级主题活动、完成相应任务的过程,充分体现了新课标"真实的语言运用情境"这一理念。

真实的情境既包括社会生活情境,又包括个人体验情境。个人体验情境指向学生个体独自开展的语文实践活动,如在文学作品阅读过程中体验丰富的情感、尝试不同的阅读方法等。再以"文学阅读与创意表达"主题活动为例,我们以下面四个一以贯之的任务群体现情境性:任务一,初读理文脉;任务二,再读析手法;任务三,细读悟精要;任务四,赏读融思考。由初读到再读、细读、赏读,从理文脉到析手法、悟精要、融思考,这正是阅读过程中真实的思维过程和情感体验。

此外,题干的表述也体现了真实的情境。如古诗文阅读板块中的"在山水古诗文群文阅读中,学生分别找到了以下三篇诗文,进行了字、词、句、意、理、情的梳理探究";文学类文本阅读板块中的"校刊'散文'副刊正在征集作品,此副刊下设'亲情萦怀''岁月如歌''美文美语''物微情浓'四个栏目,班级拟将《念念落花生》一文推荐到其中一个栏目,请参照以下提示,在小组内分享你的看法及理由";等等,这样的语言表述有代入感,很容易让学生进入试题所创设的情境中去,继而在一个又一个真实的情境中去完成相应的任务。

二 依据课程标准、教材设置驱动任务

《义务教育课程方案(2022年版)》指出:"强化考试评价与课程标准、教学的一致性,促进'教—学—评'有机衔接。"[1]《义务教育语文课程标准(2022年版)》也明确表示:"坚持依标命题。"[2]评价是教与学的重要导向,考试怎么考,教师便怎么教。阶段性测试必须衔接相应阶段的教材,依据课程标准,才能促进"教—学—评"一体化。因此,我们努力将教材中的古诗文、现代文、名著、综合性学习、口语交际和课后补白等内

---

[1] 中华人民共和国教育部.义务教育课程方案(2022年版)[S].北京:北京师范大学出版社,2022:15.
[2] 中华人民共和国教育部.义务教育语文课程标准(2022年版)[S].北京:北京师范大学出版社,2022:50.

容,以不同的形式呈现在全卷的试题命制中,或作为题目中间接的阅读材料,或设为直接的问题与任务。

问题与任务是题目的主体部分,在每个主题活动的引领下,我们设置了环环相扣的驱动型任务群,在每个任务下设问题,每个小题的材料选取、内容命制与考查方向都依据新课程标准和教材内容进行。以第一板块的语言基础运用为例:

任务一的材料是"小深同学的主持稿开场白",下设1、2小题,分别是根据拼音写汉字、结合意思与语境写成语,考查的内容指向识字与写字,出自教材中的"读读写写"。

任务二下设3、4小题,第3小题的材料是"第一组同学对网络流行语的分类整理",题为归纳"获词典义"的流行语的特点,考查的内容是比较、分析、概括,问题即出自教材第四单元"我们的互联网时代"综合性学习。

第4小题的材料是"第二组同学对网络流行语与古典诗文的比较梳理",包含两个问题,问题(1)是根据现代汉语解读与作者篇名提示,补写出诗句,问题(2)是选择诗句用自己的话阐释古诗文,考查的内容包括了教材要求掌握的古诗与浅显易懂的课外古诗文,考查方式跳出了机械的背诵默写,指向更高层次的积累与运用、理解与表达。

任务三的材料是"同学们对作文中能否使用网络词汇的一方发言",要求发现对方观点的偏颇并有针对性地发表自己的观点,考查内容是表达与交流,依据新课程标准的课程目标"有理有据、负责任地表达自己的观点"设题。

任务四的材料是"活动结束后的总结稿",下设6、7小题,仿写句子和修改病句,分别考查的是语言表达的文学性与规范性,依据新课程标准的课程内容"梳理学过的语言现象,探究语言文字的运用规律,整理典型的语法应用实例"设题,引导学生通过发现并修正不合规范的语言表达、模仿和借鉴典雅的语言形式来提高语言运用能力。

依据课程标准、教材设置驱动任务,由不可分割的问题链支撑任务,由环环相扣的任务群支撑主题。学生做题的过程就是完成任务的过程,完成任务的过程就是参与主题活动的过程,充分体现了"在做中学"的新课程标准中的理念。

三 用学习支架促进思维发展

学习支架,即为了完成任务所提供的辅助资料,包括一些必备知识、参读文本、学习方法和学习策略。《义务教育语文课程标准(2022年版)》指出:"命题材料要能够体现问题或任务的对象、目的与要求,能够启发学生调动既有知识和资源解决问题、完成任务,能够为学生解决问题、完成任务提供背景材料或知识支架。"①

我们的试题命制努力为学生搭建能够促进学生思维发展、帮助学生答题的学习支架。例如:第4小题,古典诗文与流行语的对比、课内古诗的解读示例,分别从不同方面提示学生问题的解决路径。第16小题,我们从思维导图、段落定位、概括示例三个方面促进学生对问题进行快速精确地解答。第22小题名著阅读,在全班共读《红星照耀中国》活动中,请学生"根据自己的兴趣设计一个研究专题,并结合作品说明设计意图"。这其实是教材中名著导读专题探究部分的内容,我们进行了教学内容与评价测试的转换设计,从参考专题提示、"纪实性作品的文学性"专题设计的意图示例,给学生提供了思维指引与表达范式。

再以作文题的命制为例,题为"质疑·理解",我们提供了四段文字材料作为思维支架。第一段解释了"质疑·理解"关键词;第二段、第三段分别以学生本学期学过的课文或名著为例,通过两段文字的解读来调动学生的已有体验,唤醒学生的情感认知;第四段再次以问句形式提示学生写作的内容与方向,打开了学生的思维,引导学生多方位地选材构思。

当然,在学习支架的搭建上我们也有做得不够的地方,比如古诗文阅读的第一题,我们尝试着以表格的形式,从"描山水""话人文"两个角度对三篇文段的内容情感进行了概括,内含词语的释义与句子翻译两类常规题。但是,笔者后来发现,我们进行的只是知识的整合,忽略了方法的指导,这样实质上并没有为学生完成任务提供有意义的学习支架,花大力气做的梳理表便也成了无用的"花架子"。语文核心素养中思维能力的提升尤其需要我们搭建能够迁移运用的学习支架。如果在表格最后一列加上词句解析的方法指导,如课内迁移、语境推测、字形推源、词典义项等,则能够让学生从所提供的材料中获得解决问题的方法。

素养立意的语文学科试题命题,还要求我们在材料的选取上充分体现语文课程的

---

① 中华人民共和国教育部.义务教育语文课程标准(2022年版)[S].北京:北京师范大学出版社,2022:50-51.

特点,凸显时代性。因此,我们的试卷选材摒弃老旧的题材,选择最新的体现时代性的材料,注重材料的多样性,这在非连续性文本的选材中体现得最为明显,我们从互联网与乡村、互联网与语言、互联网与青少年三个方面选定了最具时代性的热点材料,图、文、数据兼备。此外,作文题"质疑·理解"也源自《咬文嚼字》编辑部最新公布的"2023年十大流行语"中的"质疑××,理解××,成为××"。

在命题追求上,我们坚持"守正创新、循序渐进"的理念,为不过于增加学生应考压力,我们在原有试卷结构板块的基础上进行创新尝试,扩大学生的学习空间、提升能力考查要求。我们努力追求语文试题的命制由知识立意走向能力立意,最终达到素养立意。

(撰稿人:深圳市坪山区中山中学　钟晓燕)

课程评价三　英语表现性评价的应用

一　研究背景

《义务教育英语课程标准(2022年版)》提出教师要"树立'教—学—评'的整体育人观念","应深入理解作业评价的育人功能,坚持能力为重、素养导向。作业的设计既要有利于学生巩固语言知识和技能,又要有利于促进学生有效运用策略,增强学习动机"。① 如何发挥作业评价的育人功能,评测学生核心素养的发展水平,促进学生全面、健康、有个性地发展,成为当前一线教师研究的热点问题。

《义务教育英语课程标准(2022年版)》在"作业评价"中提示,教师应"创设真实的学习情境,建立课堂所学和学生生活的关联,设计复习巩固类、拓展延伸类和综合实践类等多种类型的作业……引导学生在完成作业的过程中,提升语言和思维能力,发挥学习潜能,促进自主学习"。② 同时,基于单元教学目标整体设计单元课时作业,要求各层级目标逻辑关联,形成单元持续性评价,使得单元作业评价既需要符合情境要求,又需要达成复杂的多层级学习目标。表现性评价能对具有情境性和复杂性的多层级学习目标进行有效检测,而且可以对任何完成过程中的表现和完成质量进行准确评判。③

本文从表现性评价应用于初中英语单元跨学科作业设计的重要意义和案例分析展开讨论,探索如何从挖掘单元育人价值出发,确立发挥育人功能的作业评价目标,科

---

① 中华人民共和国教育部.义务教育英语课程标准(2022年版)[S].北京:北京师范大学出版社,2022:51-57.
② 中华人民共和国教育部.义务教育英语课程标准(2022年版)[S].北京:北京师范大学出版社,2022:57.
③ 简·查普伊斯,等.促进学习的课堂评价:做得对　用得好[M].上海:华东师范大学出版社,2021:167.

学设计表现性作业和制订表现性评价量表,引导学生评价和反思自己的学习过程和学习效果,调整学习方法与策略,逐步建构和生成围绕单元主题的深层认知、态度和价值判断,发展能力,形成素养。

二 表现性评价的内涵及其对初中英语单元跨学科作业设计的重要意义

（一）表现性评价的内涵

表现性评价指的是运用清晰、具体、可操作的评价标准来评估学生在一项活动中的表现,在这项活动中,学生需要通过综合运用多种知识和技能来完成任务、达成学习目标。① 《义务教育英语课程标准(2022年版)》在教学建议方面提出,教师要有意识地为学生创设主动参与和探究主题意义的情境和空间,设计与学习目标对接的评价活动。② 表现性评价是在合乎真实的情境中,运用评价标准对学生完成复杂任务的过程与结果作出判断。③ 表现性评价应用于初中英语单元跨学科作业设计,即教师引导学生基于对单元大观念及主题意义的理解,综合运用多门学科的知识和技能来解决贴近生活实际的问题,对照评价标准或量表对完成复杂的跨学科作业的过程和成果作出评价。

（二）表现性评价对初中英语单元跨学科作业设计的意义

《义务教育英语课程标准(2022年版)》提出:"教学评价……落实'教—学—评'一体化。……评价目标和评价方式应与课程目标保持一致,评价结果应为后续教学决策提供依据。……帮助他们学会开展自我评价和相互评价,主动反思和评价自我表现,促进自我监督性学习。"④也就是说,基于单元学习目标选择和组织的、科学的作业设

---

① Brookhart S. M., Nitko A. J. *Educational assessment of students*[M]. Upper Saddle River: Prentice Hall, 1996:201.
② 中华人民共和国教育部.义务教育英语课程标准(2022年版)[S].北京:北京师范大学出版社,2022:50.
③ 周文叶.指向立德树人的教师表现性评价[M].上海:华东师范大学出版社,2021:51.
④ 中华人民共和国教育部.义务教育英语课程标准(2022年版)[S].北京:北京师范大学出版社,2022:53.

计既是促进学生自我监督的学习活动,同时也是有效的评价方式。

理想的表现性评价本身就是一项有效的教学活动,学习和评价能同时执行,并能很好地与教学统整在一起,从而实现"教—学—评"一体化。[①] 可见,将表现性评价应用于初中英语单元跨学科作业设计具有重要意义。首先,学生在前置评价标准的指引下快速进入问题解决的情境,在作业内容与个人经历之间建立有意义的联系,对照清晰具体的评价维度和评价指标进行自主学习,并在相互评价中取长补短、总结经验、调整改进学习策略,以评促学。其次,教师基于单元学习目标,把英语课程与其他课程的能力素养要求联结起来,从跨学科的视角整体设计单元作业,通过表现性评价检测和衡量学生的表现,针对学生表现及时提供反馈与帮助,引导学生自觉运用评价结果改进学习,体现作业评价的育人功能,以评促教。

三 表现性评价应用于初中英语单元跨学科作业设计的案例分析

《义务教育英语课程标准(2022年版)》要求"教师要强化素养立意,围绕单元主题,充分挖掘育人价值,确立单元育人目标和教学主线",并"以单元教学目标为统领,组织各语篇教学内容,规划系列教学活动,实施单元持续性评价,引导学生在学习过程中逐步建构对单元主题的认知,发展能力,形成素养"。[②] 本文将以上海教育出版社部编版英语学科教材七年级上册 Unit 2"Daily life"(下文简称"本单元")单元跨学科课时作业的设计与实施为例,探索如何运用表现性评价引导学生合理安排学习日程、进行学习与生活的自我管理,发挥作业评价的育人功能。

(一) 挖掘语篇的育人价值,形成单元的育人蓝图

根据课程标准划分的主题范畴,本单元主题"Daily life"属于"人与自我"这一范畴中的"生活与学习,做人与做事"主题群,子主题内容包括时间管理(一级)、学习与生活的自我管理(二级)。

---

① 周文叶.指向立德树人的教师表现性评价[M].上海:华东师范大学出版社,2021:57.
② 中华人民共和国教育部.义务教育英语课程标准(2022年版)[S].北京:北京师范大学出版社,2022:47-48.

本单元的语篇以一名中学生的第一人称视角开篇,围绕"日常生活"这一主题展开,以谈论不同人物每天的生活、学习或工作日程安排为主线,单元内各语篇与单元主题之间、语篇与语篇之间相互关联。本单元共涉及 7 个语篇,符合语篇类型要求(二级),包括说明文(Reading)、配图故事(Listening)、简单社交媒体对话(Grammar)、图示(More practice)、图表(Writing)、叙事性日记(Book B Reading)。

基于本单元语篇类型的课时安排如下:

(1) Lesson 1 阅读课。

语篇来源:教材 Reading (pp.16 - 19)+Grammar (p.23)。

语篇类型:说明文+简单社交媒体对话。

语篇内容:初中生 Sam 介绍自己的一日校园生活安排+用频率副词或短语在网络聊天室里与 Mandy 谈论自己的日常生活安排。

(2) Lesson 2 拓展阅读课。

语篇来源:教辅配套话题语篇"My new friend"。

语篇类型:介绍类短文。

语篇内容:初中生 Li Hua 介绍德国笔友 Karl 的日常校园生活安排,以第三人称的视角复现课时 1 语篇中的目标语言结构。

(3) Lesson 3 听说课。

语篇来源:教材 Listening (p.20)+Speak up (p.24)。

语篇类型:配图故事+调查报告。

语篇内容:聆听 Jack 介绍自己的周末生活并根据图片提示补全语篇+学生用特殊疑问词调查同学的日常生活安排并形成简单的书面报告。

(4) Lesson 4 写作课。

语篇来源:教材 More practice (p.26)+Writing (p.25)。

语篇类型:图示+图表。

语篇内容:阅读 Jason 介绍妈妈的日常生活安排的语篇并补全图示+阅读 Fang Fang 的日程图表并补全语篇。

(5) Lesson 5 阅读课。

语篇来源:教材 Book B Reading (pp.16 - 19)。

语篇类型：叙事性日记。

语篇内容：Li Shan 叙述自己每天在现代科技工具或产品的帮助下过着新奇、便捷、轻松愉悦的生活。

结合教材单元主题分析与语篇类型分析，本单元围绕主题"Daily life"，以不同类型的 7 个语篇为依托，融入语言学习、文化知识、语言技能和学习策略等学习要求。学生围绕单元主题意义学习语言、获取新知、探究意义、解决问题，逐步从基于语篇的学习走向深入语篇和超越语篇的学习，建立信息关联，从而形成新的知识结构，即形成大观念"利用工具合理管理时间，提升学习效率，热爱学习与生活"。

在大观念"利用工具合理管理时间，提升学习效率，热爱学习与生活"的指引下，笔者将本单元的主题意义及其学习目标确定为"合理规划、分配、利用和管理时间，制订个性化的生活与学习日程，并运用目标语言和工具向他人介绍自己的日程安排"。

（二）创设问题解决情境，明确单元跨学科作业目标

《义务教育英语课程标准》(2022 年版)强调："依据单元育人蓝图实施教学，要构建由单元教学目标、语篇教学目标和课时教学目标组成的目标体系……各层级目标要把预期的核心素养综合表现融入其中，体现层级间逻辑关联，做到可操作、可观测、可评价。"[1]科学、合理的表现性任务或作业，应提供真实的情境，同预设的学习目标保持一致，能够促进学生把所学所得应用到实践中去，甚至迁移创新，生成好的表现与成果。[2]

本单元创设真实的问题解决情境"认识、使用时间管理工具日晷(sundial)规划日程安排"，帮助学生建立课堂所学和实际生活的关联。基于大观念及本单元主题意义，本单元的跨学科作业设计的整体目标为"利用时间管理工具日晷(sundial)合理规划时间，运用数学知识和语言制订个性化的生活与学习日程，并借助日晷的造型元素图绘/图解实用美观的日程安排"。课时作业遵循学生英语能力发展进阶的规律，划分为学

---

[1] 中华人民共和国教育部.义务教育英语课程标准(2022年版)[S].北京：北京师范大学出版社，2022：48.
[2] 简·查普伊斯，等.促进学习的课堂评价：做得对 用得好[M].上海：华东师范大学出版社，2021：172-173.

习理解(课时作业1)、应用实践(课时作业2+3)、迁移创新(课时作业4)层层递进的任务类型,引导学生运用目标语言知识、技能和策略,围绕主题表达个人观点和态度,解决真实问题,形成素养。

基于问题解决情境的单元跨学科作业设计如下。

(1) 跨学科课时作业 Period 1:What is a sundial?

对应课时:Lesson 1 阅读课。

课时作业目标:认识时间管理工具日晷(sundial),理解日晷背后的数学原理。

建议完成时长:30 分钟。

评价方式:Step 1 书面评语;Step 2 集体讲评、个别讲解相结合。

(2) 跨学科课时作业 Period 2:How does a sundial tell time?

对应课时:Lesson 2 拓展阅读课+Lesson 3 听说课。

课时作业目标:根据日晷特征抽象出几何图形并进行时间测量。

建议完成时长:30 分钟。

评价方式:Step 1 书面评语;Step 2 集体讲评、个别讲解相结合。

(3) 跨学科课时作业 Period 3:How can we make a sundial?

对应课时:Lesson 4 写作课。

课时作业目标:运用数学知识和语言,使用纸盘及其他辅助工具制作日晷。

建议完成时长:30 分钟。

评价方式:Step 1 自制日晷作品展示;Step 2 从自评、互评、师评的角度填写"自制日晷评价量表"。

(4) 跨学科课时作业 Period 4:Can you use a sundial to introduce a day in your life?

对应课时:Lesson 5 阅读课。

课时作业目标:借助日晷的造型元素,以实用和美观为设计原则,绘制自己个性化的生活与学习日程,并运用目标英语语言向他人介绍自己的日程安排。

建议完成时长:30 分钟。

评价方式:Step 1 自制日程安排作品展示;Step 2 从自评、互评、师评的角度填写"自制日程安排评价量表"以及"口头介绍日程安排评价量表"。

(三) 开发表现性作业评价量表,实施表现性评价

基于问题解决情境的作业设计,对于学生来说应具备一定的挑战性,能够引导学生运用所学知识技能、方法策略和思想观念,创造性地解决情境中的问题,促进能力向素养的转化。表现性评价本身就是一项有效的教学活动,学习和评价能同时执行,并能很好地与教学统整,从而实现"教—学—评"一体化。①

以主题"日晷(Sundial)"为引领,践行学思结合、用创为本的英语学习活动观,本单元的跨学科课时作业把英语课程与数学、美术等其他课程的能力素养要求联结起来,融入中西文化比较,从跨学科的视角整体设计单元课时作业,引导学生围绕主题学习语言、获取新知、探究意义、解决问题。

本单元的跨学科表现性作业包含了实物作品(跨学科课时作业 3 自制日晷)、书面作品(跨学科课时作业 4 自制日程安排)和口头介绍(跨学科课时作业 4 口头介绍日程安排)三项,需要制订三个不同的评价量表分别进行表现性评价。

基于本单元的大观念"利用工具合理管理时间,提升学习效率,热爱学习与生活",以及前几个课时建构的知识结构框架,根据实物作品、书面作品这一呈现方式的特征,评价维度确定为内容、形式、意义与书写(实物作品无书写评价维度)这四项。同时结合课时作业目标,确立了与评价维度对应的评价指标,据此分别开发本单元跨学科表现性作业"自制日晷"以及"自制日程安排"的评价量表。

"自制日晷"评价量表包含自评、互评、师评三个评价主体。评价内容为"根据图文示例指引,运用数学知识和语言,使用纸盘及其他辅助工具制作日晷"。评价形式以"Make a Sundial"为主题,框架上要求测量准确,设计美观。在意义维度上,并与单元主题意义保持一致,要求学生运用数学知识和语言自制时间管理工具日晷(sundial)。每一个评价维度以三颗星记为优秀,两颗星记为良好,一颗星记为一般。

"自制日程安排"评价量表同样包含自评、互评、师评三个评价主体。评价内容为"根据图文示例指引,借助日晷的造型元素,以'实用和美观'为设计原则,绘制自己个性化的生活与学习日程"。评价形式以"The Sundial—A day in my life"为主题,框架上

---

① 周文叶.指向立德树人的教师表现性评价[M].上海:华东师范大学出版社,2021:57.

要求包含与日程安排相关的小主题,每个小主题下是相关的具体事项,版面图文并茂、设计美观。在意义维度上,与单元主题意义保持一致,要求学生利用时间管理工具日晷(sundial)合理规划时间,运用数学知识和语言制订个性化的生活与学习日程,并借助日晷的造型元素图绘/图解实用美观的日程安排。最后,书写维度要求接近手写体,拼写正确,工整美观。每一个评价维度以三颗星记为优秀,两颗星记为良好,一颗星记为一般。

根据跨学科课时作业4的内容"借助日晷的造型元素,以'实用和美观'为设计原则,绘制自己个性化的生活与学习日程,并运用目标英语语言向他人介绍自己的日程安排",结合口头介绍这一任务形式的特点,从内容、语言、表现三个维度考虑,制订了"口头介绍日程安排"这一表现性作业的评价量表。

"口头介绍日程安排"评价量表以教师为评价主体,从内容、语言、表现三个维度评价学生的表现。在内容维度,学生能够口头介绍自己的"自制日程安排"书面作品;在语言维度,学生能够流利、准确、完整地用英语语言介绍自己的作品;在表现维度,学生能够大方、自信地进行口头介绍。每一个评价维度以三颗星记为优秀,两颗星记为良好,一颗星记为一般。

除此之外,本单元的跨学科作业设计在预设学生完成作业有难度之处提供了作品示例,引导学生在完成作业的过程中,对照课时学习目标,评价和反思自己的学习过程和学习效果,调整学习方法与策略,提高英语学习的效率,以评促学。同时,教师通过作业评价检测和衡量学生的表现,针对学生表现及时提供反馈与帮助,发现并诊断学生学习问题,引导学生自觉运用评价结果改进学习,以调整和改进教学,以评促教。

表现性评价应用于初中英语单元跨学科作业设计,能够帮助教师引导学生基于对单元大观念及主题意义的理解,综合运用多门学科的知识和技能来解决贴近生活实际的问题,对照科学的评价量表对完成复杂的跨学科作业的过程与成果作出判断与评价。本文结合作业设计相关案例,阐述了表现性评价应用于初中英语单元跨学科作业设计的意义和价值,体现"教—学—评"一体化的整体育人观,帮助学生提高学习能力、学会自我管理,促进学生全面、健康而有个性地发展。

(撰稿人:深圳市坪山区中山中学　陈洋钰)

课程评价四　道德与法治生成性评价探赜

随着新课程改革的不断深入,构建"动态生成"的课堂已成为广大教师的共识,课堂上应以学生为主体,注重学生知识的逻辑生成,把动态生成知识作为考量教学效果的重要依据。《义务教育道德与法治课程标准(2022年版)》指出:"道德与法治课程评价要围绕发展学生核心素养,发挥评价的引导作用,改进结果评价,强化过程评价,探索增值评价。"[1]叶澜教授也提出:"'发展'作为一种开放的生成性的动态过程,不是外铄的,也不是内发的,人的发展只有在人的各种关系与活动的交互作用中才能实现。"[2]这就意味着,课堂中应抓住学生的动态发展,强化知识的自然生成,而非教师的填鸭式教学。而构建动态生成课堂的重点则在于教师需要重塑观念,重新构建与之相匹配的评价方式。

一　生成性评价的内涵

生成性评价是在师生平等的互动交流过程中,针对学生具体的学习状况"顺学而导"的动态评价。它在本质上是教师与学生平等协商、互动交流,在交流沟通中通过教师艺术性的点评帮助学生生成知识逻辑。生成性评价不同于以往的评价方式,它更加强调学生的主体地位和课堂的动态化,通过对学生进行方向性的引导、启迪和唤醒,肯定学生的个性发展,强调学生的参与过程,从而促进学生全面发展的评价理念。

---

[1] 中华人民共和国教育部.义务教育道德与法治课程标准(2022年版)[S].北京:北京师范大学出版社,2022:4.
[2] 叶澜.重建课堂教学价值观[J].教育研究,2002(5):4.

二 生成性评价的原则

（一）单一到全面：注重评价内容的全面性

以往的教学评价大多只关注知识性的正确与否，往往忽略了对于学生其他方面的引导。《义务教育道德与法治课程标准（2022年版）》指出："评价内容包括学生在学习过程中的道德品行、价值观念、学习态度、课堂学习阶段目标的达成情况等方面。"①学生的发展体现在全方面，不仅仅是认知发展，还包括内在的情感、意志、态度。一方面，在生成性评价的过程中，教师不能只关注学生回答问题的"正确"，也要关注学生回答的思维误区，充分利用学生理解上的偏颇，以此为切入点对学生进行点拨和智慧性的引导。另一方面，生成性评价还注重学生情感、意志、态度等方面的评价，这样给予学生的指导才能由浅入深、由表及里。

（二）顺学而为：提高评价语言的多样性

教师的点评语言是检验教师课堂驾驭能力的某一个方面，得当的语言点评与点拨能够启发学生思维，达到核心素养的培养。因此，在课堂点评中教师的评价语言不能单一化，而要巧用赞赏性语言、鼓励性语言、启发性语言和反思性语言，不仅要有导向性，还要以能够引发学生的思考、启发学生的逻辑思维为前提。当教师用肯定和赏识的语言去点评学生时，学生内心能够得到自信，从而更有动力和信心继续思考问题。教师在点评时切不可泛泛而谈，而是要具体又明确地指出学生"好在哪些方面"，在此基础之上加以引导。

（三）多元参与：重视评价形式的多元性

课堂生成性评价是建立在动态的教学过程中，教师在实施评价时一定要适时且适度。因此，在进行生成性评价时要根据学生的回答进行多元评价。一是即时评价与延

---

① 中华人民共和国教育部.义务教育道德与法治课程标准（2022年版）[S].北京：北京师范大学出版社，2022：51.

时评价相结合。要关注学生在课堂上的知识、情感、态度,善于抓住学生的想法,巧妙地激发学生参与课堂的热情,激励学生自主探究,化被动为主动,让学生多思考,从不同角度分析、解决问题。与此同时,当学生在回答问题后,教师不急于对其回答进行即时评价,而是给予学生更多的时间去思考,当学生自己生成正确的观点后,教师再进行启发,这样才能提高学生的自主思考和感悟问题的能力。二是正式评价与非正式评价相结合。诚然,在日常常规教学中,教师的正式评价有助于学生对知识的理解和能力的发展。但是,非正式评价在课堂中的作用亦不可忽视。教师通过在课堂中随时观察并和学生进行交流,随时动态监测学生课堂状况并及时反馈,从而形成一个动态的教学课堂。三是充分结合学生互评、自评的方式,在此过程中锻炼学生的思辨能力和评价意识。

三 道德与法治课堂开展生成性评价的路径

课堂教学是师生协作同进,互生共进的过程,更是师生多向、开放和动态的对话、交流过程,在此过程中充满着生成性和不确定性,这意味着课堂的教学评价也是一个动态的生成过程,需要师生在点拨中触发生成、在赞赏中引领生成、在追问中牵引生成、在反思中深化生成。

(一)系统使用评价策略,善用生成性评价语言

道德与法治课程是在循序渐进的过程中培养学生正确的道德规范和法治观念。因此,教师在教学评价的过程中,应当关注学生多方面核心素养的发展,引导学生树立健康向上的价值观。在课堂教学中,教师不能一味地填鸭式教学,更应该在点评过程中善用生成性评价语言点拨学生,重视学生独特的、创新的见解和想法,进行弹性化的答案预设。同时,充分利用书本的课程标准与学生个性化理解产生的矛盾与冲突,并用启发式的评价引导学生对冲突点进行深入挖掘和多角度的解读,从而有效推进课堂的动态生成,提升课堂评价的实效性。除此之外,教师应从学生的回答出发,充分考虑学生的生活经验,将学生的答案与生活情境联系起来,从实际生活的源头处获取对知识的感知和理解。

(二)转变课堂评价理念,巧抓课堂评价时机

传统的评价观往往侧重知识性的错误与否,而忽视了教师的引导作用,这一观念显然是对评价一词的狭隘理解。道德与法治课堂的思考不应是确定一个固化不变的操作流程,而是充分关注学生的言行,进行有留白、有包容的弹性预设。因此,在课堂中需要教师巧妙性地抓住时机并进行语言引导,别具匠心地促进教学内容的生成,借以实现学生自我的逻辑建构。当学生出现认知误区时,教师要抓住这个误区,善于运用自己多角度多元化多创意的评价去纠正、鼓励学生重新思考回答,化解学生的误区,引导新的探究点,从而促成和谐互动的课堂生成,激发学生的内驱力。

(三)利用多元评价方式,促进学生全面发展

运用恰当的评价方式,能够激发学生的学习兴趣,增强学习动力,激发创造能力。课堂中即时评价和延时评价相互作用,既要发挥即时评价明辨是非、监督导向的作用,密切关注学生的思想动态,善于发现学生的个性特点,以中肯亲切的即时评价方式给予学生反馈,促进师生高效交流,解决学生问题,提高教育效果;又要适时运用延时评价,给学生留有充足的时间和空间,培养学生的思辨能力和创新精神。生成性评价是在动态教学过程中形成的,而教师必须关注评价的人性化。在教学中,教师通常采用规范的评价程序和测验工具对学生进行正式评价,从而得出评价结果。而非正式评价是以教育价值为基础,更多关注学生全面发展,把激发学生全方面潜能作为评价的出发点,培养学生多方面能力,彰显人性关怀。教学评价必须从人性角度出发,将正式评价和非正式评价相结合,即时评价与延时评价相结合,充分发挥各自优势才能完善教学评价体系,促进学生全面发展。

(撰稿人:深圳市坪山区中山中学　易丙进)

未来智慧：智慧课程为未来教育赋能

在未来教育的背景下，智慧教育作为其中的一极，有着鲜明的先导性、融合性和科学性。信息技术与学科深度融合，是深化教学和课程改革新的生长点，应用于学校教师的校本研修，它带来革命性的影响不可预估。2021年，深圳市积极推动教育部"基于教学改革、融合信息技术的新型教与学模式"实验区、智慧教育示范区建设，以信息技术推动教育改革发展，探索智能时代下的教育新形态、新模式，促进深圳教育的高质量发展，我校入选深圳市的100所实验校，实验项目为未来学校"一堂四研"智慧教研模式，该模式先后获得广东省基础教育成果奖培育对象、深圳市教育教学科研成果一等奖，以此为例，笔者将对此模式做一些粗浅的综述和探讨。

通过对"一堂四研"智慧教研模式的探索，即醍摩豆（TEAM Model）智慧课堂、大数据课堂观察研修、远距教学研修、AI智能精准研修、名师课堂研修，实现学校管理人员和教师，能够熟练运用信息技术进行学校管理和班级管理，实现日常学校管理网络化，教学教研系统化、精准化。学校教师能够熟练将信息技术与学科教学融合，进行常态化教育教学学习和交流，大力提升师生信息素养；合理充分利用多种信息技术手段，开展课中课后精准教研，并在多个学校进行帮扶，开展实验，进行辐射，产生影响。

（一）醍摩豆智慧课堂——高智能学习中心

醍摩豆智慧课堂，是基于HiTeach智慧教学系统而成的智慧教室，从课堂中的教与学出发，整合课堂中所需的软硬件以及云端、人工智能、大数据各项服务，达成现代化课堂的教学效果。TEAM代表教学、评量、诊断、补救四大E化工程，贯穿教学前中后的学习历程，实现以学生为中心、合作学习、任务驱动式教学、问题导向学习、一对一教学等现代教育理念。教师在课堂教学中，通过飞递、计时、抢权等功能活跃了课堂气氛,激发了学习热情,IRS即时反馈功能的使用,又实现了自动统计、即时反馈、分层教学的精准高效。更为重要的是,它突破了建设昂贵的专门微格教室或智慧教室的局限,一套软件系统即可实现在每间教室开展醍摩豆教学的目标。

以智慧课堂为基础和出发点,建构"切、磋、琢、磨"四类研修模式,促进教师专业成长,具体包含有大数据、远交流、E融合、精磨课四个技术融合形式,以及专业听评课、异地同堂教学、智慧课程开发、名师引领发展四个教改研修环节。

(二) 切：大数据课堂观察研修——耳目一新的听评课

切,即切脉学情,精准诊断。

观察历来都是科学研究的重要手段,课堂是教育教学的主要阵地。将二者结合起来——课堂观察,主要源于西方科学主义思潮,作为一种课堂研究方法,发展于20世纪五六十年代,典型代表是美国社会心理学家贝尔思(R. F. Bales)的"互动过程分析"理论、美国课堂专家佛兰德斯(N. A. Flanders)的"互动分析分类体系"。课堂观察,就是对课堂教学行为的切脉和诊断。

进一步,将信息技术、大数据手段运用到课堂观察中来,使得教学诊断更加精准,更加科学,其效果则如虎添翼。大数据技术是21世纪最具时代标志的技术之一。全球知名咨询公司麦肯锡负责人称："数据,已经渗透到当今每一个行业和业务职能领域,成为重要的生产因素。人们对于海量数据的挖掘和运用,预示着新一波生产率增长和消费者盈余浪潮的到来。"①课堂作为教与学的重要环境,作为教学活动的主要场所,其中蕴含的大数据是我们理解与研究课堂教学活动规律与本质的重要切入点。如何获取大数据进而分析和研究课堂教学,并在此基础上谋求学生课堂学习的改善、促进教师发展的专业活动是我们当今研究的热点。从传统的听评课来看,存在以下三个方面的问题：一是评价指标不系统不精准,基本上只是围绕着教学的某个方面,没有整个课堂教学的系统评价指标体系;二是评价的技术不自动不高效,传统课堂观察的数据收集及处理为人工方式,数据繁多,耗费人力,处理速度慢,耗费时间长,这一系列

---

① 陈新房.Hadoop核心技术及其在防灾减灾中的应用[M].北京：北京交通大学出版社,2024：1.

繁琐的工作使得课堂观察在平时没有发挥出应有的作用;三是评价手段缺少普及性和灵活性,传统的课堂观察不能覆盖到每个班级,评价手段也缺少灵活性。

因此,需要运用信息技术的大数据分析进行教师听课评课,做到精准发力,避免听课评课时泛泛而谈,言之无据,浮于表面,真正做到执教者和听课者双受益。学校自主开发了包含四个维度21个视角70个观察点的大数据课堂观察量表,使课堂观察系统化、精准化;还开发了大数据课堂观察系统平台,建成全方位、现代化的大数据信息采集系统。

(三)磋:远距教学研修——全过程云端校际交流

磋,即团队磋商,科组互研。

现代远距离教学理论认为,它彻底改变了教学观念,突出了教与学的三个显著特点:多媒体技术交互性、按需学习的自主性、打破时空的开放性。在学校实际实践过程中,远距教学对于教学交流起到了重要作用。

学校开展的远距教学采取以下模式与流程。

1对1模式:以学科组为单位,两所学校进行结对开展教学研修,两所学校可以轮流互为主端或客端。

1对N模式:以一所学校为主端,以学科组为单位,和多所学校同时开展教学研修。

N对N模式:形成一个学科联盟,在整体框架下开展多边"外交",根据各学校需要,自行安排结对研修,适时集中共同研修。

远距教学的前提条件是,需要共同的意愿和目标,需要相同的教材版本、相同的教学进度、相同年级的学生、相同的教学研修时间安排。

远距教学的优势,一是打破时空的间隔,实现相隔千里的两所学校甚至几所学校,通过远距教学研修系统,可以做到同步备课、上课、课后评价等教研活动,真正做到"海内存知己,天涯若比邻";二是节约经济实惠,免除舟车劳顿、费钱费力,打乱正常的教学秩序;三是即时方便,不离本校,随时安排,学科组之间可以双周一次,形成相对稳定跟进的研修进度,保持连贯性和持续性;四是实现异地同堂、同课异构,交流不同地域、不同学校的教学风格,经验成果共享,共同研讨促进。

目前,我校与广州花都区培新学校、四川省成都市七中育才中学、佛山南庄学校、黑龙江海伦中学等持续开展远距智慧教学研修活动,取得了较好的效果。千节课堂教学研修案例,形成了丰富的校本研修资源。

(四) 琢:AI课程研修——融合课程新样态

琢:即精品课程,智能雕琢。

信息技术与课程的整合研发,是学校课程建设的一项主要任务。华南师范大学教育技术研究所李克东教授指出:"信息技术与课程整合是指在教学过程中把信息技术、信息资源、信息方法、人力资源和课程内容有机结合,共同完成课程教学任务的一种新型的教学方式。它的基本思想包括三个基本点:要在以多媒体和网络为基础的信息化环境中实施课程教学活动;对课程教学内容进行信息化处理后成为学习者的学习资源;利用信息加工工具让学生知识重构。"[1]

我校在实施过程中落实三个步骤:

一是课程教学软硬件建设,营造信息环境;完成了一个项目("一堂四研"课程建设及教改实验项目)、两个平台(智慧校园醍摩豆教学平台、中央电教馆智能研修平台)、三个基地(广东省信息化建设中心校、中央电教馆智慧研修平台试验校、基于教学改革融合信息技术的新型教与学模式实验校)、十个资源(创建了公众号、服务号;引入了IRS教学即时反馈系统、远距教学系统、仿真实验系统、扫码阅读系统、作业批改系统、教学资源系统、微课制作软件等;自主开发大数据课堂观察系统)等的建设。

二是国家教材的校本化信息化整合。语文课更多地引用多媒体资源进行教学,利用朗读亭和数字图书开展自主阅读;数学课运用几何画板、数形结合动画、创设教具等方式教学,英语课坚持用人机对话学习英语听说;理化生课程多运用仿真实验系统进行安全实验操作,利用信息技术创设科技体验、开展小发明项目;历史课通过观影、编剧的方式开展教学;地理课通过三维地理功能室(如地形电子沙盘、天体和地球3D运行)进行直观体验;艺术课进行电子作曲、信息化名画、微电影等制作;体育课运用运动

---

[1] 李克东.信息技术与课程整合的目标和方法[J].中小学信息技术教育,2002(4):22-28.

测试手环开展实验课题等,都是教学过程中的积极探索。

三是校本融合课程开发与信息化整合。"人工智能"课程是一门全新的普及性、主题性、综合性课程,是为了落实国务院《新一代人工智能发展规划》等系列文件的要求,构建人工智能多层次教育体系,在中小学阶段引入人工智能普及教育。我校人工智能课程由信息学科教师主要承担,每学期8个课时。主要有"人工智能时代之 AI+X""智能小车之机器学习""机器学习的数据采集、模型训练、模型应用""监督学习与无监督学习"等,以把握时代发展前沿脉搏,全面了解、掌握人工智能的基本原理、要素和基本技能,为未来人才培养种下一粒种子。STEAM 课程是为了落实《中国 STEAM 教育 2029 创新行动计划》等系列文件精神,开展的一门融合式课程。2017 年我校在区教育局的统筹下,建设了 STEAM 专用教室,和以色列教育机构合作启动探索之路,逐步实现完全自主开发和实施。它包括了思维训练课程、实践发展课程、创新提升课程等,开展了模块编程、3D 打印、激光切割等内容,同时探索和现行教材融合,利用信息技术,开展同步项目式学习和研修,取得了显著的成效。

(五)磨:名师课堂研修——专业引领磨课利器

磨:师徒磨课,五步三轮。

学校现有多位区级以上名校长、名师和多个名师工作室,先后完成了 9 期师徒结对仪式,有学员 97 人。学校充分发挥学校名校长工作室、市区级名师工作室和骨干教师的示范引领作用,组建学校网络研修共同体,依托中央电教馆智能研修平台,坚持开展师徒示范课的磨课工作,使名师资源得到更大范围的共享。名师带徒的八项基本任务是:名师课例研磨、课题引领发展、在线工作坊焦点研讨、线上线下混合互动、教研成果定期展示、种子教师在线培养、工作室间教研交流、互动助力深度融合。

名师工作室网络课堂研修创新教师教研的新模式,探索网络环境下的教研活动新形态,促进教师专业发展。具体到磨课方式,主要包括五个步骤:授、观、析、评、思。在线授课,录制可以回放的课例;师傅现场观课,完成观课记录;对课例进行分解和数据分析,出台课例报告;工作室或学科组内对照课例共同评课;学员课后回放自观,对照分析报告,完成反思。连续三轮,第一轮为初课,第二轮为改课,第三轮为赛课。每一轮均比照数据变化情况,重上改进课,直至达到优良评价效果。"人怕事上练,刀怕石上磨",五步三轮磨课,成为教师专业成长的一把利器。

"切、磋、琢、磨"一堂四研智慧研修的有效实施,通过智慧教育自身的特性,不但实现了高效课堂,解决了学生低效学习的问题,同时也为教师减负,新技术自带的动能事半功倍地促进教师精准把握学情,给课堂教改和校本研修带来革命性的变化。

(撰稿人:深圳市坪山区中山中学　梅越平)

后记

未来课程的原生态叙事

"未来已来,只是尚未流行",这是美国著名科幻作家威廉·吉布森(William Gibbs)的一句名言,从 5G、大数据、区块链到人工智能、Chat GPT,生存在日新月异的科幻时代,面对无法确切把握的未来,让从事教育的工作者倍感躁动不安。

其实,面向未来的教育概念早已提出,只是人们容易忽略和善忘。20 世纪 80 年代,"教育要面向现代化,面向世界,面向未来"就成为我国教育的发展方向定位;美国哈佛大学教授戴维·珀金斯(David Perkins)也直白地指出教育应该"为未知而教,为未来而学"。

教育是培育人的行业,"培养什么人、怎样培养人、为谁培养人"已经成为教育的基本准则。2016 年发布的《中国学生发展核心素养》明确定义:学生发展核心素养是指学生应具备的、能够适应终身发展和社会发展需要的必备品格和关键能力。中国教育科学研究院发布的《中国未来学校创新计划 3.0》指出主要目标是,完善中国特色未来教育理论体系,创新中国特色未来教育实践模式,推进中国教育现代化国际影响提升。也就是说,我们的教育要全面超越当今社会、放眼教育现代化,去培养适应未来的人才。

课程作为教育的载体,面对未来教育的目标和任务,就必须重新拆解和构建,未来课程应运而生。未来课程的框架和路径,同时需要符合未来社会的需求、未来教育的特征、未来学校的元素。在此,结合深圳市坪山区中山中学"六位一体,面向未来"的课改实践,笔者进一步探讨未来课程的形态和特征。

中山中学"六位一体"的未来课程包括玉德教育课程、国学教育课程、国际教育课程、生态教育课程、创新教育课程和智慧教育课程。

第一,玉德教育课程,未来教育之魂。以玉德文化为中心,以立德树人为课程追求,让未来回归本源。玉德教育课程是学校未来课程体系的核心基石。当人们在谈论未来时,常常预言现有学校和教师职业将会消亡,严格说是传授知识的功能无须老师将来再去面授,相反,学校只要提供课程,课程作为产品,必将大大加强;知识教学由灌输到自取的不断弱化,但道德人格和心理建设却在未来成为必修课,因为大众自由的网络时代,更需要自律和规范,个人的品格信誉成为学习的前提和基础,爱国主义和集体主义的理想和信仰,更是不可或缺的民族精神根基。中山中学基于玉德传统文化中的"仁、义、礼、智、信"基本要素,融入现代文化的精神文明建设、核心价值观培育,建设了三门核心课程:一是玉德传统课程,秉承"君子比德于玉焉"的道义,将"仁、义、礼、智、信"作为"玉德五义",开设君子人格教育课程;二是开展校园"青春三礼"活动,即七年级的青春奠基礼(建队日)、八年级的青春先锋礼(入团仪式)、九年级的青春感恩礼(毕业典礼),倡导现代精神文明,将教育贯穿初中三年的学习成长生涯;三是将社会主义核心价值观纳入道德与法治课程,打造金牌思政课。

第二,国学教育课程,未来教育之源。以传统溯源为起点,以继承发展为课程方略,让未来回归传统。国学教育课程是学校课程的起点,未来不是凭空到来的,而是奠基在民族传统文化的深厚沃土之上的,没有传统的未来是没有未来的。继承和创新,传统与未来,从来就是一对孪生姐妹。中山中学开设二十四讲系列"国学经典"课程,从汉字起源、四书五经、唐诗宋词、二十四节气到古代建筑、民风民俗、舌尖中国、中华非遗,将博大精深的中华文化深入浅出地普及到每一个学生,让孩子沐浴母语文化圣洁的光辉。学校开设了经典阅读科目,如"《论语》素读",身着礼服在孔子学堂晨读,琅琅书声充满校园美好的早晨;如"《诗经》综艺",诵读、吟唱、种植八十一种《诗经》中的植物;如美术科组开发的"好客坊",带领学生亲自动手,从黄酒和酿豆腐的饮食制作,到扎染和竹编民间手艺,舞麒麟玩狮头划龙舟,体验客家文化的原汁原味;如"武术操",既有全校师生练习千年古代养生操八段锦,又有改编的八种中华武术融为一操,创新大课间形式。国学教育不是枯燥刻板的老人教育,而是生机勃发的青春教育;不是摇头晃脑的雕虫教育,而是大气沛然的生命教育。上善若水,文化如流,悟通天人合一,习得中国智慧,只有充分浸润了中华传统文化的人,才真正拿到了未来的船票,不会迷航。

第三,国际教育课程,未来教育之风。以绿色生态为场域,以持续发展为课程旨趣,让未来立足生态。教育走到了一个开放与共享的时代,从东西方文化的碰撞,走到多元多极世界的互通,教育始终呈现出勃勃生机。国际课程,就是让学生在课堂上模拟和在真实世界中行走,感受来自世界各个角落的风向,能够对人类的历史有感知,对人处的自然有感受,对人类的家园有感情,对人类的活动有参与。中山中学的国际教育课程,着眼于培养学生的国际视野和文化理解,为未来参与国际事务培养最基础的国际理解能力。一是国际文化节活动,是一个较好的了解途径,引导学生认识世界文化的丰富性。二是模拟联合国,培养学生参与国际事务的角色体认,在陈述和辩论中认识世界,学习掌握国际知识。三是课本剧课程,在国家课程校本化的路上探索新路子,把故事演活,把课本学活,在舞台上学习,在角色中体验。四是文化交流课程。在世界上讲好中国故事,展示中国功夫、中国形象。咏春拳是中国优秀传统武术,我校武术队的学生摘下第九届世界传统武术锦标赛金牌,为国争光,惊艳多个国家的武坛;STEAM项目从以色列引入师资团队,成功借鉴了国际和本土经验,创设了多个课程新模式。五是小语种课程。既要说好中国话,也要学好外国话。打破英语世界通用的神话,让汉语走向世界的同时,也要拆掉世界语言的巴别塔,让多国语言课程成为孩子的语言天堂。

第四,生态教育课程,未来教育之境。以空间激活为探索,以熏陶感染为课程手段,让未来尽情生长。在战争和污染不断侵蚀乃至毁灭人类家园的今天,绿色、低碳、和谐的生态恰恰是人类未来的理想容貌。同样,生态教育课程致力于首先构建一个绿色的课程环境,教导孩子承担拯救未来生存的道义和责任。一是课程实施的外部环境,它是建立在未来学校对于空间重构的基本特征之上的,未来学校十分注重学习空间的建设,需要满足学习的便利性和即时性,延伸封闭式教室,打开无围墙校园,做到随处可学、随时可学。中山中学从建立学科教室到学习教室,在校园建设了三大学堂:国学厅内的孔子学堂、科幻厅的科普学堂、空中花园的生态学堂。二是开发了独具一格的场景课程,即充分利用教室外校园内的空间,融情于景,入学于境,开展沉浸式主题课程学习。如二十四讲的科普系列课程,由理科教师各承担一讲,讲座、活动、竞赛于一体;如绿园课程包括百蔬园、百花园、百草园,将4 000平方米的楼顶开发成学生体验学习种植劳动的场所;又如中医药课程,从辨识、种植中草药和制作本草香囊,到学习《黄帝内经》及中医之道,认识传统中医遗产的珍贵和衰微,激发学生学习中医之道、弘扬中医文化的强烈兴趣,学校也因此成为全国生态环境示范学校;再如蓝色海洋课程,作为肩负创未来世界一流海洋城市的当代青少年,认识海洋、研究海洋、保护海洋,责无旁贷。从海边净滩、增殖放流,到校园建设全国首个珊瑚保育站,进行珊瑚养殖和小课题研究，更是大大提高了学生探究式学习能力。

第五，创新教育课程，未来教育之力。融合联通为特质，以创新发展为课程站位，让未来跨界生长。一般认为，核心素养作为一种高级素养包括六个要素：创新能力、批判思维、公民素养、合作与交流能力、自我发展素养、信息素养。其中，创新能力是核心素养中的核心。创新教育就是培养学生深度学习的能力、解决问题的能力和适应未来的能力，创新能力对于中学生而言，首先需要培养创新思维、科学精神，这对未来社会而言，是十分难得的宝贵品质。中山中学的做法，一是专门开设创新思维训练课程，从小创意、小制作、小发明到科普实验、科技竞赛，全面普及；二是积极探索单元探究学习模式，全校推行"一学科一项目，一单元一探究"，将创新思维的训练融入每一门学科中；三是积极申报深圳市学生小课题实验项目，已经有 67 个项目获得市级立项并结题，35 个项目被评为优秀，并获得深圳市中学生探究性小课题示范校；四是开设 STEAM 教育融合课程，摸索出了"一目标（培育创新能力）、两融合（项目式融合、单元探究式融合）、三课型（普及课、社团课、双语课）、四主题（项目为主、双语嵌入、拔尖创新、教材融合）、五步法（思维训练、技能训练、创造训练、社会实践、写作评价）"的学习模式，对学生学习方式变革和提升创造创新能力起到十分明显的效果，学校被评为全国第三批 STEAM 教育种子学校、深圳市年度 STEM 典范学校、广东省科普教育基地、深圳市科创特色学校。

第六，智慧教育课程，未来教育之能。以智慧赋能为手段，以开放发展为课程智慧，让未来承担使命。智慧教育是基于信息化基础上的技术革命和教学融合，具备全球互联共享、跨界深度融合、大数据和人工智能支持的特征，为未来教育最显著的标志，为之提供最富集无限的高能量。中山中学的智慧教育课程，一是"一堂四研"课程，准确地说，是依托四种智慧教研技术支持的智慧课堂和智慧课程。"一堂"为智慧课堂，"四研"为大数据课堂观察研修、远距教学研修、特色融合课程研修、精准智能研修；"一堂四研"项目围绕智慧课堂中心，利用信息技术，自主开发校本课程、开展教学研修，实施教学课程改革，促进教师专业提升。从范围来看，该项目覆盖课堂教学、听评课、课程开发、异地远程教研等多个环节；从课程来看，信息技术覆盖常规文化课程、特色融合课程等多途径应用。该项目成为广东省基础教育成果奖培育项目，获得深圳市第四届教育教学科研优秀成果奖一等奖、深圳市优质数字化智慧学校；二是人工智能课程。近年来，人工智能教育得到高度重视，2017年国务院发布的《新一代人工智能发展规划》要求实施全民智能教育项目，在中小学设置人工智能相关课程。2018年教育部进一步明确，构建人工智能多层次教育体系，在中小学阶段引入人工智能普及教育。开设人工智能课程，培养下一代人工智能后备人才，抢占世界未来科技高地，已经成为国家战略共识。2023年，在区教育局的统筹下，中山中学积极探索，由信息教师主要担纲科研项目和教学任务，参与开发校本教材，然后在七年级、八年级普及人工智能主题教育课程，包括"人工智能时代的AI+X""人工智能的核心要素""智能小车的机器学习""机器学习的数据采集""监督学习与无监督学习""机器学习中的模型应用"等，一群未来人在为未来做准备的路上，已经正式登场。

"六位一体"的整体框架描述了以核心素养为目标的全立体式的课程图谱。玉德课程是面向未来教育的道德核心，是未来课程的基础，通过主题活动等方式，实现人格道德培育和价值体认；国学教育课程是溯源未来的寻根起点，体现传统的继承和更高维度上的回归，通过讲学等系列课程及其演绎形式，培育学生的家国认同和文化底蕴；国际教育课程、生态教育课程、创新教育课程、智慧教育课程，凸显了未来教育的开放、绿色、创新、共享的典型特征，通过国际交流、社会实践、项目式学习和智慧型学习等方式，培养学生的时代担当及社会责任、创新精神及其解决问题的能力、信息素养及全球性思维。

深圳市坪山区中山中学　梅越平

2024年3月22日